D1219017

GUÍAS COMENTADAS

GRANDES ARTISTAS

Detalle de
El retablo de Gante
ver página 14

Guías Comentadas

GRANDES ARTISTAS

ROBERT CUMMING

Detalle de
Un festín
electoral
ver página 54

Detalle de
Primavera
ver página 22

EDITORIAL DIANA
MEXICO

Detalle del
Tríptico Portinari
Ver página 16

ES UN LIBRO DORLING KINDERSLEY

PRIMERA EDICION, FEBRERO DE 1999

Editor de proyecto Damien Moore
Editor de Arte y Diseñador DTP Claire Pegrum
Asistente de Editor Diana Walles
Editor Senior Louise Candlish
Editor de Arte Senior Tracy Hambleton Miles
Director Editorial Senior Sean Moore
Asistente del Director de Arte Tina Vaughan
Control de producción Kate Hayward
Investigación de ilustraciones y fotografías Jo Walton

Detalle de
Jeanne Hébuterne
Ver página 106

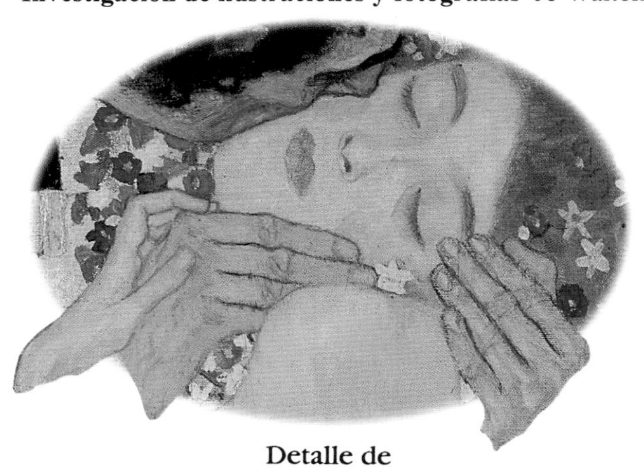

Detalle de
El beso
Ver página 94

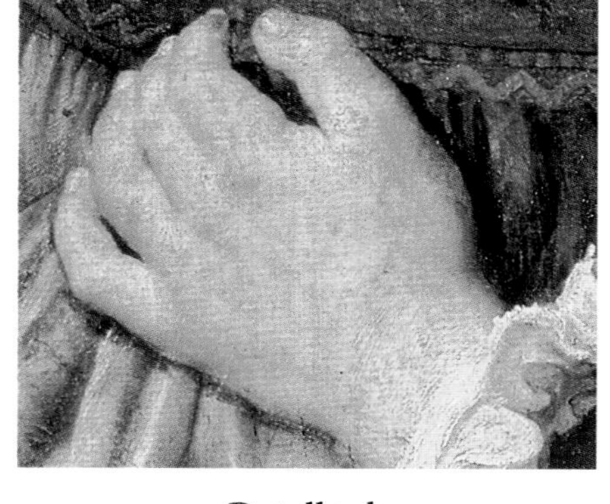

Detalle de
Autorretrato con Saskia
Ver página 48

ISBN 968-13-3149-4

Reproducción de color por GRB Editrice s.r.l.
IMPRESO EN ITALIA por A. Mondadori Editore, Verona.
PRINTED IN ITALY by A. Mondadori Editore, Verona.

Esclavo moribundo
Ver página 28

Detalle de
Retrato ecuestre de Carlos V
Ver página 34

CONTENIDO

Detalle de
La infanta Margarita con un vestido rosa
Ver página 46

Detalle de
Thomas Lister
Ver página 56

Detalle de
Paz y guerra
Ver página 40

¿QUÉ CARACTERIZA A UN GRAN ARTISTA?

El tipo de personalidad que triunfa como pintor en un momento determinado es producto de diversos factores. Ha de poseer habilidad, determinación e inspiración, pero estas cualidades esenciales nunca son suficientes por sí mismas. Resulta evidente que la mayoría de los artistas reflejan únicamente su propia época mientras que el artista destacado tiene la facultad de captar la visión de futuras generaciones y de decirles algo que les ataña directamente. Este es un caso excepcional y sólo se da si el artista trabaja impulsado por una honda convicción personal, con el deseo de mostrar algo más que talento y con la intención de hacer más que impresionar o gustar a un mecenas o a un público específico. La intemporalidad y universalidad de la obra de un gran artista se deben a que éste(a) tiene algo excepcional que decir y a que para tales artistas la pintura no es un fin en sí mismo, sino un medio para tratar de alcanzar una verdad humana fundamental.

Leonardo
Leonardo da Vinci pintó muy pocos cuadros, pero influyó profundamente en la percepción de la categoría del artista, sosteniendo que debía ser tratado a la par que los príncipes y no como un artesano humilde, aunque talentoso.

Durante los últimos 500 años, el papel y la motivación del pintor han cambiado notablemente. Hoy en día tendemos a ver al artista contemporáneo como un espíritu libre que a menudo trata conscientemente de adoptar un estilo de vida y un conjunto de valores diferentes, a veces de un modo deliberadamente provocativo. Con artistas del primer Renacimiento, como Masaccio (p. 12) o Piero della Francesca (p. 18), ocurría lo contrario. No necesitaban marginarse socialmente para innovar y crear. Van Gogh (p. 90) no se habría desempeñado como pintor en el siglo XVII: habría sido un predicador turbulento. Rubens (p. 40), si viviera actualmente, sería un diplomático y mediador internacional, no un artista.

Velázquez
La vida de Velázquez estuvo estrechamente ligada a la corte española, y el artista ambicionaba desempeñar algún alto cargo. Creía sinceramente en el derecho divino de los reyes, y sus funciones oficiales iban más allá de lo concerniente a la pintura.

De artesano a filósofo Hay dos momentos cruciales en el desarrollo del oficio del artista: el primero se sitúa en el alto Renacimiento, y el segundo en los albores del siglo XIX. Los artistas del primer Renacimiento, como Van Eyck (p. 14) y Bellini (p. 20) eran considerados artesanos, y un sistema gremial mantenía y regulaba sus actividades. Sin embargo, a comienzos del siglo XVI, Leonardo da Vinci (p. 24) sostuvo con éxito que el artista debía tener otra categoría y ser tratado como el equivalente intelectual y social de los estratos sociales más elevados. Artistas como Rafael (p. 32), Miguel Ángel (p. 28) y Tiziano (p. 34) compartieron sus aspiraciones, al igual que ambiciosos artistas septentrionales como Durero (p. 26). Entre todos estos grandes artistas establecieron un modelo arquetípico y una ambición que perduraron hasta bien entrado el siglo XIX y que aún existen.

Cortesanos y comercio Antes del siglo XIX resultaba extraño encontrar un artista rebelde, como Caravaggio (p. 38), que deliberadamente desafiara la costumbre. Por el contrario, muchos artistas prominentes del siglo XVII –por ejemplo, Rubens y Velázquez (p. 46)– fueron diplomáticos y cortesanos, y llevaron una vida pública muy intensa. Asimismo, hubo otros de diferente temperamento, como Poussin (p. 42), que trabajaron de modo mucho más privado pero, aun así, dentro de reglas bien definidas. En la recién fundada República Neerlandesa, pintores con motivaciones comerciales como Ter Borch (p. 50) y el joven Rembrandt (p. 48) optaron por proporcionar a las prósperas clases medias el tipo de pinturas y retratos que su nuevo estilo de vida y fortuna requerían.

El profesional y el romántico La Revolución Francesa de 1789 marcó un rumbo

Turner
El inicio del siglo XIX fue uno de los momentos más cruciales en la evolución del papel del artista. En todas las artes, el espíritu creador proclamó una libertad de expresión e intensidad de experiencia personal nuevas. Numerosos románticos estaban dispuestos a arriesgar

nuevo e introdujo profundos cambios políticos y sociales. El ámbito privilegiado de monarquía y aristocracia que había mantenido a artistas notables como Fragonard (p. 58) y Reynolds (p. 56) estaba ya en decadencia. Como sucede en todos los periodos de grandes cambios, las artes empezaron a atraer nuevas personalidades que previamente habrían ignorado una vida artística. Había en el ambiente una nueva sensación de libertad, y el espíritu romántico la explotó para expresar emociones individuales y retratar experiencias personales. Esto era válido tanto para pintores como Turner (p. 66), Delacroix (p. 72) y Friedrich (p. 64) como para poetas, escritores y músicos, y condujo a un periodo de extraordinaria fuerza creadora: se produjeron obras que han permanecido en el foco de la apreciación popular de las artes.

El radical y el solitario La tradición clásica, con su admiración por la antigüedad y por un disciplinado entrenamiento profesional, siguió floreciendo paralelamente al romanticismo, sobre todo en el genio de Ingres (p. 70) y, menos significativamente, en la obra de prolíficos pero deslustrados pintores que se aferraban a la tradición académica. Pero la recién descubierta libertad de los románticos condujo a la aparición del radical auténtico en la segunda mitad del siglo XIX. Así, pintores tan diferentes como Courbet (p. 74), Klimt (p. 94) y Cézanne (p. 82) procuraron desarrollar estilos nuevos, genuinamente originales, de pintura que siguieran respetando la tradición pero que, sobre todo, reflejaran el espíritu moderno. Klimt, por ejemplo, quiso promover una unión de la pintura y la artesanía que había desaparecido con el alto Renacimiento. Otros artistas, como Whistler (p. 80), desafiaron abiertamente lo establecido y valientemente retaron a sus críticos. Excéntricos como Van Gogh y Gauguin (p. 88), que eran incapaces de hacer frente a las demandas y complejidades de la nueva y multitudinaria sociedad industrial, utilizaron la pintura como una vía de escape y solaz. A través de su arte, se esforzaron por alcanzar la realización espiritual que la sociedad moderna no podía ofrecerles.

Cézanne

Cézanne nunca necesitó vender sus cuadros para sobrevivir y por ello pudo ignorar las exigencias de la moda. Como carecía de una formación académica íntegra, no tuvo otra opción que atenerse a la naturaleza y reproducir sólo lo que veía y experimentaba, sin la guía (o restricción) de las reglas preconcebidas. Sus ensayos e innovaciones fueron revolucionarios.

La vanguardia A comienzos del siglo XX tuvo lugar una sustancial revisión y exploración de muchos principios de las artes, la ciencia y la tecnología que se habían establecido desde el Renacimiento. Innumerables preceptos que hoy nos permiten definir, describir y explicar nuestro mundo se establecieron entonces. Maestros modernos como Picasso (p. 102), Matisse (p. 98), Kandinsky (p. 96) y Klee (p. 100) se sintieron atraídos hacia las artes no por motivos comerciales ni de posición social, sino por la posibilidad de experimentar y volver a escribir las reglas. Al igual que Einstein, Freud, Stravinsky e incluso los pioneros de la aviación, los artistas modernos eran conscientes de que se estaban aventurando en lo desconocido. Con todo, los intrépidos artistas modernos triunfaron en su búsqueda y el modelo de innovación radical que crearon como un nuevo ideal persistió hasta que a mediados del siglo surgieron artistas progresistas como Pollock (p. 108). Queda por ver si estos destacados artistas actuales, que acaparan la atención de los medios de comunicación, son tan radicales y atrevidos como suelen afirmar, o si en realidad solamente siguen un nuevo método (un tipo moderno de academicismo). Por supuesto, siempre ha sido más fácil distinguir a los grandes artistas del pasado, que superaron la severa prueba del tiempo y cuya obra todavía habla con convicción y sentido, que predecir quién de los tan cacareados contemporáneos todavía será digno de mención dentro de 50 ó 100 años.

la vida para saborearla al máximo y muchos de ellos murieron jóvenes. Turner tuvo una vida plena (murió a los 76) pero nunca abandonó el deseo de disfrutar experiencias nuevas y hasta peligrosas. Al principio siguió las huellas de los maestros italianos y holandeses, pero con sus últimas obras sorprendió a sus críticos y compañeros por sus radicales innovaciones.

Kandinsky

Kandinsky fue el primer pintor abstracto y uno de los pioneros de un nuevo tipo de arte que pretendía armonizar con el espíritu y los descubrimientos de comienzos del siglo XX. Como a sus compañeros de innovación en las artes, ciencias y tecnología, le movía más el afán de descubrir y aprender, que el éxito comercial.

ARTISTAS, MECENAS Y COLECCIONISTAS

Pocos artistas son capaces de trabajar por su cuenta, sin preocuparse de obtener el favor de mecenas o coleccionistas. Cézanne (p. 82) fue una de esas raras excepciones: tenía ingresos propios y era tan testarudo que le hacía poca falta la compañía de otras personas. Ello explica por qué hay tan pocos artistas, incluidos hoy entre los grandes nombres, que fueron completamente ignorados por mecenas y coleccionistas durante su vida y sólo alcanzaron prestigio tras su muerte. Notables ejemplos de estos raros casos de desamparo fueron Constable (p. 68), quien vendió pocos cuadros, salvo a sus amigos, y Van Gogh (p. 90), que sólo vendió una obra durante su corta vida. Ambos artistas son muy respetados actualmente y sus cuadros se venden por enormes sumas de dinero. Mucho más común es el caso del artista acogido con entusiasmo durante su vida y luego relegado a una relativa oscuridad por el juicio del tiempo.

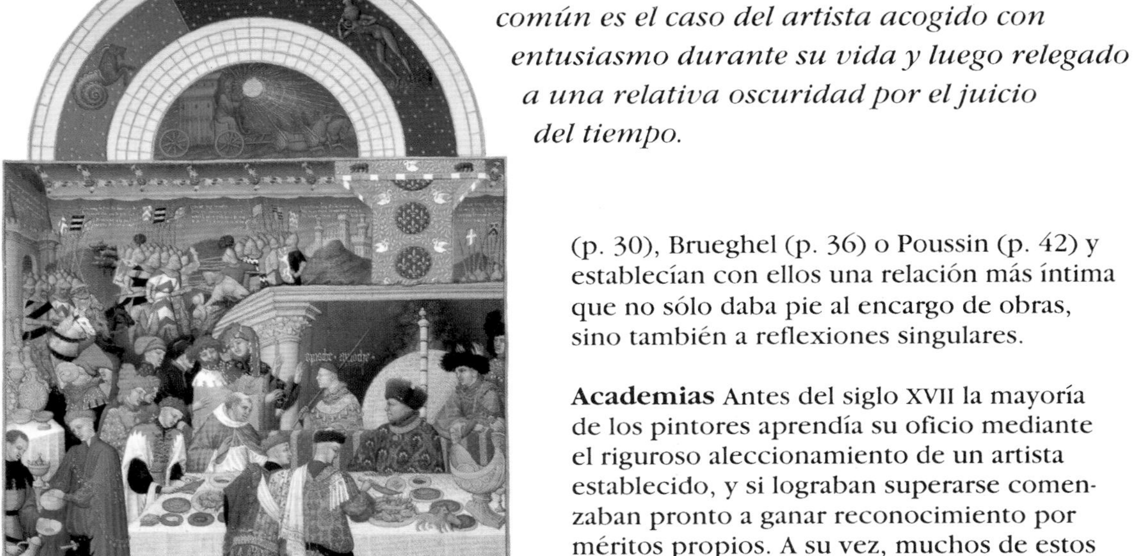

Hermanos Limbourg
El apoyo de un poderoso mecenas era esencial para los artistas del Renacimiento. Los Limbourg llamaron la atención del duque de Borgoña.

El equilibrio del vínculo entre artista, mecenas, coleccionista e intermediario o institución es fascinante e impredecible. Como en todas las relaciones humanas, el resultado depende de esa química personal indefinible que lo mismo puede ser edificante y provechosa o bien desagradable y frustrante. Cualquiera de estas circunstancias puede motivar al artista a profundizar en sus recursos espirituales y técnicos, y hallar un grado de inspiración que la mente y el ojo creador rara vez alcanzan aisladamente.

Príncipes y papas Durante el Renacimiento, el mecenazgo de las cortes nobiliarias o de la Iglesia era el marco esencial dentro del cual se veía obligado a operar el artista, y la influencia de un mecenas creativo resultaba excelente. Los tres hermanos Limbourg (p. 10), por ejemplo, en realidad fueron empleados del duque de Borgoña. Leonardo da Vinci (p. 24) trabajó para numerosos mecenas, no sólo como pintor, sino también como arquitecto, inventor, ingeniero y filósofo, y en esto siguió una sólida pauta. Grandes monarcas como Carlos V o Luis XIV se valieron del arte –tanto de obras del pasado como de las de los mejores artistas contemporáneos– para acrecentar el prestigio y credibilidad de su poder político. En forma similar, el papado y la Iglesia empleaban el arte para difundir el mensaje cristiano y promover su poder e influencia terrenales. Sin estos mecenas, los grandes artistas del Renacimiento y del siglo XVII no habrían sido capaces de crear sus extraordinarias obras maestras. Pero en este apoyo también había una connotación personal. Cuando los mecenas querían placeres más sosegados e intelectuales recurrían a artistas como Giorgione (p. 30), Brueghel (p. 36) o Poussin (p. 42) y establecían con ellos una relación más íntima que no sólo daba pie al encargo de obras, sino también a reflexiones singulares.

Rafael
Rafael dedicó gran parte de su vida activa al servicio de la Iglesia. Su profunda fe cristiana y los inspiradores encargos de los papas, que buscaban arraigar la autoridad de la Iglesia a través del arte, fueron los catalizadores de sus grandes logros.

Academias Antes del siglo XVII la mayoría de los pintores aprendía su oficio mediante el riguroso aleccionamiento de un artista establecido, y si lograban superarse comenzaban pronto a ganar reconocimiento por méritos propios. A su vez, muchos de estos artistas montaban exitosos talleres o estudios donde se dedicaban a adoctrinar a la siguiente generación de aspirantes a pintor. Mas cuando este sistema decayó surgieron las academias para reemplazarlo, estableciendo un foro donde los artistas noveles podían ejercitarse, mostrar su obra y recibir reconocimiento oficial. Las mejores academias fomentaban el trabajo de alta calidad, y servían de enlace entre artistas y coleccionistas; pero, al mismo tiempo, establecían reglas que, en el peor de los casos, podían obstaculizar la creatividad. En el siglo XIX, artistas como Courbet (p. 74) y Manet (p. 76) se afanaron para crear una obra de gran originalidad como reacción a los preceptos del sistema académico francés. Hoy en día,

Poussin
Poussin trabajó principalmente para mecenas y coleccionistas privados, pero su influencia fue notoria. El rigor intelectual que imprimió a su obra y su estricto dominio de la línea y el color se convirtieron en la piedra angular del sistema académico francés. Su arte fue modelo de inspiración para incontables artistas franceses.

Sargent
Sargent fue el retratista favorito de la aristocracia y de los nuevos ricos de fines del siglo XIX. Siguió conscientemente el ejemplo de los maestros veteranos y de los famosos retratistas del siglo XVIII, pero complacía a sus clientes aportando un vislumbre de frescura y un enfoque moderno a la tradición arraigada.

las poderosas academias de antaño ejercen escasa influencia real en el calidoscopio de la política artística.

Coleccionistas La afición a coleccionar la obra de artistas vivos, tanto por razones de lucro personal como de placer, floreció primero en la Holanda del siglo XVII, pero el siglo XVIII y comienzos del XIX marcaron la edad de oro del coleccionista privado. Por aquel entonces muchas importantes obras maestras de la antigüedad, el Renacimiento y el siglo XVII fueron retiradas de sus emplazamientos originales y vendidas a coleccionistas de arte extranjeros. Esto originó un nuevo tipo de competitividad para los artistas: pintores contemporáneos como Reynolds (p. 56) y Canaletto (p. 52) comprendieron que su obra tendría que superar comparaciones inevitables tanto con la de los principales artistas del pasado como con la de sus contemporáneos. Aceptaron el reto y eso les sirvió de inspiración.

Intermediarios El moderno intermediario de obras pictóricas surgió en el siglo XIX cuando fueron fundadas muchas de las firmas famosas que aún existen. A medida que el artista adquiría mayor libertad para expresar su propio concepto, en lugar del compartido o encargado por un mecenas o institución, el intermediario se fue convirtiendo en un vínculo esencial entre el pintor y el coleccionista. Indudablemente, sin el arrojo de unos cuantos intermediarios y coleccionistas aventurados, los impresionistas y los grandes maestros del movimiento moderno como Picasso (p. 102), Matisse (p. 98), Modigliani (p. 106) y Pollock (p. 108) habrían pasado enormes dificultades para sobrevivir económicamente al carecer de una fuente indispensable de estímulo.

Museos Las galerías nacionales fueron fundadas en el siglo XIX con el objetivo específico de exhibir las grandes obras maestras del pasado en un marco imponente. Sus fundadores perseguían fines morales y políticos y dada su estricta perspectiva histórica no estaban interesados en mostrar el arte contemporáneo. Por consiguiente, desde mediados del siglo XIX cobraron fuerza distintas actitudes respecto al arte antiguo y al contemporáneo. Esta división, sin pretenderlo, permitió la aparición de la vanguardia —un pequeño grupo de artistas innovadores que carecían de lugar (y de reconocimiento) en el mundo artístico oficial, y cuyo único apoyo era el intermediario y el coleccionista privado—. Estas fueron las circunstancias que enfrentaron los verdaderos pioneros del arte moderno, como Picasso, Matisse y Kandinsky (p. 96). El aislamiento del artista de vanguardia empezó a desaparecer cuando se fundó el Museo de Arte Moderno de Nueva York, en 1929. La vanguardia tenía ahora un "hogar" oficial e institucional. A partir de este modesto origen, en todo el mundo los museos de arte contemporáneo se han convertido en instituciones importantes y poderosas que apoyan a un grupo selecto de artistas mediante la compra y exposición de obras, y desempeñan de modo efectivo muchas funciones de las academias de antaño. Las políticas oficiales de patrocinio y coleccionismo de arte de fines del siglo XX son curiosamente similares a las de finales del XIX: sólo la "apariencia" del arte es diferente.

Picasso
En su primera fase, Picasso recibió poco apoyo y sólo fue favorecido por unos cuantos intermediarios y coleccionistas intrépidos. No obstante, al final de su vida, cuando junto con otros había logrado renovar las reglas de la pintura y la escultura, su obra fue muy codiciada por instituciones y coleccionistas privados.

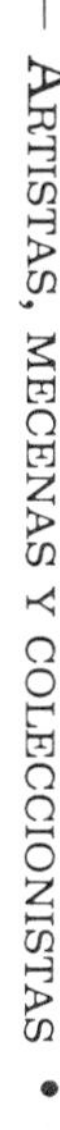

HERMANOS LIMBOURG (M. EN 1416)

LOS HERMANOS LIMBOURG vivieron y trabajaron durante uno de los periodos de más confusión y cambio que moldearon el arte y la historia europeos: las viejas actitudes e ideas que configuraron y orientaron la mentalidad medieval iban perdiendo terreno ante las nuevas expectativas que alcanzarían su pleno florecimiento durante el Renacimiento. Se cree que eran tres hermanos –Paul, Herman y Jean– pero se conocen pocos detalles sobre ellos. Nacieron en los Países Bajos y eran hijos de un tallista. Gracias a la influencia de un tío, que era pintor, fueron enviados a París para instruirse, y es probable que Paul visitase Italia en alguna época. Como todos los artesanos talentosos del medievo, los hermanos trabajaban en equipo para producir diferentes obras: manuscritos ilustrados, platería, esmaltes y decoraciones para iglesias y mansiones. Afortunadamente, su talento excepcional llamó la atención del gran mecenas de la época: Jean, duque de Berry.

¿Autorretrato?
Se ha sugerido que los hermanos se pintaron a sí mismos entre los huéspedes: se cree que la figura de rasgos finos, con gorro gris, es Paul.

LAS MUY RICAS HORAS
Estas dos ilustraciones proceden del libro *Las muy ricas horas del duque de Berry*, una obra maestra de manuscritos ilustrados para el duque de Berry en 1408. La ilustración de la izquierda representa enero, periodo tradicional para intercambiar regalos; la de la derecha representa junio y muestra a campesinos trabajando las tierras del duque.

TRABAJADA TAPICERÍA
La escena muestra un banquete invernal ofrecido por el duque. Las paredes están adornadas con una tapicería muy elaborada que representa una escena bélica. Los detalles probablemente fueron pintados utilizando una lupa y pinceles finos, algunos con unas cuantas cerdas.

Los Limbourg sembraron la semilla de ideas e intereses que enriquecerían el arte europeo: paisaje, retrato, narración y observación de lo cotidiano, y la obsesión por reproducir los detalles.

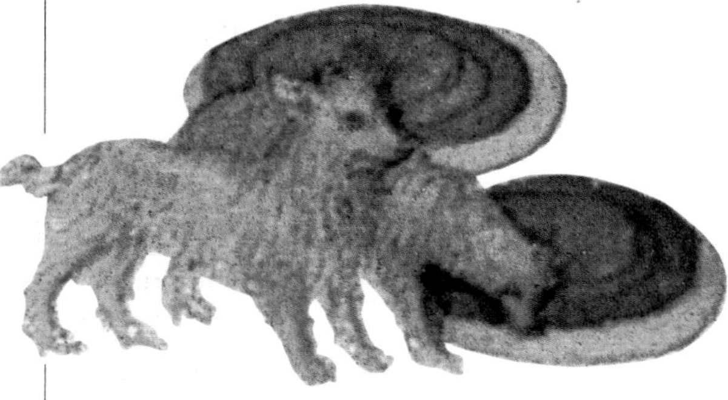

Atención al detalle
Las pinturas muestran una excepcional atención al detalle observado de primera mano: los dos perritos comiendo sobre la mesa ofrecen un notable ejemplo.

ESPLÉNDIDO BANQUETE
Sobre la mesa cubierta de damasco está espléndidamente dispuesta la comida en platos de oro. A la izquierda del duque hay un enorme salero en forma de barco. La sal era un producto caro que resultaba vital para la preservación de los alimentos, y un salero tan trabajado era símbolo de buena posición social. Su notoriedad sugiere que pudiera haberlo diseñado alguno de los hermanos Limbourg.

DUQUE DE BERRY
Se muestra al duque de perfil con la cabeza enmarcada por una pantalla de mimbre. Detrás de él, su chambelán da la bienvenida a los invitados con las palabras "aproche+aproche", inscritas en letras doradas sobre su cabeza.

Hermanos Limbourg; *Las muy ricas horas del duque de Berry: enero;* c. 1415; 29 x 20 cm; aguada sobre pergamino; Museo Condé, Chantilly

OBRAS CLAVE

- **Génesis**; 1402; *Biblioteca Nacional,* París
- **El jardín del Edén (de Las muy ricas horas)**; c. 1415; *Museo Condé,* Chantilly

La condición del artista

Artistas como los hermanos Limbourg ocupaban una posición intermedia entre el ámbito elegante de la familia principesca y el ambiente abrumador del campesinado. Se habrían desplazado con la corte del duque de un castillo a otro, cada uno más soberbio que el anterior: asistentes a los festines, observadores tanto del ámbito campesino como del aristocrático, pero ajenos a ambos grupos. Para su subsistencia y bienestar dependían totalmente de la aprobación y el mecenazgo de la aristocracia o la Iglesia.

Hotel de Nesle
Al fondo hay una detallada descripción de la residencia del duque en París: el hotel de Nesle. Al pie de las murallas del castillo, se ve un río Sena en miniatura, bordeado de sauces podados. El castillo ya no existe.

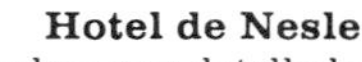

Técnica
Los hermanos pintaron las ilustraciones a la aguada (acuarela opaca) sobre pergamino (piel de animal). El oro dispuesto sobre azul es característico de su obra.

Signos del zodiaco
Encima de cada escena está el signo zodiacal correspondiente al mes. El dios sol en su cuadriga está basado en la imagen de una medalla que poseía el duque de Berry. Ésta mostraba al emperador Heraclio devolviendo la Verdadera Cruz a Jerusalén.

Ambas pinturas tienen un fuerte e instintivo sentido del diseño, combinado con la perspectiva experimental. Figuras, árboles, objetos y edificios están dispuestos en bloques bien definidos y luego colocados de modo que nada esconda o compita con el resto. La armonía y unidad de composición son satisfactorias y completas.

Iglesia dominante
La Iglesia medieval dominaba a toda la sociedad, alentando la piedad mediante imponentes recursos visuales como la arquitectura, los vitrales, las pinturas murales, las arquetas ornamentadas, así como las ilustraciones detalladas y las inscripciones y bordes decorativos grabados en los manuscritos.

El interés por el naturalismo es un nuevo rasgo de este tipo de obra en la Europa septentrional y podría ser resultado del viaje de Paul a Italia. Los hermanos también pudieron haber visto obras de los maestros franceses e italianos en la biblioteca del duque de Berry.

Atención al detalle
Los sauces de las riberas del río y el humo que asciende de una de las chimeneas son ejemplo del nuevo interés en el escrutinio minucioso y concreto del mundo real, que sirvió de catalizador para socavar el énfasis medieval en la obediencia a las ideas preconcebidas.

“Verdaderamente, el arte está engastado en la naturaleza; quien puede extraerlo, lo posee.”
Alberto Durero

Hermanos de Limbourg; *Las muy ricas horas del duque de Berry: junio*; c. 1415; 29 x 20 cm; aguada sobre pergamino; Museo Condé, Chantilly

1400-1420

1400 Muere Chaucer. Ricardo II de Inglaterra es asesinado. Inglaterra y Francia en guerra (guerra de los Cien Años).

1405 Muerte de Tamerlán el Grande de Mongolia.

1406 Venecia conquista Padua; Florencia conquista Pisa.

1407 Guerra civil en Francia.

1415 Enrique V de Inglaterra derrota a los franceses en Agincourt.

1417 Final del Gran Cisma de Occidente en la Iglesia (papas rivales).

1419 Alianza entre Enrique V y Felipe, duque de Borgoña.

El Libro de horas ayudaba al lector en sus devociones durante el día. La introducción era siempre un calendario adornado con imágenes de las actividades de cada mes.

Henificación
Fuera de la muralla del castillo, la principal actividad es la henificación, tarea compartida por hombres y mujeres.

Las muy ricas horas estaba inconcluso cuando los hermanos Limbourg murieron en 1416. Fue completado por Jean de Colombe en la década de 1480.

MASACCIO (1401-1428)

Tommaso Giovanni di Mone, Masaccio

TOMMASO MASACCIO INICIÓ UN PROFUNDO CAMBIO en el arte europeo, e incluso en su época se reconoció que había logrado algo extraordinario. Pero, sorprendentemente, sabemos muy poco de su vida. Nació en Arezzo, cerca de Florencia, y era hijo de un joven notario. Nada se sabe de su educación, pero admiró y estudió las pinturas de Giotto en la iglesia de la Santa Croce, en Florencia. Progresó rápidamente, y la nueva visión y libertad expresadas en su obra fueron parte importante de los vientos de cambio intelectual que corrían por Florencia. Transformó la pintura rechazando el elegante estilo gótico y concentrándose en dar a sus figuras la ilusión de peso y volumen dentro de un coherente espacio tridimensional. La serie de frescos que creó con Masolino en la capilla Brancacci (después de 1425) iban a ejercer gran influencia en artistas como Leonardo (p.24). No obstante, Masaccio no completó el ciclo de frescos: en 1428 fue a Roma, donde –a la edad de 27 años– murió tan repentinamente que se rumoreaba que había sido envenenado.

LAS "VIDAS" DE VASARI

Giorgio Vasari (1511-1574) fue un artista y arquitecto italiano mejor recordado por su gran obra biográfica *Vidas de artistas*, que es la principal fuente de información sobre Masaccio. Como éste, Vasari nació en Florencia, y sostenía que los artistas florentinos eran superiores a todos los demás. Miguel Ángel (p. 28), a quien Vasari admiraba, fue el único artista vivo incluido en la primera edición de este libro, en 1550.

LA TRINIDAD

La pintura muestra la Santísima Trinidad cristiana de Dios Padre, Hijo y Espíritu Santo. La interpretación de Masaccio permite apreciar cómo las ideas medievales empezaban a ser sustituidas por nuevos modos de ver y pensar.

Masaccio era un apodo. Su nombre original era Tommaso Guidi. Vasari sostenía que Masaccio estaba obsesionado con su arte y carecía de sentido práctico en su vida normal. De ahí su apodo, que usualmente se interpreta como "Torpe Tomás".

La estricta jerarquía desde Dios Padre, arriba, hasta los donantes situados fuera del grupo sacro (sugiriendo que no tenían otro papel que el de obedecer), representa la actitud medieval tradicional. Las figuras en pie son la Virgen María y san Juan.

ARQUITECTURA CLÁSICA
El fondo arquitectónico, basado en el estudio de los edificios clásicos de Roma, manifiesta el nuevo interés por la antigüedad.

ESCORZO
El dominio del escorzo que tenía Masaccio es evidente en esta pintura. Vasari describe la arquitectura como "una bóveda de cañón dibujada en perspectiva, dividida en cuadros con rosetas decrecientes y tan bien escorzados que parece que hay un hueco en la pared".

Más de un siglo antes de Masaccio, Giotto (1266-1337) inició un tipo de arte más natural, pero sin lograr hacerse eco entre otros pintores. Giotto desconocía la perspectiva científica o el modelado con luz y, comparado con la obra de Masaccio, su mundo resulta ficticio e idealizado. No obstante, Giotto influyó fuertemente en Masaccio.

LA SANTÍSIMA TRINIDAD
La paloma representa al Espíritu Santo. La moderna interpretación de la Trinidad realizada por Masaccio hace más humanamente accesible el gran misterio en un mundo donde las relaciones intelectuales y emocionales estaban en pleno cambio.

Reglas de la perspectiva
La ilusión de un techo abovedado fue calculada con precisión según las nuevas reglas matemáticas de la perspectiva inventadas por Brunelleschi; todavía pueden apreciarse bajo el yeso las líneas incisas de la cuadrícula.

NUEVO OPTIMISMO
Dios Padre sostiene el cuerpo muerto de Cristo, como para incorporarlo, enfatizando la idea de resurrección y renacimiento. Este nuevo optimismo contrasta en forma impresionante con el antiguo y sombrío dominio de la muerte.

“Fue Masaccio quien percibió que los mejores pintores copiaban la naturaleza lo más fielmente posible (puesto que pintar es sólo la imitación de todas las cosas vivas de la naturaleza...).”
VASARI

DONANTES REALISTAS
El retablo lo encargó la familia Leni y las figuras arrodilladas son probablemente Lorenzo Leni y su esposa. Aunque jerárquicamente están situadas en la parte inferior, el artista las pinta en la misma escala que a las demás figuras. Su representación fiel expresa la visión renacentista del hombre como centro del mundo que le rodea.

MODELADO SUAVE
Masaccio modeló con luz el manto del donante para crear solidez y peso más que para definir su forma en un esbozo plano. También están observados con detalle los gestos y expresiones faciales.

En 1422, Masaccio se afilió al gremio florentino de pintores que controlaba y regulaba las actividades de éstos. Aunque contribuían al desarrollo de una nueva atmósfera intelectual, los artistas todavía estaban catalogados como artesanos.

1420-1430

1420 Brunelleschi diseña la bóveda de la Catedral de Florencia.

1422 Muere Enrique V de Inglaterra.

1425 Alain Chartier: *La Belle Dame sans merci*.

1426 Venecia en guerra con Milán.

1427 Cumbre del imperio azteca, México.

1429 Juana de Arco libera Orleans.

1430 Institución de la orden del Toisón de Oro por Felipe el Bueno.

PRESENCIA DE LA MUERTE
El esquema en perspectiva presupone que el retablo va a ser visto por alguien arrodillado ante él, con los ojos al nivel del esqueleto. Se recuerda así al espectador su propia mortalidad. Las palabras latinas escritas sobre el esqueleto significan: “Fui lo que eres. Serás lo que soy”.

Tommaso Masaccio; *La Trinidad*; 1425; 670 x 315 cm; fresco; Santa María Novella, Florencia

OBRAS CLAVE

- **Adoración de los Reyes Magos**; 1426; *Galería de Pinturas, Dahlem,* Berlín
- **Madona con el Niño**; 1426; *Galería Nacional,* Londres
- **El dinero del tributo**; c. 1427; *Capilla Brancacci,* Florencia
- **Expulsión de Adán y Eva del paraíso**; c. 1427; *Capilla Brancacci,* Florencia

Madona seria
Masaccio propugnó un nuevo y vívido realismo. Una Virgen María de aspecto serio mira hacia abajo y hace un gesto con la mano derecha para interceder entre los humanos suplicantes y la divina presencia.

Van Eyck (murió en 1441)

El Retablo de Gante fue la obra más famosa de la pintura flamenca antigua. Sus autores fueron dos hermanos, aunque la medida de su respectiva participación no es fácil de establecer. Poco se sabe del hermano mayor, Hubert, pero la vida de Jan está bien documentada. Nació cerca de Maastricht, y tras su aprendizaje entró al servicio del conde de Holanda. En 1425 se convirtió en pintor de cámara de Felipe el Bueno, duque de Borgoña (1396-1467). Fue muy estimado por su benefactor, y Felipe le encargó misiones diplomáticas secretas en España y Portugal cuando se proponía casarse con la infanta Isabel. Gracias a la escala, amplitud de visión, realismo y técnica de su trabajo contribuyó a establecer un nuevo estilo de pintura que configuró todo el arte de la Europa septentrional y ejerció gran influencia en el arte italiano.

Jan van Eyck

El retablo de Gante

Rico y complejo en su temática, y sobresaliente por su técnica e innovación, el retablo es una de las obras maestras del arte cristiano. Ha tenido una historia tormentosa: casi destruido por los calvinistas en 1566, fue desmantelado en 1816 (cuando algunos de los paneles fueron vendidos) y dañado por un incendio en 1822. El retablo volvió a armarse por última vez en 1920.

Hilera superior
La hilera superior (de los paneles externos a los internos) muestra a Adán y Eva, los ángeles músicos, la Virgen María y Juan el Bautista, y Dios Padre. Van Eyck ha retratado las figuras desnudas de Adán y Eva con un realismo sin precedentes. No hubo intento alguno de idealizar las figuras.

Adoración del Cordero
El panel principal muestra la Adoración del Cordero. El Cordero, símbolo de Jesucristo y de la Resurrección, se coloca entre la Fuente de la Vida, un símbolo de redención y la paloma del Espíritu Santo.

Horizonte unificador
Los paneles inferiores, aunque contienen muchas figuras en diferentes grupos, se hallan unificados en el diseño por la línea del horizonte, con sus prominentes torres y árboles. Los paneles superiores lo están por la pose de las figuras, que están vueltas hacia el centro.

Los bienaventurados
Los paneles del lado inferior izquierdo muestran a los Justos Jueces (externo) y a los Guerreros de Cristo (interno). Los del lado inferior derecho, a los santos Ermitaños (externo) y Peregrinos (interno).

> ***“Su ojo era al mismo tiempo un microscopio y un telescopio.”***
> Erwin Panofsky

Obras clave

- **La esposa del pintor;** 1433; *Musée Communale des Beaux Arts,* Brujas
- **El matrimonio Arnolfini;** 1434; *Galería Nacional,* Londres
- **La Virgen del canónigo van der Paele**; 1434-36; *Musée Communale des Beaux Arts,* Brujas

Temas y símbolos

Los temas y símbolos bíblicos y mitológicos constituían un lenguaje artístico universal entendido en toda Europa, lo que indicaba la arraigada influencia de la civilización clásica y el poder de la Iglesia Católica. Aunque grandes maestros como Jan van Eyck seguían sus propias convicciones espirituales y su experiencia personal e imponían su propio estilo y énfasis, los temas y su contenido moral eran una prioridad superior a la experiencia estética personal en el arte. El cambio de estas prioridades a un arte basado esencialmente en la emoción y el simbolismo personal ocurrió en el movimiento romántico de comienzos del siglo XIX (p. 64).

El retablo es un políptico de gran tamaño, compuesto por paneles relativamente pequeños. Las meticulosas técnicas de la pintura septentrional eran más apropiadas para obras en pequeña escala. El políptico permitía combinar las virtudes del detalle con la impresión de grandeza del conjunto. Las alas exteriores tienen goznes para poder encerrar los paneles centrales, y 12 paneles adicionales decoran el otro lado de estas puertas.

Árboles exóticos
Van Eyck incluyó palmeras, granados y naranjos pintados con todo detalle. La obra debe, pues, encuadrarse después de sus viajes diplomáticos a España y Portugal, en 1427 y 1428.

Nuevo realismo
Van Eyck introdujo un tipo inédito de realismo. A diferencia de Masaccio (p. 12), que tenía un conocimiento científico de la perspectiva y de la anatomía, se apoyaba enteramente en la observación, registrando el detalle y la incidencia de luces y sombras con total fidelidad.

Doble significado
Recorriendo el eje central vertical, la figura del centro puede considerarse la de Dios Padre, bajo el cual están el Espíritu Santo y el Cordero de Cristo. Siguiendo el eje horizontal, puede interpretarse como Cristo en majestad, situado entre la Virgen y Juan el Bautista.

Caín y Abel
En el luneto que está sobre Eva se describe la muerte de Abel; en el que está sobre Adán se presenta la ofrenda de Caín y Abel. El artista empleó matices de gris para imitar los bajorrelieves.

En 1823 se descubrió una inscripción en el reverso de la pintura, hecha tras la terminación de la obra: "El incomparable pintor Hubert van Eyck empezó esta obra que su hermano Jan, su colaborador artístico, completó por orden de Jodoc Vijdt, y quien con este verso te invita a contemplarla el 6 de mayo de 1432". Se piensa que Jan repintó el retablo en el que había trabajado su hermano hasta su muerte en 1426.

Pintura al óleo
Pionero de la pintura al óleo, van Eyck manejó el nuevo procedimiento con una destreza rara vez superada. El óleo es muy flexible, permitiendo al artista desarrollar sutiles gradaciones de luz y sombra, ricos colores saturados y claros brillantes.

Durero (p. 26) vio el retablo en 1521 y lo consideró "estupendo". El meticuloso estilo de Van Eyck influyó posteriormente en los románticos alemanes (p. 64), pero los maestros holandeses del siglo XVII son los auténticos continuadores de su estilo.

Jan van Eyck; *El retablo de Gante;* 1432; 350 x 461 cm; óleo sobre madera; Catedral de San Bavo, Gante

1430-1450

1431 Juana de Arco muere en la hoguera, en Rouen.

1433 Donatello: *David*.

1434 Cosme de Médicis vuelve a controlar Florencia.

1438 Fundación de la dinastía inca en Perú.

1439 Los turcos se anexionan Serbia.

1440 Fundación de la Academia Platónica en Florencia.

1445 Bartolomeu Dias descubre Cabo Verde.

1450 El papa Nicolás V autoriza a los portugueses a "esclavizar a los enemigos de Cristo" en África.

VAN DER GOES (MURIÓ EN 1482)

Hugo van der Goes

HUGO VAN DER GOES es un artista de indudable grandeza del que se conoce muy poco. Su reputación se apoya sólo en una de las principales obras maestras de fines del siglo XV: el retablo conocido como *Tríptico Portinari*. Es su única obra autenticada, aunque hay otros trabajos que se le atribuyen con base en las comparaciones de estilo y la poca evidencia documental que existe. Se sabe que estuvo trabajando en Gante en 1467, ciudad donde pintó decoraciones cívicas para celebraciones públicas como las bodas de Felipe el Bueno y Carlos el Temerario. En 1475, Van der Goes fue nombrado decano del gremio de pintores de Gante; no obstante, pasó los últimos siete años de su vida como hermano lego en un monasterio cercano a Bruselas, donde era una especie de celebridad y recibía visitas del archiduque Maximiliano de Habsburgo. Sus razones para instalarse en el monasterio se ignoran. Claro que podría haber entrado por motivos religiosos o quizá porque sabía que era inestable mentalmente (tuvo ataques de depresión aguda). En 1481 sufrió un grave colapso nervioso y murió al año siguiente.

"La pintura flamenca gusta más al devoto que la italiana. Esta última no mueve al llanto. La primera les hace llorar mucho... Las obras flamencas gustan a las mujeres... y a los hombres de mundo que son incapaces de comprender la verdadera armonía..."
MIGUEL ÁNGEL

Van der Goes y su patrón debieron discutir los detalles del retablo antes de negociar el costo y la fecha de entrega. El tema, el simbolismo, el tamaño y los pigmentos debieron ser convenidos y especificados en un contrato formal.

EL PATRONO DE PORTINARI
Van der Goes usa símbolos conocidos en toda Europa. Por ejemplo, cada miembro de la familia Portinari aparece bajo la protección de su santo patrón. Santo Tomás puede identificarse por su lanza, san Antonio por su campanilla.

ÁNGELES SIMBÓLICOS
Se han interpretado los 15 ángeles como las 15 gracias angélicas.

TRÍPTICO PORTINARI
Tommaso Portinari, un italiano residente en Brujas y agente de la renombrada familia Médicis (p. 22), encargó al artista la ejecución de esta obra, que ocuparía el lugar principal en la capilla Portinari, en la iglesia del Hospital de Santa María Novela, en Florencia.

SANTOS MONUMENTALES
Las dimensiones enormes del retablo fueron especificadas por Portinari, que quería uno del tamaño que normalmente alcanzaban estas obras en las iglesias italianas. Los santos son de tamaño natural.

Esta obra tuvo un dramático impacto cuando fue expuesta por primera vez en Florencia. Los pintores italianos se quedaron impresionados con el manejo naturalista del detalle y el colorido obtenido gracias a la pintura al óleo. Ambos aspectos fueron incorporados poco después al arte italiano.

PADRE E HIJOS
Tommaso Portinari aparece arrodillado en oración; detrás de él están sus dos hijos: Antonio (extremo izquierdo), nacido en 1472, y Pigello, nacido en 1474. Pigello fue añadido apretadamente más tarde, lo que indica que la obra estaba bastante adelantada cuando él nació. Otros tres niños nacieron entre 1476 y 1479.

Lorenzo de Médicis perdió el control de sus negocios en el extranjero. Portinari prestó dinero causando enormes pérdidas. Por ello, la Banca Médicis, en Brujas, tuvo que cerrar.

Hugo van der Goes; *Tríptico Portinari;* c. 1475; 254 x 140 cm; óleo sobre madera; Uffizi, Florencia

1450-1470

1451 Fundación de la Universidad de Glasgow.

1452 Ghiberti termina la *Puerta del Paraíso,* en la Catedral de Florencia.

1453 Los turcos toman Constantinopla. Fin de la guerra de los Cien Años. Se publica la Biblia de Gutenberg.

1455 Comienzo de la guerra de las Dos Rosas en Inglaterra.

1456 Los turcos toman Atenas.

1460 Muere Jacobo II de Escocia.

1469 Lorenzo de Médicis gobierna la República de Florencia.

1470 Los portugueses llegan a la Costa de Oro, en África.

Obras clave

- **La caída del hombre**; c. 1470; *Kunsthistorisches Museum,* Viena
- **La muerte de la Virgen**; c. 1480; *Musée Communale,* Brujas

Flores simbólicas
La naturaleza muerta que figura en primer plano es uno de los más hermosos detalles del tríptico. El jarrón de loza es identificable como un albarello (posiblemente de España). El lirio escarlata simboliza la sangre y pasión de Cristo, mientras que las flores blancas representan la pureza de la Virgen.

Los Reyes Magos
El paisaje invernal del panel derecho muestra a los tres Reyes Magos. La pintura italiana pocas veces indica tan específicamente la época del año o la ubicación.

Los Países Bajos

Los Países Bajos eran un importante centro de comercio, transporte marítimo y banca, y artistas de otros lugares llegaban para trabajar en ciudades florecientes como Amberes, Gante y Brujas. Pero también constituía un permanente campo de batalla para las rivalidades políticas y militares de las principales potencias europeas. Como consecuencia fueron destruidas muchas obras de arte, documentos e incluso bibliotecas, sobre todo en medio del torbellino de la Reforma. En comparación con las que fueron creadas, pocas obras de la pintura neerlandesa sobrevivieron, y la información sobre los artistas es escasa.

Temática mixta
El panel central ilustra el intercambio de ideas artísticas que había en esta época entre los Países Bajos e Italia. La imagen central con la Virgen y el Niño Jesús es una variación de un tema común en el arte neerlandés. La imagen de los pastores en adoración es frecuente en el arte italiano. Su combinación de este modo no tiene precedentes. El Niño Jesús yaciendo desnudo sobre la tierra es un rasgo típico del arte septentrional.

Los artistas septentrionales estaban más interesados en los objetos y su simbolismo que en la perspectiva científica. No hay explicación racional sobre las extrañas variaciones de escala de las figuras. Pueden deberse al esfuerzo del artista por organizar una composición de tamaño tan grande.

Rostros de retrato
Todos los rostros tienen las características de los retratos auténticos. Los hombres parecen turbados; las mujeres tienen frentes muy despejadas y caras pálidas, según la moda.

Referencias simbólicas
El haz de trigo es una referencia a Belén; el zapato abandonado significa suelo sagrado; la pajarilla púrpura representa el dolor de la Virgen; y el clavel rojo podría simbolizar la Trinidad.

La ansiedad por su arte pudo haber contribuido a la inestabilidad mental que llevó a Van der Goes a intentar suicidarse. Gaspar Ofhuys, un monje compañero suyo en el priorato, sugirió que los ataques se debían a manías religiosas: el artista más venerado de su tiempo estaba atormentado por el pecado de la soberbia.

María Portinari
Las mujeres arrodilladas son la esposa de Portinari, María, y su hija Margarita. El dragón entre ambas es un atributo de santa Margarita, erguida junto a María Magdalena sujetando el frasco de ungüento.

Piero (c. 1410-1492)

Considerado uno de los artistas más respetados del primer Renacimiento, Piero nació en una pequeña ciudad italiana, Borgo San Sepolcro (hoy Sansepolcro), a la que se sintió siempre muy ligado, hasta el punto de que llegó a ser consejero local. Su padre murió cuando él era joven, y consta que trabajó en Florencia con Domenico Veneziano (muerto en 1461) en la década de 1430. Aunque estudió a los grandes pioneros de la época, como Masaccio (p. 12) y Donatello (c. 1386-1466), Piero siguió siendo un maestro independiente con ideas propias; trabajó fuera de Florencia, encargado de hacer obras religiosas y retratos en Roma, Ferrara, Rimini y Urbino. El arte de Piero es ordenado y claro, muy distinto del arte sensual e intelectual de Botticelli (p. 22) que estaba de moda en la Florencia de finales del siglo XV. Como muchos artistas y artesanos, llevó una plácida vida provinciana y murió en relativa oscuridad.

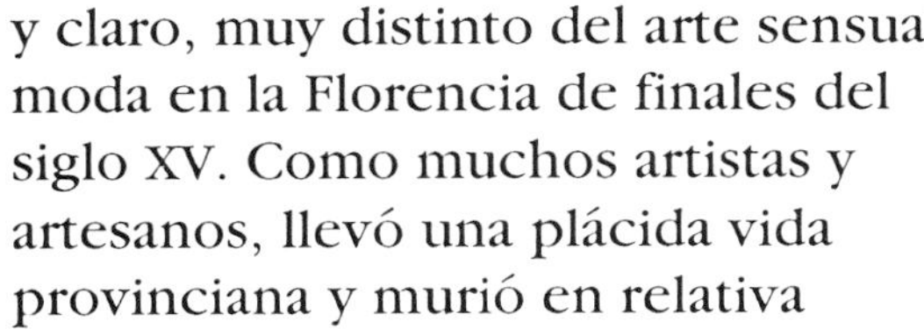

Piero della Francesca

BATTISTA SFORZA

Acorde con su carácter y con el papel del artista de entonces, sus retratos de los duques de Urbino son moderados y respetuosos. La duquesa era inteligente, culta e influyente; gobernaba Urbino cuando su esposo se ausentaba por sus frecuentes campañas militares.

Urbino era el más próspero de los estados del Renacimiento. Gobernaba Federigo da Montefeltro (1422-82), un militar que muchas veces mantuvo el equilibrio del poder en Italia. Sus ciudadanos disfrutaban de bajos impuestos, paz y estabilidad. Urbino fue cuna del gran arquitecto Bramante (1444-1514), al que Piero podría haber dado lecciones de perspectiva.

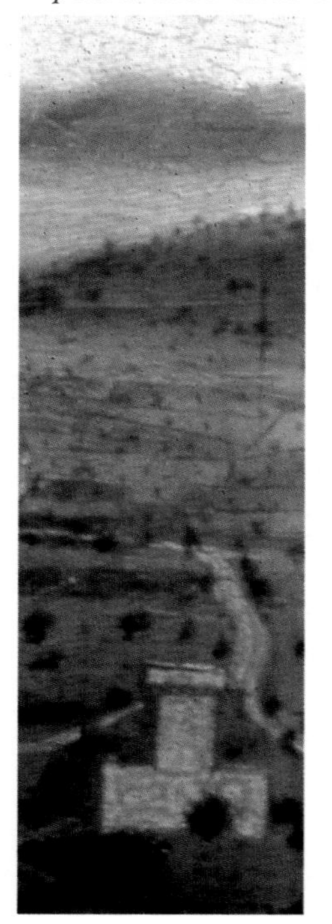

Luz
El modo en que Piero maneja la luz es muy sutil, basado en una detenida observación; siempre llega desde la derecha, en forma convincente y natural. También la utilizó para crear la ilusión de profundidad usando sombra y oscuridad, así como colores cálidos en primer plano que cambian a pálidos en la distancia.

Paisaje de fondo
La inclusión del paisaje como fondo fue una innovación de Piero en el arte italiano (la idea provenía de la pintura flamenca). Piero debió ver obras de Rogier van der Weyden cuando estaba trabajando en Ferrara en 1450.

Piero della Francesca; *Battista Sforza*; 1472; 47 x 33 cm; temple sobre madera; Uffizi, Florencia

El vestido de Battista
La manga de brocado lleva un diseño en hilo de oro que muestra estilizadas piñas, cardos y granadas, símbolos de fertilidad e inmortalidad.

Borgo San Sepolcro
La ciudad que aparece detrás de Battista es Borgo San Sepolcro, cuna de Piero.

Obras clave

- **Virgen de la Misericordia;** c. 1445; *Pinacoteca Communale*, Sansepolcro
- **El bautismo de Cristo;** c. 1450; *Galería Nacional*, Londres
- **La leyenda de la cruz;** c. 1452-57; *San Francisco*, Arezzo
- **Resurrección de Cristo;** c. 1453; *Pinacoteca Communale*, Sansepolcro

Piero en la corte de Urbino

Piero visitó la corte humanista de Federigo, en Urbino, en varias ocasiones entre 1469 y 1472. Se alojó en casa del padre de Rafael, quien era pintor en la corte. Fue en Urbino donde discutió sobre perspectiva y matemáticas con el gran arquitecto Alberti (1401-72). Sus retratos del duque y la duquesa de Urbino podrían haber sido pintados en 1472. Fue el año de la famosa victoria de Federigo en Volterra, del nacimiento de su hijo y heredero Guidobaldo, y de la muerte de su querida esposa Battista (el retrato de ella podría ser conmemorativo).

La nariz de Federigo
La curiosa forma de su nariz era resultado de la herida que sufrió en un torneo, en 1450. Estaba tomando parte en una justa y para complacer a una amiga dejó abierta la visera de su armadura. La lanza de su contrincante fracturó el puente de su nariz expuesta. El ojo derecho también resultó seriamente lesionado.

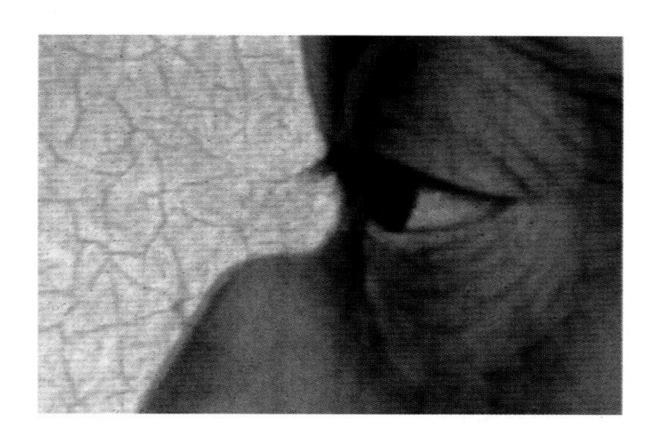

Los retratos fueron pintados como un díptico (dos paneles con una bisagra en medio). Al reverso, y visibles cuando el díptico está cerrado, hay paneles pintados que muestran El triunfo de Federigo *y* El triunfo de Battista.

Piero murió en 1492, una de las fechas más significativas de la historia europea por el viaje de Colón al Nuevo Mundo, mismo que confirmó la verdad de la teoría sobre la esfericidad de la Tierra.

Pose de perfil
Piero muestra el perfil izquierdo de Federigo para que no pueda apreciarse su ojo dañado (ver arriba, derecha). La pose de perfil plano es típica de la época. Demuestra la influencia de los retratos hallados en las monedas romanas.

FEDERIGO DA MONTEFELTRO
Federigo, el más célebre de los duques de Urbino (gobernó en 1444-82), fue un modelo de príncipe renacentista. Sobrio, recto y profundamente religioso; era valiente y triunfador en el campo de batalla, pero también era un erudito que sentía honda estimación por las artes. Disfrutaba y procuraba la compañía de poetas y pintores, y dirigió un internado para príncipes y estudiantes.

El palacio de Federigo, en Urbino, era uno de los más bellos ejemplos arquitectónicos del primer Renacimiento y albergaba la espléndida biblioteca ducal de manuscritos ilustrados (no permitía en ella libros impresos). César Borgia, capitán general del papado, saqueó y dispersó su colección de tesoros artísticos en 1502.

Con verrugas y todo
Aunque la pose resulte artificial, el retrato es realista y detallado, mostrando la influencia de la pintura flamenca (p. 18). Piero disfrutaba con la observación minuciosa del mundo que lo rodeaba y nunca temía experimentar.

“La pintura comprende tres partes principales: el dibujo, la proporción y el color.”
Piero

Perspectiva
Piero hizo un detenido estudio de la perspectiva, emprendiendo una rigurosa investigación matemática y publicando un tratado que dedicó a Federigo. Aquí, el paisaje no utiliza la perspectiva matemática ni describe un lugar real, pero se ha sugerido que las extrañas colinas se van reduciendo con la distancia, como habría ocurrido si estuvieran dispuestas sobre una superficie curva. Esto parece indicar que Piero estaba consciente de las últimas teorías que sostenían que el mundo era redondo y la superficie de la Tierra, curva.

Piero della Francesca; *Federigo da Montefeltro*; c. 1472; 47 x 33 cm; temple sobre madera; Uffizi, Florencia

Punto de vista elevado
El punto de vista nos hace asumir que el duque está sentado en un mirador, pero Piero no ofrece alguna evidencia clara como un muro o un respaldo. Leonardo da Vinci (p. 24) revolucionó la pintura de retratos introduciendo una pose más natural, de tres cuartos.

Se dice que Piero perdió la vista en su vejez. Cuando aquélla le empezó a fallar, el artista se concentró en los estudios de matemáticas y geometría. Murió célebre, pero soltero y sin hijos.

1470-1480

1470 Primera imprenta francesa.

1472 Primera edición impresa de *La Divina Comedia* de Dante.

1473 El Papa Sixto IV agrega la Capilla Sixtina al Palacio Vaticano.

1474 William Caxton imprime el primer libro en inglés.

1478 El asesinato de Giuliano de Médicis inicia dos décadas de rivalidad política en Florencia.

1479 La unión de Castilla y Aragón crea el Estado español.

Bellini (c. 1430-1516)

Giovanni Bellini vivió durante el periodo en que el imperio veneciano era la mayor potencia comercial del mundo, y la propia Venecia era la encrucijada de Europa. Nacido en una distinguida familia de pintores, fue un hombre tranquilo, industrioso, un trabajador parsimonioso, un hombre de familia y un devoto cristiano. Aprendió el oficio de su padre Jacopo (c. 1400-71) y también recibió influencia de su cuñado, el famoso Mantegna (c. 1431-1506). Bellini fue el más grande de los *Madonnieri* o pintores de madonas venecianos, habiendo creado retablos de excepcional inspiración y versatilidad. También fue diestro en la pintura de retratos y temas mitológicos, que solía completar con exquisitos detalles paisajísticos. Principal maestro de su generación, Bellini ejerció importante influencia en el gran artista norteño Durero (p. 26), quien insistió en visitar al anciano Bellini en 1506, afirmando que todavía era "el mejor de Venecia".

1480-1485

1480 Lorenzo de Médicis se reconcilia con el papa Sixto IV.

1481 Comienza la Inquisición española. Muere el sultán otomano Mahomet II.

1482 Venecia le declara la guerra a Ferrara.

1483 Muerte de Eduardo IV de Inglaterra. Ricardo III envía a los hijos de Eduardo a la Torre de Londres y reclama el trono.

1484 Los portugueses descubren el Congo. El papa Inocencio VII asume el solio pontificio y prohíbe la brujería.

1485 La batalla de Bosworth Fields pone fin a la guerra de las Rosas en Inglaterra.

Giovanni Bellini

RETABLO DE SAN GIOBBE
Muestra a la Virgen y el Niño entronizados, rodeados de santos (una especialidad veneciana conocida como *Sacra Conversazione*). Es una de las mejores obras del artista y la más grande que aún subsiste. Transmite serenidad y confianza; los detalles evidencian la honda devoción cristiana de Bellini y su orgullo por la República Veneciana.

Techo abovedado
El diseño del techo abovedado se calculó con pleno conocimiento de las recién establecidas leyes de la perspectiva científica. Bellini aprendió perspectiva y diseño arquitectónico con Mantegna y Piero (p. 18).

Inscripción
La inscripción *Ave Virginei Flos Intemerate Pudoris* significa "Salve, inmaculada flor de pudor virginal", una alusión al nacimiento virginal. La Virgen era invocada como protectora de Venecia, que según la tradición fue fundada el 25 de marzo del 421 (festividad de la Anunciación). El retablo celebra ingeniosamente la pureza de la Virgen y la fundación de la ciudad.

Fondo arquitectónico
La arquitectura de la obra reproduce la de la iglesia. Bellini intentaba crear deliberadamente la ilusión de que el fondo de la pintura era una prolongación de la iglesia misma, y de que sus figuras de tamaño natural estaban presentes en realidad.

Fondo en perspectiva
El techo abovedado resulta visible debido a la baja línea del horizonte en el fondo en perspectiva. El artista colocó ésta al mismo nivel que la cima del plinto donde están sentados los ángeles.

Venecia correspondió a la lealtad de Bellini con una serie de honores. En 1483 fue nombrado pintor oficial del Estado, y se le eximió del pago de impuestos al gremio de pintores. Con su hermano mayor Gentile (c. 1429-1507) decoró el palacio de los dux con escenas gloriosas de la historia veneciana. Comenzó el proyecto en 1494 y trabajó intermitentemente en el mismo durante 35 años. Las pinturas fueron destruidas por un incendio en 1577.

Laurel
Las hojas de laurel suspendidas sobre la Virgen María simbolizan la pureza, una referencia adicional al nacimiento virginal ya aludido en la inscripción que hay debajo. Las hojas de laurel también simbolizan la victoria, y aquí la Virgen aparece "victoriosa" en su trono como la "Reina del Cielo".

Obras clave

- **Agonía en el huerto**; 1460; *Galería Nacional,* Londres
- **Transfiguración**; c. 1490; *Museo de Capodimonte*, Nápoles
- **Madona entronizada con santos**; 1505; *San Zaccaria*, Venecia

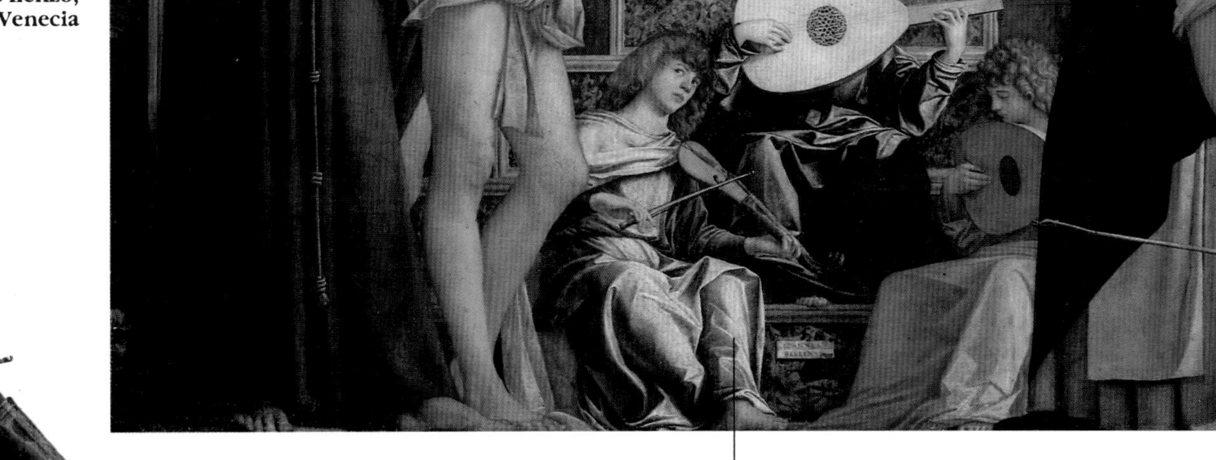

Isabella d'Este, una de las principales coleccionistas de la época, encargó una obra a Bellini, quien no cumplió la fecha de entrega y puso tantas excusas por su retraso que ella, por fin, lo llevó a juicio. No obstante, cuando terminó el encargo, quedó tan encantada que le dio una gratificación.

Madre e hijo
La Virgen y el Niño miran hacia la fuente de la cálida luz dorada que ilumina la pintura desde la derecha. El artista parece sugerir que sacan energía de la luz (una especie de baño de sol espiritual). Bellini consideraba la luz y el paisaje como fuentes de inspiración divina.

El santo patrono
San Job es el más cercano al trono. Invocado a menudo como protector contra la peste (él mismo había sufrido grandes dolores físicos y mentales), fue el santo patrono del hospital que encargó esta obra. Detrás de Job están san Juan Bautista, con barba, y san Francisco de Asís, reconocible por los estigmas en las palmas de las manos.

Giovanni Bellini; *Retablo de San Giobbe;* c. 1480; 471 x 258 cm; óleo sobre lienzo; Academia, Venecia

Como nuestros ojos se han educado desde la niñez con los objetos que vemos alrededor, un pintor veneciano tiene que ver el mundo como un lugar más radiante y alegre que el resto de nosotros.
GOETHE

Técnica del óleo
Bellini creó la ilusión de la luz con su sutil y diestro uso del óleo, empleando una limitada paleta de colores cálidos y entrelazándolos mediante medios tonos cuidadosamente controlados. Fue uno de los primeros artistas en dominar las técnicas del óleo, que probablemente aprendió de Antonello da Messina, quien estuvo en Venecia en 1475-76. Antonello a su vez aprendió la técnica de artistas como Van Eyck (p. 14).

Figura sagrada
La figura atada y traspasada por las flechas es san Sebastián. Fue muy popular durante el Renacimiento y, como san Job, era invocado a menudo como protector contra la peste, que frecuentemente asolaba Venecia a causa del hacinamiento y la contaminación de los canales. Hubo una grave epidemia en 1478, poco antes de que esta obra fuera encargada.

Ángel sensual
Los ángeles sentados a los pies de la Virgen tocan instrumentos musicales, invitándonos a imaginar la suave música que debería acompañar a la obra. Venecia ha sido siempre una ciudad de placeres sensuales y visuales más que de búsqueda intelectual, y el retablo de Bellini refleja este carácter.

Firma del artista
Bellini firmó la obra colocando su nombre como una inscripción tallada en el cartelito pegado en la base del trono.

Ángeles devotos
San Job era el patrono de la música. Bellini muestra a uno de los tres ángeles músicos mirando devotamente al santo.

El fondo del retablo es similar al de La Trinidad *de Masaccio (p. 12). Aunque Bellini no vio la pintura de Masaccio, podría haber oído hablar de ella. El talante, sin embargo, es muy distinto: Bellini destaca la luz más que la oscuridad, la vida más que la muerte.*

La Serenissima

Conocida como *La Serenissima* ("la república más serena"), la ciudad de Venecia era sede del gobierno de uno de los más poderosos imperios del mundo. El imperio veneciano controlaba los territorios del norte de Italia y las colonias de todo el Mediterráneo oriental. El apogeo de Venecia se debía al comercio: se constituyó en la encrucijada mercantil del mundo y dominaba el mar con su poderosa marina. El comercio del Lejano Oriente y China, de África del Norte, España y los Países Bajos, pasaba todo por Venecia. El declive del imperio veneciano empezó tras el descubrimiento de nuevas rutas marítimas hacia oriente y la exploración del Nuevo Mundo.

Sandro Botticelli

"Florencia fue el nido... de las artes, como Atenas lo fue de las ciencias."
VASARI

BOTTICELLI (1444-1510)

SANDRO BOTTICELLI FUE EL PRINCIPAL PINTOR de Florencia en la segunda mitad del siglo XV. Su estilo refinado y femenino chocaba con la línea convencional del arte local, pero gozó del favor de los intelectuales florentinos en aquellos agitados tiempos. Poco se sabe de sus primeros años. Se dice que era embustero, propenso a la pereza y a hacer bromas pesadas. Su principal patrocinador fue la dinastía Médicis, para la que creó retablos, retratos, alegorías y estandartes. Sus obras maestras fueron las pinturas mitológicas, que promovieron un tipo particular de belleza divinamene inspirada, en combinación con complejas referencias literarias. Tras su muerte, la obra de Botticelli cayó en descrédito, pero su reputación revivió en el siglo XIX cuando artistas en busca de experiencia estética se sintieron inspirados por su representación de una existencia sobrenatural y fantástica.

OBRAS CLAVE

- **Retrato de hombre joven con medalla;** c. 1475; *Uffizi*, Florencia
- **Adoración de los magos;** 1482; *Galería Nacional,* Washington D.C.
- **El nacimiento de Venus;** c. 1484; *Uffizi*, Florencia

LA PRIMAVERA

La primavera muestra el jardín de Venus, la diosa del amor. El cuadro fue probablemente encargado por Lorenzo di Pierfrancesco de Médicis (1463-1503) para colgarlo en una habitación contigua a la alcoba nupcial de su residencia florentina.

MERCURIO

Mercurio, el mensajero de los dioses, aparece portando sus botas aladas. Era hijo de la ninfa Maia, cuyo nombre se dio al mes de mayo (mes en que Pierfrancesco de Médicis casó con Semiramide d'Appiano en 1482). Mercurio usa su caduceo (una vara con dos serpientes entrelazadas) para detener las nubes, de modo que nada pueda arruinar la eterna primavera del jardín de Venus.

AYUDANTES DE VENUS

Botticelli perfeccionó un estilo en que el trazo bien marcado era primordial. Las manos entrelazadas, los intrincados pliegues del ropaje y el cabello ondulado de las Tres Gracias revelan su destreza absoluta. Sus rostros angulosos, largos cuellos, hombros inclinados, curvados vientres y delgados tobillos encarnan el ideal de la belleza femenina en la Florencia renacentista.

Flores estilizadas

El vestido de Flora está apropiadamente decorado con flores apenas resaltadas para imitar un bordado. A Botticelli le fascinaban la decoración y el diseño estilizado. Otros ejemplos en esta pintura son el "halo" de follaje destacado sobre el cielo en torno a Venus, el tapiz de flores y la ornamentación formada por los dorados frutos redondos y el follaje exuberante.

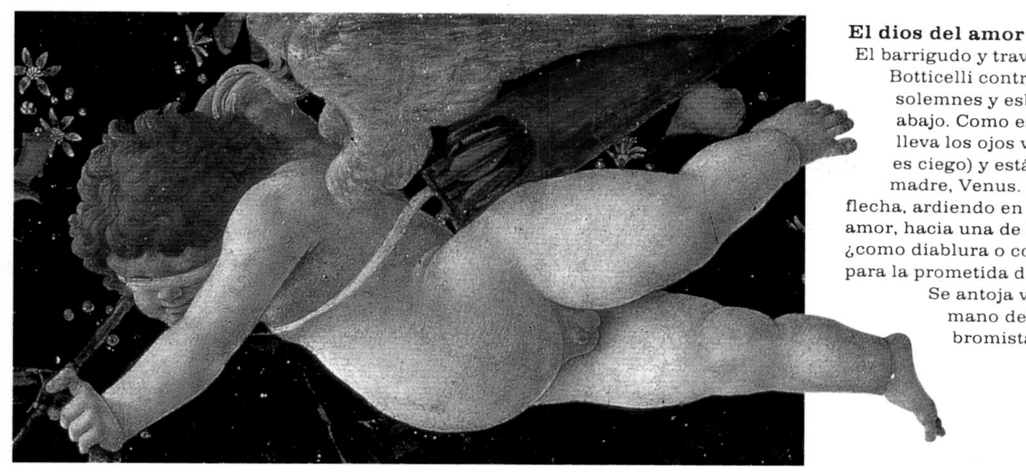

El dios del amor
El barrigudo y travieso Cupido de Botticelli contrasta con las solemnes y esbeltas figuras de abajo. Como es característico, lleva los ojos vendados (el amor es ciego) y está cerca de su madre, Venus. Apunta con una flecha, ardiendo en las llamas del amor, hacia una de las Tres Gracias, ¿como diablura o como sutil cumplido para la prometida de Pierfrancesco? Se antoja ver tras ello la mano del Botticelli bromista.

Los Médicis

De 1434 a 1737 Florencia estuvo controlada por la familia Médicis. Mercaderes y banqueros se convirtieron en una de las familias más ricas de Italia, y fue Cosme (1389-1464) quien primero estableció su poder político. Su nieto Lorenzo (1449-92), un talentoso poeta y erudito, descuidó el banco pero fue un político sagaz. Fomentó todas las artes y fue el principal impulsor de Botticelli y del joven Miguel Ángel (p. 28). Lorenzo di Piero Francesco era su primo segundo. Dos de la familia fueron elegidos papas (León X y Clemente VII) y promovieron proyectos para Rafael y Miguel Ángel en Roma.

Diosa del amor
Venus preside la escena con la mano derecha levantada como impartiendo una bendición. Significativamente, aparece llevando el típico tocado de la mujer casada florentina, una referencia adicional al tema nupcial del cuadro.

El nombre real de Botticelli era Alessandro di Mariano Filipepi. Él y sus hermanos fueron apodados Botticelli, que en italiano significa "barrilitos", debido a que el hermano mayor era un exitoso mercader de toneles de mercancía (el mote seguramente aludía más bien a su fortuna que a su estatura).

Botticelli era diestro en uno de los pasatiempos favoritos de muchos artistas del Renacimiento: el de hacer ingeniosas referencias cruzadas mediante un juego de palabras e imágenes. Las llamas en los vestidos de Venus y Mercurio podrían aludir a san Lorenzo, quien murió quemado, los dorados frutos redondos evocan las esferas doradas del blasón de la familia Médicis; y Mercurio aparece empuñando un caduceo, atributo de los médicos (Medici en italiano).

Viento de poniente
La figura azul alada es una invención creativa de Botticelli. Es el siniestro Céfiro, dios del viento de poniente y heraldo de Venus. Va persiguiendo a su amante Cloris.

Como todos los artistas del Renacimiento, Botticelli dirigía un taller, conocido como "academia de ociosos", el nombre sugiere que quizá el propio Botticelli podría haber sido un perezoso.

Flora
Flora, la diosa de las flores, es la principal figura que equilibra el lado derecho del cuadro. Cruza sigilosa el florido prado, viva encarnación de la belleza, mientras esparce flores a su alrededor. Constituye otra referencia a la alegría del matrimonio y es el símbolo de Florencia, la "ciudad de las flores".

Cloris y Céfiro
Detrás de Flora, Botticelli muestra el idilio de ésta con Céfiro. Cuando Céfiro se enamoró de Cloris, persiguió a la asustada ninfa y la desposó, transformándola en la diosa Flora. Botticelli, de manera ingeniosa aunque un tanto artificial, indica cómo surge Flora de ese galanteo.

Sandro Botticelli; *La primavera*; c. 1480; 203 x 314 cm; temple sobre madera; Uffizi, Florencia

1485-1490

1485 Comienza en Inglaterra la dinastía Tudor. Francia e Inglaterra rechazan la propuesta de Cristóbal Colón de realizar una expedición a Oriente.

1486 Maximiliano I es coronado rey de los alemanes en Aix-la-Chapelle.

1487 Los españoles conquistan Málaga.

1488 Comienza la Inquisición española.

1489 Se empiezan a usar los símbolos "+" y "–". Estalla en Aragón la primera gran epidemia de tifus.

1490 Introducción del ballet en las cortes italianas. Crisis comercial en Florencia.

Leonardo (1452-1519)

Leonardo da Vinci

"La curiosidad y el deseo de belleza son las dos fuerzas elementales en el genio de Leonardo; curiosidad muchas veces en conflicto con el deseo de belleza, pero que, con éste, genera una especie de sutil y peculiar encanto."
Walter Pater

Leonardo, el genio más extraordinario del Renacimiento, se mantuvo fuera de la línea convencional. Era mucho más que artista y arquitecto: su mente infatigable e insaciable curiosidad lo condujeron a hacer importantes descubrimientos e innovaciones en materias tan diversas como la ingeniería, anatomía, aeronáutica, teoría del arte, música y escenografía. Nació en Vinci, cerca de Florencia, hijo ilegítimo de un notario en una época en que la ilegitimidad era un serio estigma. Este podría haber sido un factor que lo llevó a aislarse de los demás. Se entrenó en Florencia con Andrea del Verrocchio (c. 1435-88), un talentoso pintor y escultor dueño de un gran taller, pero pasó la mayor parte de su vida trabajando en las cortes de duques y príncipes extranjeros que a veces estaban en guerra con Florencia. La familia que gobernaba Florencia, los Médicis (p. 22), lo ignoraron por completo. Después de 1483 trabajó para Ludovico Sforza, duque de Milán, pero regresó a Florencia tras la invasión francesa a Milán, en 1499. Entre 1500 y 1516, Leonardo creó muchas de sus más famosas pinturas. Pasó sus últimos años al servicio de la monarquía francesa y murió cerca de Amboise, en el valle del Loira.

Los cuadernos de Leonardo
A lo largo de su vida, Leonardo llenó muchos cuadernos de incontables notas y bocetos en los que exploraba sus pensamientos íntimos sobre el arte y la ciencia, registraba sus observaciones de los fenómenos naturales y trazaba diagramas para proyectos científicos y mecánicos.

Leonardo da Vinci; *Agua*; c. 1508; 20 x 15 cm; dibujo a tinta; Real Colección, Windsor

Las notas de Leonardo están redactadas en su famosa "escritura de espejo", que va de derecha a izquierda. El hecho de ser zurdo se consideraba "siniestro" y fue una de las causas de la sensación de aislamiento experimentada por el artista.

LA VIRGEN DE LAS ROCAS
Los orígenes de esta famosa pintura son confusos. Lo encargó como retablo la Confraternidad de la Inmaculada Concepción de San Francisco, Milán. No obstante, existe una versión anterior de la obra, conservada ahora en el Louvre de París, que sugiere que la pintura original fue vendida por el artista al monarca francés en vez de entregarla a la confraternidad ateniéndose al contrato. Probablemente creó esta segunda versión para cumplir sus obligaciones contractuales.

El tema es oscuro y poco convencional. Leonardo no compartía ni la típica creencia renacentista en la devoción cristiana ni la admiración por la antigüedad. Su inspiración provenía de la naturaleza, y ello se refleja aquí.

Belleza ideal
El rostro de la Virgen, de rasgos jóvenes y equilibrados, abultados párpados y barbilla prominente, representa para Leonardo la noción de la belleza ideal, un modelo que incluyó en muchas obras, especialmente en *La Gioconda*.

Fondo rocoso
Las formaciones rocosas y el agua fascinaron toda su vida a Leonardo. Su lugar de nacimiento, Vinci, da al río Arno a su paso por un desfiladero. Su primera obra fechada es un dibujo de un paisaje del Arno (1473), que ya manifiesta su interés por la estructura de la Tierra.

La mente de Leonardo era a la vez práctica y teórica: además de observar cómo eran las cosas, quería saber cómo funcionaban y qué significaban. Estaba interesado en la relación entre ciencia y arte, en la definición de la belleza y en la

San Juan
Los halos y la cruz de carrizo que porta san Juan no aparecían en la pintura original. Alguien los añadió posteriormente.

Manos expresivas
La mano derecha de la Virgen descansa protectora sobre el hombro del Bautista niño, mientras que su mano izquierda, en escorzo, se cierne sobre la cabeza de su hijo. Leonardo utilizó estos gestos para acentuar la unidad del grupo y al mismo tiempo crear un ambiente de ternura y misterio.

Leonardo da Vinci; *La Virgen de las rocas*; 1508; 190 x 120 cm; óleo sobre madera; Galería Nacional, Londres

Difuminado
La maestría del artista en la luz y la sombra se evidencia en el rostro del ángel: el apacible brillo en los ojos, los delicados reflejos en cada rizo del cabello, las sombras tenues. Leonardo introdujo la técnica del difuminado: el manejo gradual, "ahumado" de la pintura y el trazo que hace que las formas se confundan unas con otras. El efecto producía mayor realismo y realzaba la atmósfera de un cuadro.

Leonardo era bastante informal a la hora de cumplir lo pactado y dejó muchas obras inconclusas. Una vez resueltos los problemas intelectuales de contenido y composición, se aburría con el esfuerzo físico de pintar.

Inconcluso
Algunas partes del cuadro están sin acabar, como la mano izquierda del ángel colocada sobre la espalda de Cristo.

1510-1520

1511 Expulsión de los franceses de Italia.

1513 Giovanni de Médicis es nombrado papa como León X.

1514 Portugal inicia el comercio marítimo con China.

1515 Francisco I es coronado rey de Francia. Francia invade Italia.

1517 Martín Lutero pone en duda la infalibilidad papal.

1518 Los españoles descubren México.

1519 Fernando de Magallanes inicia la circunnavegación del globo.

Obras clave

- **Anunciación**; 1472-74; *Uffizi*, Florencia
- **La adoración de los magos**; 1481; *Uffizi*; Florencia
- **La última cena**; 1495-97; *Santa Maria delle Grazie*, Milán
- **La Gioconda**; 1503-06; *Museo del Louvre*, París

Leonardo tuvo tal éxito elevando la condición del artista de diestro artesano a virtuoso de fama mundial que, incluso cuando aún estaba vivo, los coleccionistas no escatimaban esfuerzos para conseguir una obra suya, por pequeña que fuera. Este retablo fue adquirido por el pintor escocés Gavin Hamilton en 1785, durante su estancia en Italia. Se lo llevó a Londres, vendiéndoselo a lord Lansdowne. Fue adquirido por la Galería Nacional en 1880.

Grupo familiar
Leonardo adaptó el convencional grupo familiar de la Virgen, el Niño Jesús y san Juan añadiendo un ángel cuya presencia no ha podido explicarse.

Primer plano
El primer plano quedó incompleto. En la versión inicial que está en el Louvre, Leonardo incluyó agua en esa zona.

A Leonardo le interesaba explorar tanto las motivaciones humanas subyacentes como las causas científicas. Hoy llamaríamos psicología a tal afición. Leonardo se refería a ello como "los movimientos de la mente".

Observación minuciosa
Los rizos del cabello están estrechamente vinculados con los dibujos de agua corriente hechos por Leonardo (arriba derecha). En sus cuadernos comenta que las formas asumidas por el agua corriente recuerdan los rizos del cabello, y que hay semejanzas entre los movimientos espirales del agua y el crecimiento en espiral de algunas plantas.

Leonardo utilizó los gestos de las manos y las expresiones faciales para exteriorizar las emociones internas de sus figuras. Escribió: "Un buen pintor debe pintar dos cosas, a saber: el hombre y el funcionamiento de la mente humana. Lo primero es fácil, lo segundo es difícil, pues tiene que representarse a través de los gestos y de los movimientos de las extremidades".

Francisco I y Leonardo

Francisco I (1494-1547) consolidó los cimientos de la monarquía francesa y el futuro liderazgo de ésta en las artes. Fue toda su vida un admirador de la política y cultura italianas, que lo llevó a invadir Italia. Como buen erudito, adquirió antigüedades clásicas y obras importantes de los principales artistas italianos (incluyendo la *Mona Lisa* de Leonardo). Tramó el matrimonio de su hijo Enrique con Catalina de Médicis, empleó a ingenieros militares y cortesanos italianos, y promovió la adopción de costumbres italianas en su corte. No resulta sorprendente que reconociera el genio de Leonardo y lo persuadiera para residir en Francia. Conforme a la leyenda, Leonardo murió en los brazos del monarca.

Alberto Durero

DURERO (1471-1528)

NACIDO EN NUREMBERG, Alemania, Durero (Albrecht Dürer en alemán) fue hijo de un orfebre y se entrenó inicialmente en el taller de su padre. Sus primeras influencias fueron las tradiciones medievales de la Europa septentrional: buena artesanía, fuerte imaginación y la herencia gótica. No obstante, su talento precoz, aunado a su curiosidad, ambición y deseo de viajar lo llevaron a romper con esas tradiciones. Sus viajes a Italia iban a tener una influencia decisiva en su vida. Allí descubrió las nuevas maneras de pensar y los innovadores estilos y procedimientos artísticos del Renacimiento italiano, y quedó particularmente impresionado con las pinturas de Bellini (p. 20). También le inspiró la elevada condición social de los artistas en Italia, y se decidió a mejorar la categoría del arte en el norte. Tras regresar a Alemania, Durero intensificó sus estudios de geometría y matemáticas, procurando más bien la compañía de eruditos que la de sus compañeros artesanos. Se convirtió en el principal conducto a través del cual fluían las ideas italianas hacia el norte, y su influencia repercutió por toda Europa. Sin embargo, produjo relativamente pocos cuadros, consagrando la mayor parte de sus energías al grabado, un arte para el cual se hallaba magníficamente dotado.

“Aquí (en Italia), soy un caballero; en casa soy un parásito.”
ALBERTO DURERO

El Apocalipsis
Una de las obras mejor conocidas de Durero es la serie de 14 xilografías de escenas del Apocalipsis que fue publicada como un libro con el correspondiente texto bíblico. Célebre desde el primer momento, despertó sensibilidades en el agitado ambiente del momento y ejerció profunda influencia en los artistas italianos.

Alberto Durero; *Los cuatro jinetes del Apocalipsis*; c. 1498; 39 x 28 cm; grabado sobre madera

El Apocalipsis predice la segunda venida de Cristo y el fin del mundo. En el ángulo inferior izquierdo, las fauces del infierno devoran a un obispo, simboliza la corrupción en la Iglesia Católica.

GORRO Y GUANTES
El gorro del artista es el *summum* de la moda y el traje, con su borde finamente bordado, es extremadamente elegante. Durero era un hombre orgulloso que nunca puso en duda sus talentos ni su valor para la posteridad.

Durero vivió en una época agitada: Martín Lutero (1483-1546) desafió el poder de la Iglesia Católica y puso los cimientos para un cisma religioso y político que aún ahora perturba los asuntos europeos. Es probable que el propio Durero se convirtiera a la causa protestante.

AUTORRETRATO
En este cuadro, Durero aparece vestido con elegancia por un deseo de retratarse como caballero y no como artesano. Esta obra era parte de una estrategia para elevar la condición del artista, y prueba que había asimilado las últimas ideas italianas.

Durero se inspiró en el argumento de Leonardo da Vinci (p. 24) de que originalidad e inventiva implicaban más que diligencia y destreza. Estas ideas nunca se habían oído en Alemania.

RASGOS FACIALES
Aunque se vista elegantemente (los lujosos guantes de gamuza son una especialidad de Nuremberg), Durero reproduce sus rasgos con desapasionada exactitud. Sus numerosos autorretratos atestiguan la obsesión que tenía con su propia apariencia.

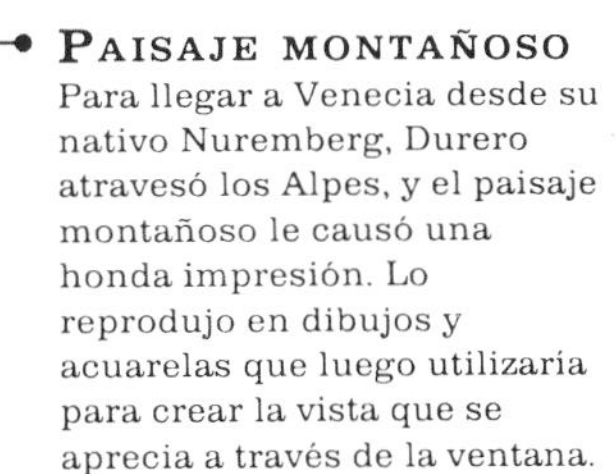

PAISAJE MONTAÑOSO
Para llegar a Venecia desde su nativo Nuremberg, Durero atravesó los Alpes, y el paisaje montañoso le causó una honda impresión. Lo reprodujo en dibujos y acuarelas que luego utilizaria para crear la vista que se aprecia a través de la ventana.

Durero estuvo interesado toda su vida en la teoría del arte, y estudió los problemas renacentistas de la perspectiva y la proporción. Publicó un Tratado sobre medición *en 1525, y sus* Cuatro libros sobre las proporciones del cuerpo humano *fueron editados póstumamente, en 1528.*

Estilo italiano
Durero utilizaba a menudo el formato del retrato de medio cuerpo. La pose relajada, con los brazos descansando en un antepecho, la cabeza torcida respecto al cuerpo y la ventana al fondo demuestran que ha adoptado las últimas ideas de la pintura veneciana de retratos. No obstante, el rechazo a idealizar su rostro y otros rasgos, la observación meticulosa del detalle y el estilo angular (en vez de otro suavemente redondeado) demuestran, por otro lado, que no ha abandonado sus raíces nórdicas.

Este cuadro perteneció al rey Carlos I de Inglaterra quien fue un notable conocedor y coleccionista *(p. 40)**. Recibió la obra como regalo de lord Arundel, quien a su vez la había obtenido como obsequio del consejo local de Nuremberg. Tras la ejecución de Carlos I, compró la pintura Felipe IV de España.*

Alberto Durero; *Autorretrato*; 1498; 52 x 41 cm; óleo sobre lienzo; Museo del Prado, Madrid

La xilografía consiste en hacer cortes en una plancha que al imprimirlos quedan como líneas negras. Los grabados sencillos dejaban amplios espacios en blanco que luego eran coloreados a mano. Durero introdujo una nueva y exótica propuesta: llenaba los espacios con líneas y plumado para crear luz y sombra; y utilizaba turbulentas cadencias y complejos e impetuosos trazos.

Inscripción
La inscripción bajo la ventana dice: "1498. Lo pinté según mi propia imagen. Tenía 26 años". El monograma con las iniciales AD aparece en casi todas las obras de Durero.

1490-1500

1492 Colón descubre América.

1494 Savonarola domina la república florentina.

1495 La sífilis se extiende por toda Europa.

1497 Caboto llega a América del Norte.

1498 Erasmo da clases en la Universidad de Oxford.

1499 Fundación de la Confederación Helvética.

La Reforma

A comienzos del siglo XVI, en la Iglesia Católica imperaba la corrupción y un sacerdote alemán, Martín Lutero (1483-1546), protestó contra ello en una serie de tesis. Aunque originalmente concebidas como reformas dentro del sistema eclesiástico vigente, las ideas luteranas condujeron a la división de la cristiandad occidental y a la formación de la nueva Iglesia Protestante. Durero, profundamente influenciado por las ideas de Lutero, apoyó la búsqueda reformadora de la verdad espiritual. No obstante, le repelieron los excesos de violencia que provocó la Reforma.

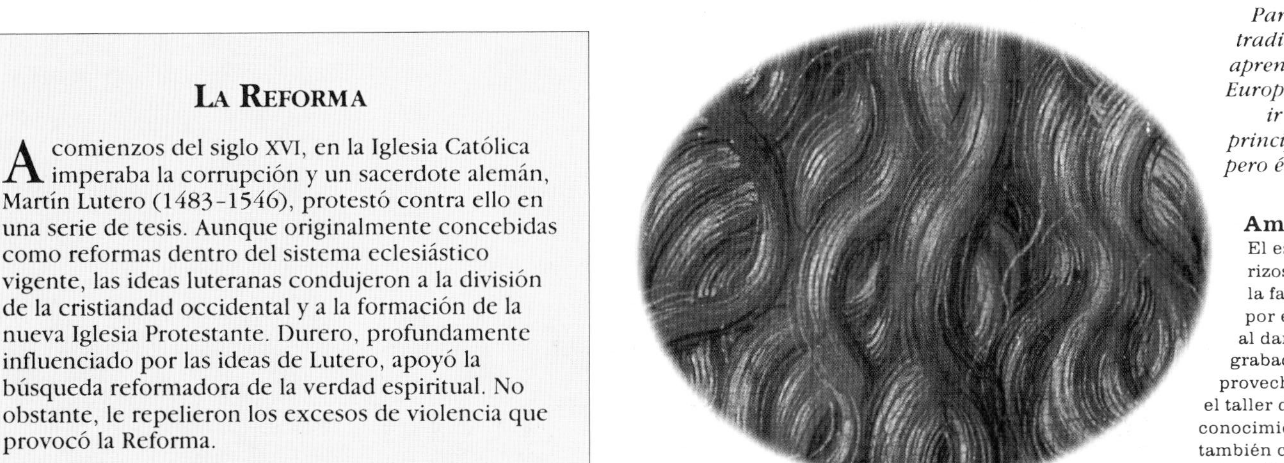

Para los jóvenes artesanos alemanes constituía una tradición pasar algunos años viajando tras concluir su aprendizaje, pero la mayor parte viajaba por el norte de Europa y no a Italia. La primera ambición de Durero fue ir a Colmar, cerca de Estrasburgo, para visitar al principal pintor y grabador alemán, Martin Schongauer, pero éste murió en 1492 y Durero nunca pudo conocerlo.

Amor al detalle
El esmerado arreglo de los rizos del cabello manifiesta la fascinación del artista por el detalle, mientras que al darles la apariencia de grabado en oro evidencia el provecho de lo aprendido en el taller de su padre. Sus conocimientos de orfebrería también coadyuvaron a su extraordinaria maestría en el grabado.

A fines de la década de 1490, Durero se consagró al grabado y la xilografía. Aunque es un género admirado, siempre ha ocupado un rango inferior con respecto a la pintura. A ello se debe que grabadores talentosos como Durero, Rembrandt *(p. 48)* *y Whistler* *(p. 80)* *sintieran la necesidad de probarse primero como pintores.*

Obras clave

- **Adán y Eva**; 1504; *Museo Británico*, Londres
- **Fiesta del Rosario**; 1506; *Galería Nacional*; Praga
- **Madona del pinzón**; 1506; *Staatliche Museen*, Berlín
- **San Jerónimo**; 1514; *Museo Británico*, Londres
- **Los cuatro apóstoles**; 1526; *Alte Pinakothek*, Munich

MIGUEL ÁNGEL (1475-1564)

Miguel Ángel Buonarroti

ESCULTOR, PINTOR, ARQUITECTO Y POETA genial, Miguel Ángel (Michelangelo Buonarroti en italiano) ejerció gran influencia en el curso de su larga vida (vivió hasta los 89 años), y su obra ha repercutido en todas las generaciones de artistas hasta el siglo XX. Nació cerca de Florencia, hijo de un funcionario menor de noble ascendencia, y manifestó su talento a temprana edad. Fue discípulo del pintor Ghirlandaio, y aprendió mucho de sus estudios de los frescos de Giotto y Masaccio (p. 12), pero, profundamente influido por Donatello (c. 1386-1466), su gran interés fue siempre la forma tridimensional. Estableció su reputación con la escultura, sobre todo con su *Pietà* en Roma (1498) y su *David* en Florencia (1501-1504), ambas creadas antes de cumplir los 30 años. Fue un devoto cristiano y la lealtad a su religión es una de las inspiraciones de su arte. Fue también un apasionado admirador de la antigüedad, y la influencia de la escultura clásica aparece en cada resquicio de su obra. En pintura, su logro más imponente fue la Capilla Sixtina en Roma. Trabajó en el techo durante cuatro años, entre 1508 y 1512, cuando mediaba los 30 años. *El juicio final* lo empezó en 1534. Miguel Ángel pasó la mayor parte de su vida activa en Roma –las dos últimas décadas como arquitecto en jefe de la nueva basílica de San Pedro– creando algunos de sus más hermosos y emotivos poemas y esculturas.

“Uno no logra la disciplina interna hasta que alcanza los extremos del arte y de la vida.”
MIGUEL ÁNGEL

Miguel Ángel; *Esclavo moribundo;* 1513; 226 cm; Museo del Louvre, París

ESCLAVO MORIBUNDO
El llamado *Esclavo moribundo* fue una de las varias estatuas creadas en 1513-15 para la tumba del papa Julio II, un proyecto que ocupó a Miguel Ángel casi 40 años y que nunca se completó. La sensual pose e idealizada belleza muestran al artista libre del tormento espiritual de sus últimos años.

Porfiado y belicoso, Miguel Ángel tuvo dificultad para relacionarse con los demás. Era homosexual y le torturaba el sentimiento de culpa. Sus relaciones amorosas fueron desdichadas y probablemente eligió permanecer célibe. A medida que envejecía fue tomando más conciencia de la condición pecaminosa del hombre y de sus propias fallas.

Cuando Miguel Ángel realizó esta obra, la incertidumbre embargaba a la Iglesia Católica. Él se hallaba afectado por esa atmósfera; mientras que su trabajo en el techo de la Capilla Sixtina irradia confianza y armonía, aquí sólo hay disonancia, agitación y lúgubre misterio.

ADICIONES POSTERIORES
Las escenas de los lunetos muestran los instrumentos de la Pasión de Cristo. Las añadió (borrando la obra anterior de Perugino) cuando comprendió que su diseño debía abarcar toda la pared.

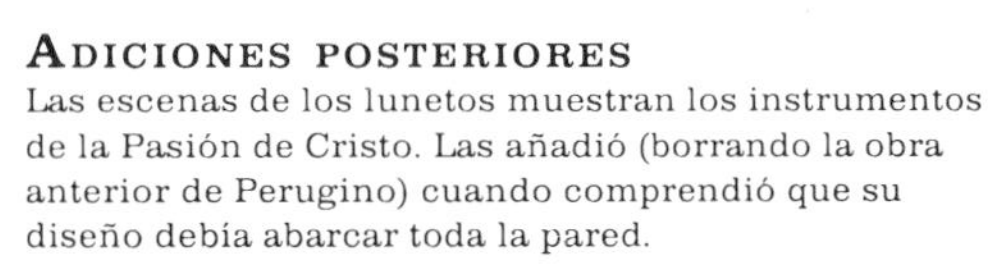

EL JUICIO FINAL
La propuesta de este extraordinario proyecto vino del papa de Médicis, Clemente VII (1478-1534). A Miguel Ángel no le entusiasmó la idea al principio, pero después le fue interesando más.

La pintura está concebida en gran escala. Incluye más de 400 figuras individuales, con una pose distinta. Hay extrañas discrepancias deliberadas en la escala, y el espacio resulta ambiguo y poco realista. El ambiente es sombrío e incluso los rostros de los que han alcanzado la salvación están pensativos y turbados.

EL CÍRCULO INTERIOR
Rodeando a Cristo aparecen santos, profetas y patriarcas que se muestran perplejos y aterrados ante Cristo. A su derecha, la Virgen María, quien tradicionalmente intercede por los pecadores, parece encogerse de temor, inadvertida.

CRISTO ENFURECIDO
Cristo no está representado en majestad ni como juez, sino que avanza con energía incontenible pareciendo levantar a los justos con la mano derecha y apartar a los condenados con la izquierda. Esta insólita interpretación del tema rompe decididamente con la tradición.

Muchos críticos hostiles tildaron la obra de obscena. Cuando el papa Paulo IV sugirió que Miguel Ángel debería "arreglarla" (tapar los genitales expuestos) el artista replicó: "Decidle al papa que eso es una nimiedad... en cambio él debería componer el mundo, pues las pinturas son fáciles de arreglar..." El concilio de Trento ordenó que se añadieran indumentos a los desnudos.

Muertos que resucitan
En el lado izquierdo de la obra, las trompetas de siete ángeles despiertan a los muertos. Salen de las tumbas y ascienden al cielo, unos forcejeando, otros ayudados por los demás, otros por sí solos, aparentemente.

Miguel Ángel; *El juicio final*; 1536-41; 14.6 x 13.4 m; fresco; Capilla Sixtina, Roma

Desnudo masculino
La variedad de posturas demuestra la extraordinaria noción que tenía el artista del cuerpo masculino (el cual analizó minuciosamente durante sus estudios). Cada figura está concebida en tres dimensiones y podría realizarse como una pieza de escultura.

Los condenados
Miguel Ángel usa los símbolos tradicionales de manera creativa: por ejemplo, santa Catalina utiliza su rueda para repeler a los condenados que intentan subir al cielo. También los demonios están disponibles para arrastrarlos hacia abajo.

1530-1550

1531 Aparece el cometa Halley.

1534 Fundación de la Compañía de Jesús.

1536 Fundación de la Iglesia Anglicana.

1540 Descubrimiento de la circulación sanguínea.

1545 Primer jardín botánico en Padua. Concilio de Trento.

1547 Primeras predicciones de Nostradamus.

Autorretrato grotesco
San Bartolomé sujeta su atributo, una piel humana, y lo suspende sobre el abismo. Tradicionalmente se ha afirmado que el rostro distorsionado es el autorretrato del artista. Miguel Ángel se representa a sí mismo como excluido del Paraíso (un signo de su tormento espiritual en este periodo).

Caronte
Caronte, que cruza en su barca a los condenados por el río Estix, es particularmente terrorífico. Usa el remo para golpear a sus abominados pasajeros. Es una referencia al *Inferno* de Dante y un recordatorio de las ideas medievales respecto a la muerte y el pecado (véase p. 12).

Minos
La figura ceñida por una serpiente es Minos, un habitante de los infiernos —alusión deliberada a la antigüedad clásica y al *Inferno* de Dante—. Se dice que es un retrato de Biagio da Cesena, el maestro de ceremonias papal, quien era un abierto crítico de la obra del artista.

Tomó más de cinco años pintar este fresco, más que el techo de la Capilla Sixtina. Recubrió un fresco anterior de Perugino. Hubo que tapar las ventanas y el efecto del encargo alteró tanto la iluminación como la interpretación de otras obras de la capilla.

Encargos papales

Desde 1505, Miguel Ángel estuvo constantemente al servicio del papado, aunque la relación soliera ser tormentosa. La imponente tumba para el papa Julio II, así como los proyectos arquitectónicos y escultóricos para la iglesia de San Lorenzo, en Florencia, nunca se completaron. Más tarde supervisó los diseños para la reconstrucción de la basílica de San Pedro. Los frescos de la Capilla Sixtina constituyen el único encargo creado y completado para los papas.

Libros de vidas
Dos ángeles sujetan los libros donde están escritos los nombres de condenados y justos. Muestran las listas a quienes están incluidos. El libro con los nombres de los condenados es notablemente mayor.

Obras clave

- **David**; 1501-4; *Galería de la Academia*, Florencia
- **Pecado y expulsión**; 1509-10; *Capilla Sixtina*, Roma
- **La creación de Adán**; 1510; *Capilla Sixtina*, Roma
- **Madona y Niño**; 1520; *Casa Buonoti*, Florencia

Giorgione (c.1477-1510)

Los detalles sobre la vida de Giorgione son tan elusivos como el contenido de sus pinturas. Durante su corta vida fue reconocido como un genio que cambió radicalmente los conceptos acerca de la naturaleza de la pintura y la categoría social del artista. Nacido en Castelfranco, cerca de Venecia, estudió en el taller de los Bellini (p. 20). Se dice que provenía de un ambiente humilde, pero era muy inteligente, aficionado a la música y atractivo para las mujeres. Conoció a Leonardo (p. 24) en 1500 y le convencieron sus opiniones sobre el papel del artista y sobre la belleza. Giorgione trabajó principalmente para particulares que tenían intereses intelectuales refinados y deseaban pequeños cuadros de contenido poético o filosófico. Parece ser que Giorgione compartía esos intereses y era aceptado como un igual. Se dedicó a explorar nuevas técnicas de la pintura al óleo que propiciaran un grado más intenso de luminosidad y armonía. Su prematura muerte privó al arte veneciano del pleno florecimiento de uno de sus más grandes maestros.

Giorgio Barbarelli

Tema erótico
La naturaleza erótica de la imagen sugiere que pudiera haber sido encargada para colgarla en una alcoba particular.

VENUS DORMIDA
La *Venus de Dresde* fue una imagen de excepcional originalidad –no existían precedentes en el arte de la antigüedad clásica–. Muestra el interés del artista en un nuevo ideal de belleza, en que la evocación de una atmósfera poética tenga prioridad sobre el contenido intelectual.

Diosa durmiente
El desnudo reclinado se convirtió en una de las imágenes más populares de la pintura europea. Giorgione muestra la figura desnuda dormida bajo una roca, con los ojos cerrados, abstraída en sus ensoñaciones e ignorante de que se le observa. En casi todas las versiones subsiguientes del tema la figura aparece despierta. Manet (p. 76), en particular, pintó en su obra *Olympia* una "Venus" que ofrece sus favores sexuales.

La influencia de Leonardo
El suave sombreado y las redondeadas formas de Venus evidencian la influencia de Leonardo da Vinci, al igual que la disposición de los pliegues en las telas. La *Venus* de Dresde fue pintada en la misma época que la *Gioconda*. Desde el principio, ambas imágenes fueron copiadas e imitadas muchas veces.

Al ser Venecia centro mundial del arte y el comercio, por situación geográfica, Giorgione conoció una amplia variedad de influencias europeas y orientales. Varias colecciones de Venecia contenían obras de importantes artistas neerlandeses, y debió haber visto muchos grabados, sobre todo de Durero (p. 26). La Venus de Giorgione *sugiere la lánguida belleza de la odalisca turca y la divina belleza de la diosa del amor.*

Obras clave

- **La tempestad**; 1505-10; *Museo de la Academia*, Venecia
- **Laura**; 1506; *Kunsthistorisches Museum*, Viena
- **Los tres filósofos**; c. 1509; *Kunsthistorisches Museum*, Viena

Maestría en la pintura al óleo
Las sombras y claros esmeradamente trazados sobre el rico paño en que yace Venus demuestran la maestría de Giorgione en las nuevas técnicas de la pintura al óleo.

Giorgione introdujo una sensual percepción de la belleza de la figura humana. El ideal del primer Renacimiento se advierte en la Primavera *de Botticelli (p. 22), pero Giorgione rompe con este enfoque. Crea un ideal de belleza destinado a atraer a los sentidos antes que a la mente.*

Toques finales
Según se cree, el cuadro quedó inconcluso al morir Giorgione y probablemente Tiziano (p. 34) fue el encargado de completar el paisaje. La retrocesión "estratificada" del mismo y las distantes colinas azules son típicas del primer periodo de Tiziano. La muerte prematura de su rival propició su encumbramiento.

Dresde

En el siglo XVIII, Dresde se convirtió en uno de los grandes centros artísticos de Europa. Los electores de Sajonia formaron una notable colección de pintura que contenía muchas obras maestras italianas, incluyendo la *Madona Sixtina* de Rafael (p. 32) y la *Venus* de Giorgione, una de las primeras adquisiciones. Dresde se tornó un lugar de peregrinaje para jóvenes artistas e intelectuales, y a finales del siglo XVIII había una floreciente academia que atrajo a artistas como Friedrich (p. 64). Dresde fue devastada por los bombardeos en la Segunda Guerra Mundial, y algunas obras se perdieron. No obstante, desde la reunificación alemana, en 1990, se ha restaurado la famosa galería de pintura.

Cuenta la leyenda que Giorgione contrató a Tiziano para que le secundase en un importante encargo: la decoración de la fachada del despacho de una empresa alemana asentada en Venecia. Alguien felicitó al reconocido maestro Giorgione por una figura de Judith que, le dijeron, era lo mejor que había pintado en mucho tiempo. El hecho es que la había pintado Tiziano. Giorgione no volvió a dirigirle la palabra.

Aldea abandonada
La aldea desierta al fondo realza la atmósfera misteriosa del cuadro. Es un motivo que se repite en su famosa obra *La tempestad*.

En octubre de 1510, Isabella d'Este, una de las más apasionadas coleccionistas del Renacimiento, escribió a su agente en Venecia pidiéndole que comprara una obra de Giorgione –un signo inequívoco de su eminente reputación–. El agente respondió que no podía complacerla porque Giorgione había muerto recientemente a causa de la peste.

"Colmó de admiración todos los corazones por la vida que infundía a la naturaleza en su arte."
BOSCHINI

Paisaje de fondo
El interés por el paisaje era una peculiaridad de la pintura veneciana, la cual conduciría al paisajismo puro de los siglos XVII y XVIII. El arte veneciano creó, en particular, una visión de unidad armoniosa entre figuras y paisaje (en la pintura florentina, el paisaje tuvo siempre un interés secundario comparado con el de las figuras y los rostros).

Cupido escondido
Existe evidencia, tanto por los rayos x como por los registros de restauración del siglo XIX, de que Giorgione había incluido, o pensaba hacerlo, una figura de Cupido en el lado derecho del cuadro. En un momento indeterminado, la figura fue suprimida.

Giorgione; *Venus dormida*; 1508–10; 108.5 x 175 cm; óleo sobre lienzo; Gemäldegalerie, Dresde

Curvas sutiles
El contorno sutilmente ondulado del cuerpo realza la sensación de sueño profundo y anima a contemplar la figura con delectación.

En Venecia había muchas fuentes de lucrativo patrocinio estatales y eclesiásticas. Giorgione las ignoró quizá porque su interés artístico era muy conservador, y prefirió trabajar para un grupo reducido de particulares que le encargaban cuadros pequeños que reflejasen sus gustos poéticos y musicales.

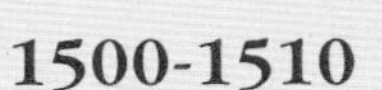

1500-1510

1500 Los venecianos imprimen música con tipos movibles. Portugal reclama Brasil.

1503 La república de Venecia firma un tratado de paz con los turcos. Elección del papa Julio II.

1506 Antigua estatua de *El Laocoonte* es desenterrada en Roma.

1507 América recibe su nombre en honor de Américo Vespucio. Maquiavelo: *El príncipe*.

1509 Constantinopla es destruida por un terremoto. Francia y el papado declaran la guerra a Venecia.

c. 1510 Leonardo: *La Gioconda*.

RAFAEL (1483-1520)

Raffaello Sanzio

AUNQUE RAFAEL LLEVÓ UNA VIDA FASCINANTE, murió trágicamente a causa de una fiebre a los 37 años. Nació en un vecindario elegante de Urbino, donde su padre trabajaba para el duque (p. 16), y fue discípulo de Perugino (c. 1445-1523), uno de los principales pintores italianos. En 1504, Rafael llegó a Florencia en un periodo de gran creatividad, y pudo estudiar obras de Giotto, Masaccio (p. 12) y Miguel Ángel (p. 28). Todas las versiones hablan de su hermosa apariencia, sus modales elegantes y su conducta caballerosa. Llegó a convertirse en favorito del papa Julio II, quien lo llamó a Roma en 1508 para decorar las estancias papales. El proyecto impulsó a Rafael a producir obras geniales, y desde entonces todas sus actividades fueron encargos papales. Su natural desenvoltura despertaba el cariño de los funcionarios pontificios y de las mujeres (Rafael fue famoso por sus innumerables aventuras amorosas). Su estilo formal impuso una pauta de perfección en el arte europeo hasta finales del siglo XIX, y sirvió de ejemplo para todos los artistas que aspiraban a desarrollar un estilo clásico.

“El divino genio de Rafael alcanzó una esplendidez que nadie más pudo superar o igualar.”
GOETHE

Bocetos experimentales
Los bocetos muestran a Rafael experimentando libremente con posibles poses de una madre y su hijo. La página no está relacionada en forma directa con la Madona Sixtina, pero debieron existir bocetos similares que lamentablemente ya se perdieron. Le interesaban en particular las cabezas, las manos y los paños.

Rafael; *Estudios de la Virgen y el Niño*; c. 1510; 25.5 x 18.5 cm; dibujo a pluma; Museo Británico, Londres

Basándose en sus bocetos experimentales, Rafael pasó a elaborar un diseño terminado para el cuadro, quizá ensayando varias versiones hasta lograr la correcta. Proseguiría luego con un diseño de tamaño natural que serviría para trazar el contorno de la obra final en el lienzo.

LA MADONA SIXTINA
Fue la última gran obra de Rafael sobre un tema favorito para él: la Virgen y el Niño. Muchas de sus primeras obras en Florencia se centraron en este motivo, que repitió con variación e inventiva constantes.

Digna obra de Rafael, esta pintura tiene una belleza de apariencia escueta que disimula el cuidadoso planeamiento y la atención al detalle implícitos en su creación.

La obra fue encargada como retablo para la capilla de san Sixto en Piacenza. Julio II, cuando todavía era cardenal, contribuyó al fondo para la edificación de la capilla, que albergaba las supuestas reliquias de san Sixto y santa Bárbara.

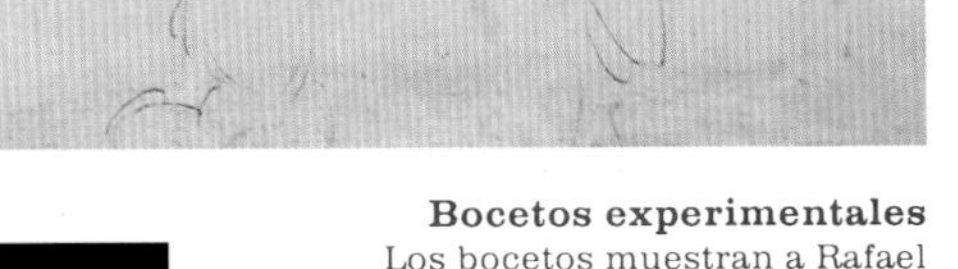

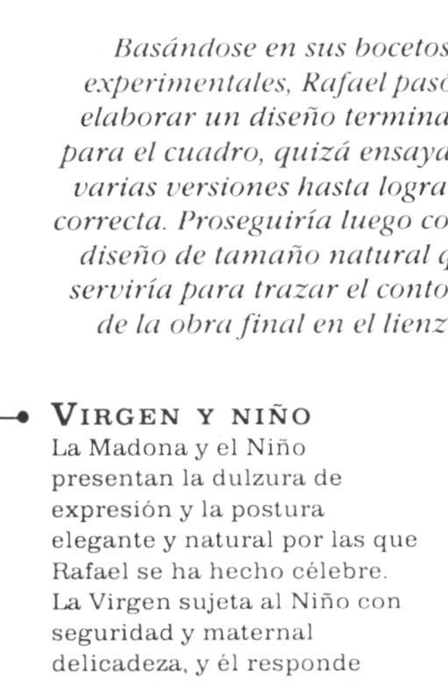

VISIÓN CELESTIAL
Las cortinas dan la impresión de que acabaran de abrirse para revelar la visión gloriosa de la Virgen y el Niño flotando sobre una nube celestial.

VELO FLOTANTE
La Madona envuelve al Niño en un círculo protector formado por su brazo izquierdo, el brazo derecho de Jesús y su ondeante velo.

POSE REALISTA
Rafael fue célebre por su destreza para lograr una pose que reflejara la intención y el movimiento de la figura y que armonizara con la expresión del rostro. Aquí, el Niño Jesús no es el infante activo y precoz retratado por Leonardo (p. 23). Su expresión es interrogadora y cautelosa, y esta disposición se traduce en su postura.

VIRGEN Y NIÑO
La Madona y el Niño presentan la dulzura de expresión y la postura elegante y natural por las que Rafael se ha hecho célebre. La Virgen sujeta al Niño con seguridad y maternal delicadeza, y él responde acurrucándose contra ella.

SAN SIXTO
San Sixto (el papa Sixto II, quien fue martirizado en el año 258 d.C.) intercede ante la Virgen por los fieles arrodillados frente al altar.

Mano escorzada
La mano y el brazo derechos son un impresionante y hábil ejemplo de escorzo. Miguel Ángel era diestro para inventar posturas insólitas, y Rafael podría haber estado respondiendo en forma competitiva a su gran rival.

Ropajes papales
San Sixto porta una capa consistorial decorada con bellotas, que era el emblema de la familia della Rovere, a la que pertenecía Julio II.

En el siglo XVIII, este retablo fue vendido al electorado de Sajonia, que formó una famosa colección pictórica en Dresde, Alemania. En la actualidad, ni un solo retablo de Rafael se encuentra en su emplazamiento original. Casi todos resultaron seriamente dañados debido a imprudentes limpiezas y restauraciones. Por suerte, esta pintura se conserva en buen estado.

Tiara papal
Una tiara papal aparece sobre un estante imaginario situado entre la visión celestial y el espectador.

1520-1530

1520 Excomunión de Lutero. Introducción del chocolate en Europa desde México.

1521 Primera seda fabricada en Francia. Belgrado cae en poder de los turcos.

1524 Revuelta de los campesinos en Alemania.

1525 Los franceses son expulsados de Italia.

1527 Saqueo de Roma por Carlos V.

1528 Epidemia de tifus en Italia.

1530 Carlos V es coronado emperador del Sacro Imperio Romano Germánico.

Santa Bárbara
La pose de santa Bárbara es modesta y púdica, y armoniza con la expresión de su cara con los ojos bajos. Es la patrona de las victorias, designada para el reciente triunfo político y militar de Julio II (véase abajo).

Leonardo inspiró al joven Rafael a descubrir el dominio y la utilidad práctica del dibujo cuando trabajó en Florencia. Con el dibujo, Rafael dio a la pintura una nueva libertad de ideas, composición y poses.

Rafael; *La Madona Sixtina*; 1513; 269.5 x 201 cm; óleo sobre lienzo; Gemäldegalerie, Dresde

El método de Rafael de hacer bocetos y luego ejecutar la obra se hizo común en los talleres y fue base de la tradición académica hasta fines del siglo XIX. Ello permitía el empleo de discípulos para trabajar en el diseño final, una vez que había sido concebido por el artista. Miguel Ángel trabajaba solo y de manera muy distinta. Criticaba el trabajo de Rafael, y no se tenían aprecio.

Formas simplificadas
El peso y la textura de la capa del santo se transmite de modo brillante. La forma se ha simplificado en unos cuantos pliegues detallados con elegancia.

Querubines
Dos ángeles parecen haberse escapado de la hueste celestial del fondo. Estos niños alados tienen más en común con los mitológicos amorcillos que con los querubines de la Iglesia. Su presencia y expresión añaden un toque de humano desenfado a la obra.

En junio de 1512, Julio II obtuvo una victoria decisiva sobre los estados disidentes, y hubo importantes celebraciones en Roma. Piacenza anunció, al mismo tiempo, que voluntariamente mostraría su lealtad al papado. En reconocimiento, Julio II encargó esta obra como un obsequio para el convento.

Rafael en Roma

Desde mediados del siglo XV, una serie de papas compartieron la ambición de embellecer Roma para hacerla digna de su papel como centro del cristianismo, y como capital histórica del imperio romano. Las figuras clave en la realización de este objetivo fueron Julio II y su sucesor León X. Ambos recurrieron a artistas florentinos para crear un arte y una arquitectura que sintetizaran el arte clásico y la fe cristiana. Rafael fue llamado a Roma cuando tenía 25 años, pues ya era famoso. Por orden de Julio II pintó los frescos de las estancias del Vaticano, que son uno de los mayores logros del segundo Renacimiento. León X le encargó una inspección arqueológica de los antiguos monumentos de Roma.

Las obras de Rafael muestran su soberbia habilidad para dominar la línea con seguridad y maestría. El dibujo se tenía por un arte superior al del manejo del color, pues se decía que el primero constituía una disciplina más intelectual y el color era esencialmente decorativo.

Ángeles fantasmales
Apenas visibles en el fondo nebuloso lleno de luz, Rafael incluyó una multitud de ángeles fantasmales. Esta fantasía tan original realza el aire misterioso del cuadro.

Obras clave

- **La Madona Alba**; c. 1510; *Galería Nacional*, Washington
- **La escuela de Atenas**; 1510-11; *Estancia de la Signatura, Museos del Vaticano*, Roma
- **Galatea**; 1513; *Villa Farnesina*, Roma
- **La transfiguración**; 1520; *Museo del Vaticano*, Roma

TIZIANO (C. 1488-1576)

NACIÓ EN EL SENO DE UNA FAMILIA humilde en las montañas del norte de Venecia, Tiziano es único por el prestigio que gozó en el curso de su vida, y que su reputación subsiguiente ha comprobado categóricamente. Era extremadamente astuto, y gracias a su buen juicio (tanto como a su buena suerte) se hizo enormemente rico y se granjeó la amistad de los más poderosos gobernantes europeos. Fue discípulo de Bellini (p. 20) y en los primeros tiempos de su carrera muchos de sus rivales potenciales, como Giorgione, habían muerto o se habían marchado a Roma. Durante su primer periodo manifestó una autoridad magistral, y asimiló rápidamente todos los logros innovadores del primer Renacimiento, infundiéndoles nueva vida y transmitiendo a las generaciones siguientes un estilo y tradición que moldearían el curso del arte por casi cuatro siglos. Tiziano destacó en las dos disciplinas que más halagaban a los grandes mandatarios: las decoraciones con motivos mitológicos, que eran apropiados para adornar los aposentos principescos, y el retrato. Como retratista poseía instinto para esa sutil combinación de lisonja, idealismo y realismo que se convirtió en el distintivo de la pintura del retrato aristocrático.

Tiziano Vecellio

Estilo artístico
Las décadas de 1540 y 1550 conformaron el periodo de mayores logros materiales de Tiziano, y fueron testigo del pleno florecimiento de su estilo. Se deleitaba en el color y las texturas, como lo demuestra el juego de la luz sobre la magnífica armadura. Tiziano hizo un arte que atrae tanto la mirada como el intelecto.

Vasari (p. 28) escribió que las últimas obras de Tiziano "no se ven bien de cerca, pero parecen perfectas desde lejos... El método que usa... hace que las pinturas parezcan vivas y pintadas con sumo arte, pero oculta el trabajo que costó hacerlas". Algunos críticos no entendían que esto era deliberado, y se quejaban de que no terminaba su trabajo.

Tiziano se reunió por primera vez con Carlos V en Bolonia, en 1533, cuando el emperador dio al artista el título de conde palatino. Después de la batalla de Mühlberg, Carlos invitó al pintor a encontrarse con él en Ausburgo, donde hizo este retrato y los de otros miembros de la casa real.

REALIDAD Y HALAGO
Tiziano evita deliberadamente el uso de decorados o símbolos. Carlos V cabalga solo al encuentro de su enemigo, ricamente ataviado, fuerte y seguro. Sus ojos miran al frente y su mandíbula está firme. En realidad, Carlos tenía entonces 57 años, y sufría de gota y asma.

CARLOS V EN MÜHLBERG
El emperador Carlos V encargó a Tiziano este retrato para celebrar la derrota de la liga protestante en la batalla de Mühlberg, en 1547. La obra demuestra la suprema destreza del artista para el retrato. También realza su exquisito sentido del color y las ricas posibilidades expresivas de la pintura al óleo.

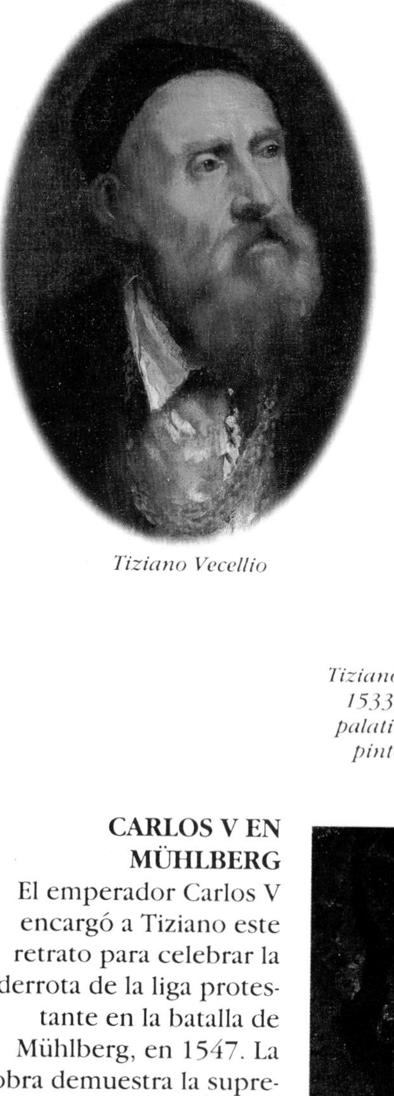

LA ORDEN DEL TOISÓN DE ORO
Alrededor de su cuello, el emperador porta el símbolo de la orden del Toisón de Oro, de la que fue líder. Una de las más importantes órdenes del cristianismo, estaba integrada por 24 caballeros que habían hecho el voto de unirse a su soberano en defensa de la fe católica. La orden caballeresca tenía una autoridad más que ceremonial: Carlos utilizaba a los caballeros como asamblea consultiva.

ARMADURA CEREMONIAL
Carlos V aparece portando la armadura y montando el caballo que usó en la batalla. La armadura era más bien decorativa que protectora, pues la invención de las armas de fuego y el cañón la volvió obsoleta. Pero todavía se llevaba para exhibición, y fue en el siglo XVI cuando la industria de la armaduría tuvo mayor auge.

Retrato ecuestre
El retrato del monarca montado en su caballo –lo equivalente a la estatua ecuestre romana o del primer Renacimiento– era algo novedoso en la pintura, y este cuadro introdujo un género inédito en el arte del retrato. La obra demuestra que Tiziano supo mantenerse creativo en lo referente a la composición y progresivo en el estilo, incluso cuando ya se había establecido firmemente como uno de los grandes pintores venecianos de su tiempo.

Muchas de las mejores obras de Tiziano fueron pintadas por orden de Carlos y su hijo Felipe II, quien lo sucedió como rey de España. En Madrid existe una soberbia colección. Fueron muy admiradas por Rubens (p. 40) y Velázquez (p. 46). Tiziano también influyó en los retratistas Reynolds (p. 56) y Gainsborough, en la Inglaterra del siglo XVIII.

Tiziano; *Carlos V en Mühlberg;* 1548; 332 x 279 cm; óleo sobre lienzo; Museo del Prado, Madrid

1550-1590

1551 Tomás Moro: *Utopía*.

1554 Felipe II se casa con la reina María I de Inglaterra.

1564 Miguel Ángel muere. Shakespeare nace.

1571 Venecia derrota a los turcos en Lepanto.

1584 Walter Raleigh descubre Virginia.

1588 La Armada Invencible intenta invadir Inglaterra.

Carlos V libró numerosas batallas para asegurar su imperio y proteger la integridad de la Iglesia Católica. Su enemigo político era Francia; el externo: los turcos, a quienes derrotó en la década de 1530. Su victoria en Mühlberg no logró detener el creciente poder de los protestantes en el norte de Europa. En 1556, cansado de sus viajes y luchas políticas, abdicó y se retiró a un monasterio de España, llevándose sus obras de Tiziano. Él dijo que apreciaba tanto un nuevo cuadro de Tiziano como la adquisición de una nueva provincia.

Dibujo y color
El arte veneciano siempre puso más énfasis en el color que en el dibujo. En 1545-46, poco antes de que fuese realizada esta pintura, Tiziano fue a Roma, donde conoció a Miguel Ángel. Ambos artistas se mostraron corteses, pero cautelosos. Después de ver la obra de Tiziano– Miguel Ángel comentó que su colorido era excelente, aunque era una lástima que no supiera dibujar.

La fecha exacta del nacimiento de Tiziano se desconoce, y parece que él afirmaba ser más viejo de lo que era, asegurando que había vivido casi 100 años. Según cálculos razonables, nació hacia 1488 y vivió hasta casi los 90 años. Estuvo felizmente casado con la hija de un barbero y tuvo tres descendientes; uno de sus dos hijos varones tuvo fama de manirroto.

Fondo atmosférico
El paisaje impreciso que configuran las estribaciones y las condiciones atmosféricas es típico del estilo de Tiziano, y añade vistosidad al conjunto. Su intención no fue pintar el paisaje real de la batalla, sino crear un fondo acorde con el ambiente del cuadro.

Obras clave

- **La Asunción de la Virgen**; 1516-18; *Santa Maria dei Frari*, Venecia
- **Hombre con guante**; c. 1520; *Museo del Louvre*, París
- **La Venus de Urbino**; 1538; *Uffizi*, Florencia
- **El rapto de Europa**; 1550-62; *Museo Gardner*, Boston

“A decir verdad, no me agrada Rafael. En Venecia es donde se encuentran las mejores cosas... Es Tiziano el que triunfa.”
Velázquez

El favorito del emperador

Como titular de la dinastía de los Habsburgo, Carlos V rigió más territorios de Europa que nadie desde el tiempo de los césares hasta Napoleón (p. 62). La relación entre el emperador y Tiziano era muy estrecha. La etiqueta social les habría impuesto una distancia, pero el respeto mutuo que existía entre estos dos hombres de mundo se trasluce en los retratos. Se cuenta que en una ocasión el emperador recogió un pincel que se le había caído a Tiziano, un acto de intimidad sin precedentes para un monarca. El emperador le otorgó a Tiziano numerosas condecoraciones y subsidios.

BRUEGHEL (1568-1625)

Jan Brueghel

SIGUIENDO LAS HUELLAS de su padre y de su hermano mayor, ambos artistas de renombre, Jan Bruegel se convirtió en un pintor importante por derecho propio. Su padre, Pieter Bruegel el Viejo, fue célebre por su dominio del paisaje y de los temas campesinos. Murió poco después del nacimiento de su segundo hijo, de modo que su abuela materna fue quien le dio a Jan clases de pintura a la acuarela. Vivió la mayor parte de su vida en Amberes, pero viajó mucho, y saltó a la fama como pintor de cámara del archiduque Alberto y la infanta Isabel, que eran los gobernantes españoles de los Países Bajos. Fue amigo íntimo de Rubens (p. 40), con quien viajó y trabajó. Se casó dos veces: su primera esposa, Isabel, la hija de un grabador, murió de parto en 1603, tras cuatro años de matrimonio. En 1605 casó con Catherina van Marienberghe, y con ella tuvo ocho hijos. Desarrolló un estilo decorativo muy fino que le valió el apodo de "Bruegel de terciopelo", y manifestó particular destreza para los paisajes boscosos y los cuadros de flores, de colorido brillante. Él y dos de sus hijos murieron en la epidemia de cólera de 1625.

Flores detalladas
El jarrón de flores atestigua su especial destreza para pintarlas. Usando una lupa, las reproducía hasta en el más mínimo detalle, en ocasiones con insectos. Trabajaba directamente del natural, sin bosquejo alguno.

ALEGORÍA DE LA VISTA
El cuadro forma parte de una serie que representa los cinco sentidos. En cada pintura, Venus está rodeada de objetos que simbolizan el sentido descrito. La vista era el más significativo para Brueghel, y este cuadro es también una alegoría de su ciudad y de su propia época.

ÉPOCA DE DESCUBRIMIENTO
La esfera armilar, que representa el movimiento de los astros, es uno de los muchos instrumentos científicos que hay en el cuadro. El astrolabio (cerca del pie de Venus), posibilitó hacer largos viajes marítimos. Estos instrumentos fueron elementos clave en los vertiginosos tiempos de Brueghel.

CÓMODA DECORADA
Amberes, donde Brueghel pasó la mayor parte de su vida, era un importante centro comercial y cultural. Era famosa por la industria de cómodas finamente decoradas, muy apreciadas en toda Europa. La tapicería que está detrás de la cómoda evidencia la fama y destreza de los tejedores flamencos.

REGENTES DE FLANDES
El archiduque Alberto y su esposa Isabel mitigaron los aspectos más duros de la Inquisición y fomentaron las artes. Concedieron a Brueghel privilegios especiales, y le dieron acceso al jardín botánico y al zoológico que tenían en Bruselas para que estudiara plantas y animales raros.

Tras su periodo de aprendizaje, Brueghel hizo el viaje tradicional que muchos artistas consideraban parte esencial de su adiestramiento. Visitó Roma y Praga, donde el emperador Rodolfo II había instalado el mejor gabinete de curiosidades del mundo.

Jan Brueghel; *Alegoría de la vista*; 1618; 65 x 109 cm; óleo sobre madera; Museo del Prado, Madrid

LA CIENCIA ÓPTICA
Cerca de Venus, Brueghel reprodujo instrumentos científicos que acrecientan el sentido de la vista. Junto a su pie hay un telescopio que recién se había inventado en los Países Bajos. En la cómoda que está detrás de ella hay una lupa en su pedestal.

GABINETE DE CURIOSIDADES

Uno de los elementos clave del coleccionismo del siglo XVII fue el "gabinete de curiosidades". Los coleccionistas, entusiasmados con los viajes de descubrimiento, valoraban más los objetos por su exotismo que por su atractivo estético. Los coleccionistas modestos guardaban sus tesoros en cómodas primorosas. Los más pudientes dedicaban habitaciones enteras a sus colecciones de huesos, conchas, plantas, antigüedades, joyas y demás rarezas. La *Alegoría de la vista* de Brueghel representa un gabinete de curiosidades superlativo.

Obras clave

- **Ramillete con lirios**; posterior a 1599; *Kunsthistorisches Museum*, Viena
- **Feria aldeana**; 1600; *HM The Queen*, Windsor
- **Latona y los campesinos**; 1601; *Frankfurt Staedel*; Frankfurt
- **Aldea en la ribera**; c. 1560; *Galería Nacional*, Londres

Mono simbólico
El mono que examina un cuadro con los anteojos puestos es una divertida alegoría del arte de la pintura, que principalmente es un arte imitativo. El lienzo podría ser una de las marinas de Brueghel.

"El gran artista no se dedica a imitar como un mono."
THOMAS EAKINS

Este cuadro está relacionado con otros dos que encargaron los magistrados de Amberes para obsequiar a Alberto e Isabel cuando hicieron una visita oficial a la ciudad en 1618. Destinadas a demostrar el potencial y la diversidad de Amberes, las tres obras fueron realizadas conjuntamente por varios pintores importantes. Brueghel estuvo a cargo del arduo proyecto.

1600-1610

1601 Kepler es nombrado astrónomo de Rodolfo II de Alemania.

1602 Fundación de la Compañía Holandesa de las Indias Orientales.

1603 Jacobo I fusiona Escocia, Inglaterra e Irlanda en un solo reino.

1604 Lope de Vega: *Comedias*.

1605 Guy Fawkes intenta volar el Parlamento inglés.

1608 Invención del telescopio.

1610 Descubrimiento de la bahía de Hudson.

ÁGUILA BICÉFALA DE LOS HABSBURGO
El águila bicéfala de los Habsburgo simboliza su dominio sobre los Países Bajos y su control sobre los objetos y actividades reunidos en la habitación.

EMPRESA COMPARTIDA
El cuadro de la Virgen y el Niño es una obra bien conocida en la que Rubens pintó las figuras centrales y Brueghel la guirnalda de flores.

CURACIÓN DEL CIEGO
Cupido le enseña a Venus un cuadro que describe el pasaje bíblico en que Jesús cura al ciego de nacimiento. Ella parece apreciar más la pintura que las joyas colocadas sobre la mesa.

VIAJES DE DESCUBRIMIENTO
Un enorme globo terráqueo aparece en el centro de la habitación. Los viajes de descubrimiento realizados a América y el Oriente introdujeron en Europa muchos nuevos animales, plantas y tesoros: por ejemplo, el loro y las conchas exóticas.

Brueghel se convirtió en uno de los pintores más exitosos de Flandes. Fue decano del gremio de artistas –la cofradía de san Lucas– y dueño de cinco casas. Su primer patrón, el cardenal Borromeo, junto con la infanta Isabel, apadrinaron a su hija menor.

Caravaggio (1573-1610)

Michelangelo Merisi da Caravaggio

UNO DE LOS POCOS artistas célebres con antecedentes penales, Caravaggio era violento e incivil y estuvo encarcelado muchas veces. Aun con todo y su temperamento brusco, creó uno de los más innovadores e influyentes estilos del siglo XVII. Michelangelo Merisi tomó su sobrenombre de su pueblo natal, Caravaggio, cerca de Bérgamo, en el norte de Italia. A los 17 años, solo en el mundo y con una pequeña herencia, se fue a Roma en busca de fama. Pero pronto se gastó el dinero y vivió en la pobreza hasta que el cardenal del Monte le brindó acogida. Su talento prodigioso y personalidad vehemente le condujeron a crear un arte inédito por su realismo dramático y luminosidad teatral atractivo para algunos, pero hondamente ofensivo para otros. En pleno apogeo de su éxito, en 1606, asesinó a un amigo durante una riña por una apuesta insignificante. Huyó a Nápoles y murió exiliado cuando tan sólo contaba 37 años de edad.

BACO
La imagen es una representación original y claramente homosexual de Baco, el dios del vino. Probablemente fue realizada cuando el cardenal del Monte, un célebre mecenas, le encargó al artista una serie de cuadros de jóvenes afeminados.

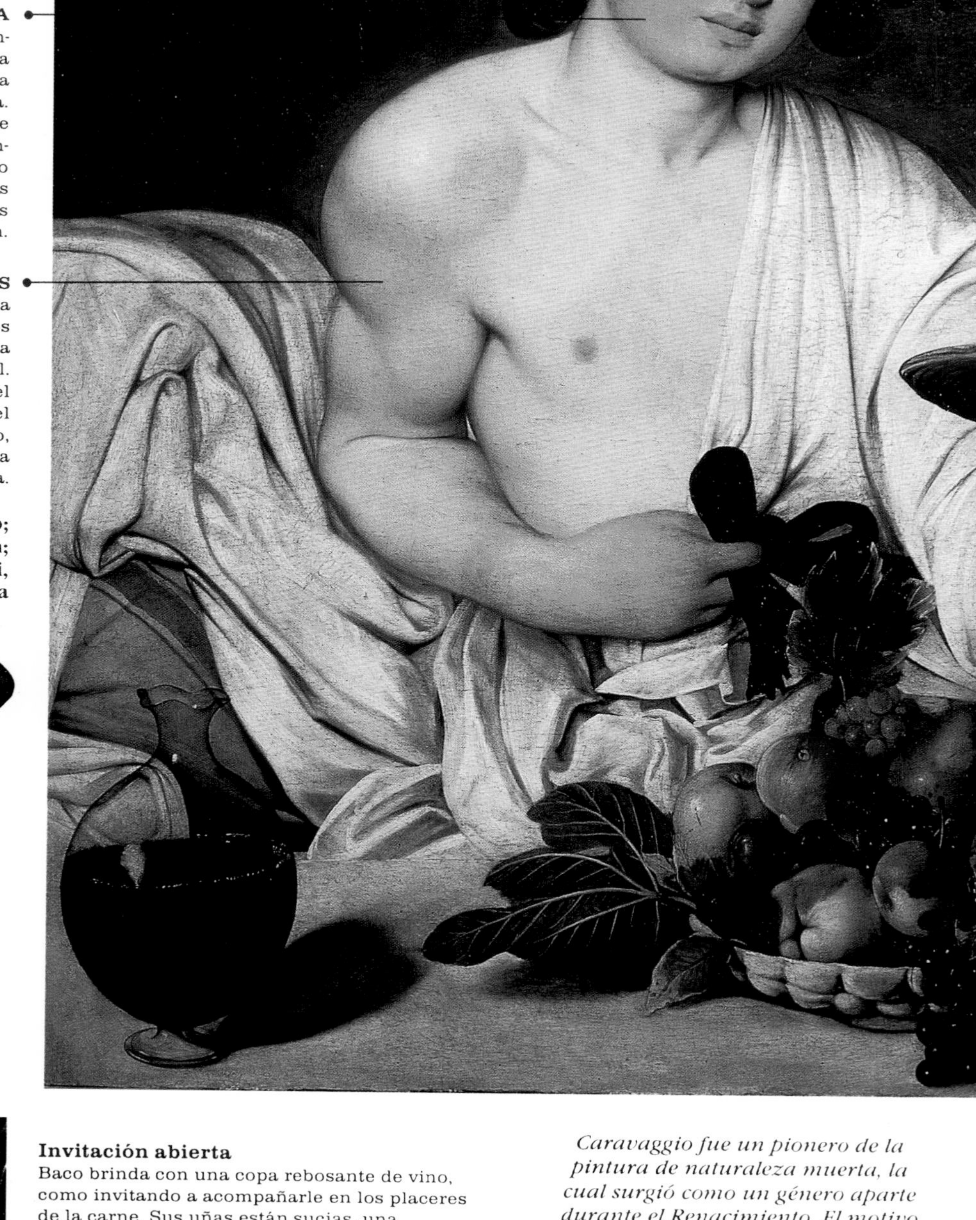

Decadencia
El joven dios se dedica abiertamente a una vida de sensualidad física (como el propio artista), y luce una expresión deliberadamente lasciva. No existe evidencia alguna de que el pintor compartiera la preferencia sexual de su patrón, pero respondió con entusiasmo a las condiciones paganas y decadentes de la imagen.

Arte de contrastes
El arte de Caravaggio juega reiteradamente con los contrastes. El detalle realista contrasta con una pose teatral. Hay un contraste entre el musculoso brazo derecho del modelo y su rostro afeminado, con las cejas maquilladas y la peluca negra y rizada.

Michelangelo Caravaggio; *Baco;* c. 1595; 94 x 85 cm; óleo sobre lienzo; Uffizi, Florencia

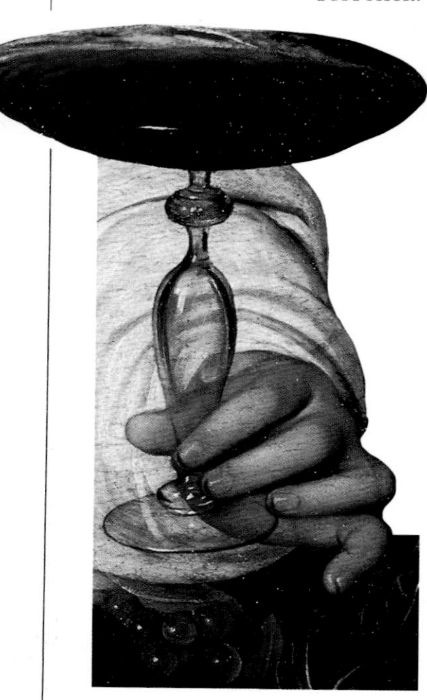

Invitación abierta
Baco brinda con una copa rebosante de vino, como invitando a acompañarle en los placeres de la carne. Sus uñas están sucias, una advertencia simbólica de que la búsqueda del placer tiene un precio.

Caravaggio fue un pionero de la pintura de naturaleza muerta, la cual surgió como un género aparte durante el Renacimiento. El motivo de la cesta de fruta aparece en varias de sus primeras obras.

Naturaleza muerta simbólica
El detalle de la naturaleza muerta podría ser una alegoría de las consecuencias del desenfreno y de la brevedad de la inocencia juvenil. Hay un hoyo de gusano en la manzana, la granada está estropeada y hay otras frutas magulladas y podridas.

La influencia de Caravaggio

A principios del siglo XVII, Roma era un lugar de visita obligada para los jóvenes artistas que iban a estudiar la obra de los grandes maestros, como Miguel Ángel (p. 28) y Rafael (p. 32). Sin embargo, la novedosa luminosidad dramática y el realismo obsesivo del arte de Caravaggio fue lo que más llamó la atención de muchos pintores, quienes al volver a su patria dieron cuenta de su estilo. Entre sus discípulos italianos figura Gentileschi (p. 44); en España su influencia es notoria en Velázquez (p. 46) y en Holanda se advierte sobre todo en la obra de Rembrandt (p. 48).

"Su estilo simboliza el deterioro y total destrucción del más noble y diestro arte de pintar."
CARDENAL ALBANI

Obras clave

- **Judith decapitando a Holofernes**; c. 1598; *Galería Nacional de Arte Antiguo*, Roma
- **La vocación de San Mateo**; 1599-1600; *S. Luigi dei Francesi*, Roma
- **La cena de Emaús**; c. 1601; *Galería Nacional*, Londres
- **El santo entierro**; 1602-04; *Museos del Vaticano*, Roma

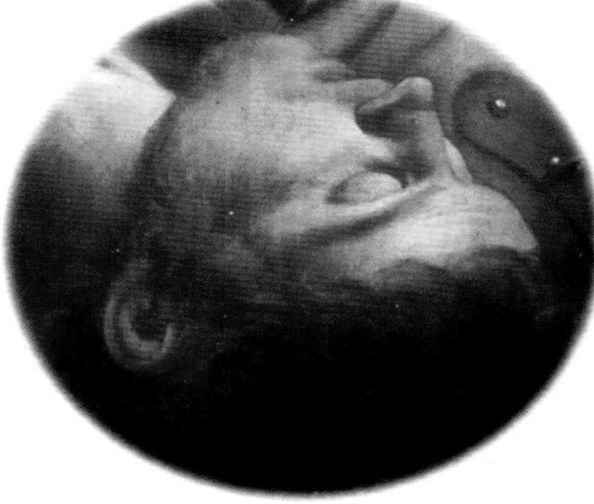

Luz divina
Una luz divina ciega momentáneamente a san Pablo. La manera en que Caravaggio transmite la emoción del instante en que san Pablo comprende que está ciego es intensa y conmovedora.

Caballo dócil
El manso caballo y su acompañante, ambos ajenos a lo que está pasando, presentan un contraste impresionante con el cuerpo tenso de Saulo, presa del tormento espiritual interno. Confinando el principal incidente dramático a la sección inferior derecha del cuadro, Caravaggio destaca, paradójicamente, su importancia.

Michelangelo Caravaggio; *Conversión de san Pablo*; 1601; 230 x 175 cm; óleo sobre lienzo; Santa María del Popolo, Roma

La conversión de San Pablo

Saulo era un fariseo ferviente que persiguió a los primeros cristianos. En el camino de Damasco, una luz intensa resplandeció en el cielo y oyó la voz de Cristo diciendo: "Saulo, Saulo, ¿por qué me persigues?". Cambió su nombre por el de Pablo, se convirtió en un devoto seguidor de Jesús y fue uno de los fundadores de la Iglesia primitiva.

Realismo ordinario
La imagen del acompañante es un ejemplo llamativo del nuevo realismo de Caravaggio. Elegía sus modelos entre la gente común que encontraba en las calles de Roma. Aunque en muchos aspectos su arte estaba más próximo a la "verdad" que el de sus contemporáneos, numerosas personas —tanto dignatarios eclesiásticos como laicos— consideraban ofensivo para la Iglesia exhibir una realidad tan cruda, y preferían un arte de idealismo e irrealidad como el de Rafael.

Por la personalidad vehemente de Caravaggio, trabajaba rápidamente. En raras ocasiones dejó de cumplir una fecha de entrega. Pintaba directamente en el lienzo, con poco trabajo preliminar, y hacía cambios sobre la marcha. No existen dibujos que puedan identificarse como obra de Caravaggio.

Manos emotivas
Caravaggio prestaba gran atención a las manos, que siempre observaba minuciosamente. Comprendía la emoción que podía transmitirse a través del movimiento y postura de manos y brazos.

En la capilla Cerasi de Santa María del Popolo, el cuadro está colgado al lado derecho de un retablo de Annibale Carracci. Por su ubicación la obra no se ve de frente (como aquí), sino en ángulo oblicuo desde la derecha. Parece como si el espectador estuviera junto a la cabeza de san Pablo y mirara a lo largo de su cuerpo.

Como su arte, Caravaggio fue un hombre de contrastes. Capaz de tener una conducta criminal, estudió y asimiló el arte de Leonardo (p. 24) y de Miguel Ángel. Sus pinturas religiosas revelan la más profunda compasión y emoción espiritual.

Escorzo
Uno de los rasgos más sensacionales del realismo de Caravaggio es su dominio del escorzo, el cual crea la ilusión de que parte de la imagen se proyecta desde el lienzo hasta el espacio que ocupa el espectador. La postura de san Pablo es un buen ejemplo de esta técnica.

1590-1600

1590 Spenser: *La reina de las hadas.*

1590-92 Cuatro papas son elegidos en rápida sucesión.

1594 Enrique IV es coronado rey de Francia en Chartres.

1595 Shakespeare: *El sueño de una noche de verano.* Introducción de los tacones en la industria del calzado.

1596 Galileo inventa el termómetro.

1600 Shakespeare: *Hamlet.* Los holandeses inventan el telescopio. Fundación de la Compañía Inglesa de las Indias Orientales.

RUBENS (1577-1640)

Sir Pedro Pablo Rubens

APUESTO, VIVAZ Y DE GRAN TALENTO, Rubens fue el pintor más renombrado de la Europa de comienzos del siglo XVII. Hijo de un abogado y funcionario de la corte, recibió una esmerada educación tradicional y fue paje de una familia aristocrática. Pero siempre había querido ser pintor, y fue enviado a Amberes para instruirse con varios pintores mediocres. En 1600 viajó a Italia, donde examinó con suma atención las pinturas de Miguel Ángel (p. 28) y Tiziano (p. 34), así como los tesoros de la antigüedad. A su regreso a Amberes, en 1608, alcanzó el éxito inmediatamente y montó un taller para dar abasto a la enorme demanda de sus obras. Sus habilidades lingüísticas, don de gentes y agudo talento para los negocios impresionaron a sus numerosos patrocinadores reales, bajo cuyas órdenes viajó a muchos lugares en importantes misiones diplomáticas. Pasó sus últimos años como un provinciano respetable en el castillo de Steen, entre Bruselas y Malinas, donde desarrolló un interés innovador en el paisajismo.

"Considero el mundo entero como mi país y creo que sería bienvenido en cualquier parte."
RUBENS

El próspero y apacible estilo de vida de Rubens se refleja en la abundancia representada en Paz y Guerra. *Tuvo un matrimonio feliz, nunca le faltaron las comodidades materiales. En 1610 compró un terreno en Amberes y construyó una mansión palaciega de estilo italiano desde la que dirigía su taller.*

PAZ
La desnuda figura de la Paz lanza un chorro de leche de su seno para alimentar a Pluto, el dios de la riqueza. Rubens sentía predilección personal y artística por las figuras femeninas robustas, con la piel y el cabello resplandecientes de salud.

PAZ Y GUERRA
Este cuadro celebra las bendiciones de la Paz, y Rubens utiliza su pleno dominio de las habilidades pictóricas y los conocimientos culturales: color, movimiento, drama y simbolismo, para transmitir su mensaje. Completó el lienzo cuando estaba en Inglaterra en una misión diplomática de paz.

La infanta española Isabel, gobernadora de Flandes, envió a Rubens a Inglaterra en 1629-30 para negociar un tratado de paz. El cuadro no es propaganda: Rubens estaba comprometido con los ideales de paz y tolerancia. Obsequió el cuadro a Carlos I de Inglaterra, quien le dio el título de sir.

SEGUIDORAS DE BACO
Aunque Baco, el dios del vino y la fertilidad, no aparece, están presentes dos de sus seguidoras, una llevando una vasija llena de copas de oro y perlas, y la otra bailando al son de la pandereta.

Rubens, el pintor más solicitado de Europa, sobresalió en la producción de obras mitológicas y religiosas a gran escala que estaban en boga entre la realeza e Iglesia católicas.

COLORES COORDINADOS
Los colores vivos están coordinados con una fluidez sumamente atractiva. Los complementarios se conjuntan para resultar más intensos.

Rubens se hallaba particularmente influido por el rico colorido y la pincelada vigorosa de los pintores venecianos. Contempló sus obras en Venecia y en la Real Colección de Madrid, con sus magníficos ejemplares del trabajo de Tiziano (p. 34). Visitó España en 1603, y nuevamente en 1628-29 (p. 46).

PAZ Y ABUNDANCIA
Frente a la Paz, un sátiro sujeta un cuerno de la abundancia como ofrenda a los tres niños que aparecen a la derecha. Un cupido alado les invita a comer fruta, y un leopardo se revuelca como un gato domesticado y juega con los zarcillos de una vid.

Pedro Pablo Rubens; *Paz y Guerra*; c. 1629; 203.5 x 298 cm; óleo sobre lienzo; Galería Nacional, Londres

1620-1630

1621 Felipe IV es coronado rey de España, a los 15 años.

1625 Carlos I es coronado rey de Inglaterra, Escocia e Irlanda y contrae nupcias con Enriqueta de Francia.

1626 Los holandeses fundan Nueva Amsterdam (hoy Nueva York).

1627 Sha Jahan se convierte en gran mogol de la India. Colonización de Barbados por los británicos.

1628 Edificación del Taj Mahal.

1630 Tratado de paz entre Inglaterra y Francia. Fundación de Boston por John Winthrop.

MÉTODOS DE TRABAJO

Rubens trabajaba rápidamente, en su taller le secundaban sus numerosos discípulos, algunos de los cuales (sobre todo Van Dyck) se harían famosos por derecho propio. Rubens creaba la idea básica en raudos y fluidos esbozos, los cuales utilizaban sus ayudantes para desarrollar la obra a gran escala. Los modelos posaban para las figuras de la composición, de modo que en los dibujos se pudieran copiar los detalles con exactitud. El propio Rubens daba los últimos toques y hacía los cambios finales. Tenía una pasmosa capacidad de trabajo y era muy exigente con sus ayudantes. Sus patrocinadores estaban completamente satisfechos con este procedimiento pictórico. La idea de que un artista debe ser autor de cada pincelada de su obra es relativamente reciente y probablemente no sería del agrado de Rubens.

Hélène Fourment
En 1630, Rubens casó con Hélène Fourment, de 16 años, quien era sobrina de su primera esposa, Isabella Brandt. El matrimonio fue extraordinariamente feliz y fecundo: tuvieron cinco hijos, el último de los cuales nació un año antes de la muerte del artista. Este retrato muestra a Elena con su segundo hijo, Franz, que nació en julio de 1633.

Pedro Pablo Rubens; *Hélène Fourment y su hijo Franz*; c. 1634; 330 x 425 cm; óleo sobre lienzo; Museo del Louvre, París

En 1609, a la edad de 32 años, Rubens casó con la hija de un abogado de Amberes, Isabella Brandt, quien contaba con 17. Fue una unión dichosa, pero Isabella murió en 1626, probablemente a causa de la peste, dejando dos hijos: Albert y Nicolas. Rubens quedó sumido en la tristeza y reaccionó sumergiéndose en su trabajo.

MINERVA
Minerva, la diosa de la sabiduría, utiliza su escudo para hacer retroceder a Marte, el acorazado dios de la guerra. Detrás de él aparece una de las furias vengadoras.

HIMENEO
El muchacho mayor representa a Himeneo, el dios del matrimonio, que coloca una guirnalda sobre la cabeza de la niña de más edad.

COMPOSICIÓN EN DOS PARTES
El diseño esencial consiste en una simple diagonal que va del lado inferior derecho al lado superior izquierdo. A lo largo y por debajo de la diagonal están las bendiciones de la paz, rebosantes de luz y colores brillantes. Por encima de la diagonal, las maldiciones de la guerra contrastan por su aspecto tenebroso. Rubens era afecto al movimiento y el drama visual, que solía crear utilizando la diagonal ascendente.

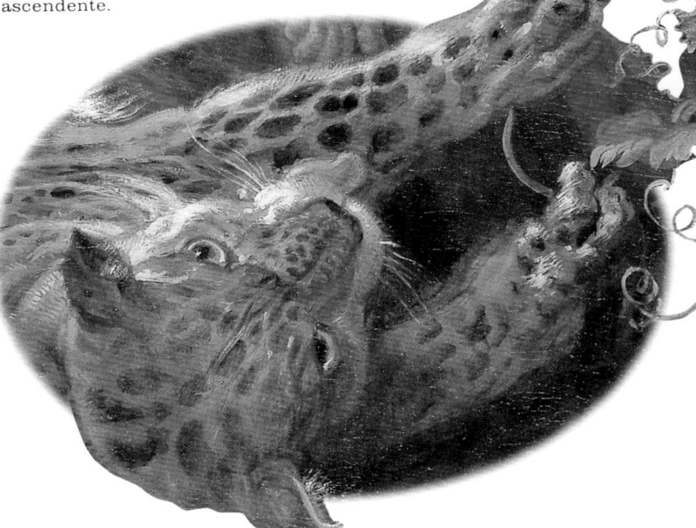

Leopardo verosímil
El leopardo fue pintado con esmerado realismo, que se refleja sobre todo en los ojos y la textura de la piel. Rubens hizo estudios de los animales salvajes en el zoológico del archiduque, en Bruselas.

NIÑOS AFORTUNADOS
Como es debido, los niños aparecen como los principales beneficiarios de la paz. Los modelos para tres de ellos fueron el hijo y las hijas del anfitrión de Rubens en Londres, Balthasar Gerbier.

OBRAS CLAVE

- **El alzamiento de la cruz**; 1610; *Catedral de Amberes*, Amberes
- **Ciclo de María de Médicis**; 1622; *Museo del Louvre*, París
- **Paisaje con arco iris**; c. 1635; *Colección Wallace*, Londres
- **Jardines del amor**; 1638; *Museo del Prado*, Madrid

Nicolas Poussin

POUSSIN (1594-1665)

EN VIRTUD DE SU CARÁCTER CONTRADICTORIO, Poussin era a la vez un hombre sensual y un intelectual austero que valoraba la razón, el orden y la imparcialidad por encima de todo. Su arte es una reconciliación y síntesis de estos rasgos, y a través de él dio un ejemplo que se convertiría en la pauta para la larga tradición del arte académico que se prolongó hasta finales del siglo XIX. Aunque francés de nacimiento, Poussin pasó la mayor parte de su vida en Roma, y fue allí donde consolidó su reputación. Estudió el arte clásico con apasionamiento, y casi todos los temas de sus obras provenían de historias de la literatura clásica y de la Biblia. Inicialmente, emprendió proyectos públicos a gran escala, pero tras sufrir una enfermedad grave en 1629-30 se consagró a realizar trabajos menores para un círculo privado de entendidos. Gran parte de sus obras pueden interpretarse como debates poéticos sobre cuestiones morales serias o reflexiones sobre la vida y la muerte.

PASTORES EN ARCADIA
Pintado a mediados de su carrera, (periodo afortunado de la vida de Poussin). Esta pintura revela su atracción tanto por la belleza sensual como por la razón desapasionada. En la imaginación poética clásica, Arcadia era un paraíso terrenal donde no existían las preocupaciones mundanas. En este paisaje idílico, unos jóvenes pastores encuentran una tumba y se enfrentan a la fatalidad de la muerte.

GEOMETRÍA PRECISA
El paisaje y los árboles conforman una cuadrícula de líneas horizontales y verticales que se repite en las poses y gestos de los pastores. Esta calculada geometría es característica del trabajo de Poussin.

GESTOS CALCULADOS
Los pastores están colocados en círculo alrededor de la inscripción central, y sus gestos y miradas fueron diseñados para centrar la atención en este punto clave.

Este cuadro está grabado en el sepulcro de Poussin, en Roma, erigido en su honor en 1828-32. Su obra tuvo gran influencia en David (p. 62) e Ingres (p. 70). Cézanne también reconoció su deuda con el artista, manifestando su intención de "retomar la esencia de Poussin".

SOMBRA SIGNIFICATIVA
Aunque se supone que en la Arcadia reinaban el amor y la felicidad, una sombra notoria, proyectada por el pastor barbudo, cae significativamente sobre la inscripción mientras éste examina las letras con el dedo.

1630-40

1630 El cardenal Richelieu asume el poder en Francia.

1631 Erupción del Vesubio.

1632 Galileo publica una investigación sobre el doble movimiento terrestre.

1634 Milton: *Comus*.

1635 Fundación de la Academia Francesa. Francia en guerra con Suecia y la dinastía de los Habsburgo.

1637 Descartes: *Geometría*. Manía por los tulipanes en Holanda.

1639 Los ríos franceses Sena y Loira quedan unidos por un canal.

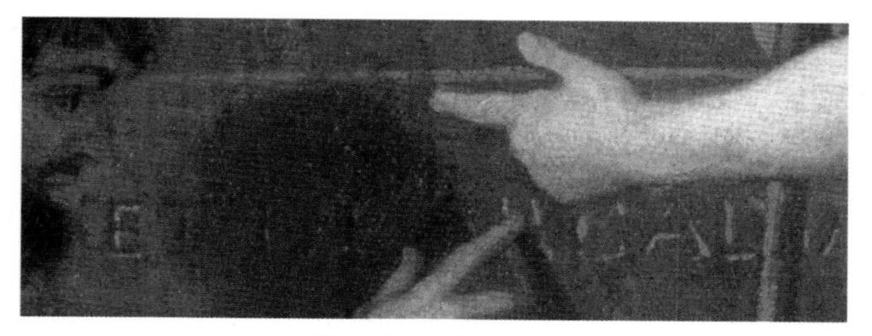

Et in Arcadia Ego
El mensaje de la tumba es: *Et in Arcadia Ego*, "Incluso en Arcadia, yo, la muerte, también estoy presente". El cuadro se convierte, pues, en el catalizador de una discusión intelectual y poética sobre la mortalidad humana y la única certeza de la vida: la muerte.

"Mi naturaleza me conduce a buscar y apreciar el orden evitando la confusión que es tan adversa y amenazadora para mí como las negras sombras para la luz del día."
POUSSIN

La Academia Francesa

La Real Academia de Pintura y Escultura fue fundada en París en 1648. Bajo la dirección del pintor francés Charles Lebrun (1619-90), la academia adoptó muchas ideas de Poussin sobre el orden, y asumió sus prioridades intelectuales y morales respecto al arte. Estableció un rígido sistema de enseñanza obligatoria, tanto práctica como teórica, que subrayaba la creencia de Poussin en la superioridad del dibujo. Según él, el dibujo estimulaba el intelecto por encima del color, que atraía los sentidos.

Reacción serena
Los pastores responden a la revelación de la presencia de la muerte con serenidad, lo que refleja el optimista estado de ánimo de Poussin en este periodo. La reacción también refleja su admiración por la filosofía de los estoicos de la antigua Grecia.

Luz sensual
El paisaje aparece bañado por la cálida y sensual luz del atardecer, que acentúa la atmósfera melancólica y contemplativa del cuadro. Poussin fue un gran admirador de la obra de Tiziano (p. 34) y al principio procuró reproducir fielmente los ricos colores y la luz sensual de los maestros venecianos. Con posterioridad eliminó deliberadamente de su obra esta sensualidad.

En 1629, la familia de Jacques Dughet, un pastelero francés que vivía en Roma, cuidó a Poussin durante una peligrosa enfermedad. Cuando el pintor se recuperó, se casó con la hija de Jacques, Anne-Marie. En 1630, el artista pintó Pastores en Arcadia, *su versión original, más oscura y dramática sobre el tema.*

Belleza ideal
Toda la obra de Poussin lleva implícita una búsqueda de la belleza ideal, que él creía se le revelaría mediante la comprensión de las leyes de la razón. La hermosa composición de las expresiones faciales de la pastora y sus tres compañeros, sus posturas cuidadosamente coordinadas y equilibradas representan uno de los más exitosos intentos de Poussin para realizar su elevada aspiración.

Poussin llegó a París en 1624 tras huir de su hogar, en Normandía. Vivió en una gran pobreza, pero el poeta italiano Giovanni Battista Marino le ayudó a viajar a Roma. Allí, Poussin fue patrocinado por Cassiano del Pozzo, secretario del cardenal Francesco Barberini, quien poseía una notable colección de dibujos y grabados sobre temas de la antigüedad clásica. Poussin se dedicó a estudiarlos, y ejercieron gran influencia en su obra.

Actores en escena
Las figuras están ubicadas en un espacio estrecho, cual actores en un escenario con un paisaje como telón de fondo. Poussin procuró captar en su arte las unidades clásicas de tiempo, lugar y acción a las que también aspiraba el gran dramaturgo francés Corneille (1606-84) en el terreno literario.

Poussin trabajaba despacio. Primero estudiaba los textos literarios, luego hacía bocetos a pluma y acuarela, después elaboraba pequeñas maquetas de cera como preludio de otros dibujos a mayor escala, finalmente procedía a trabajar en el cuadro.

Nicolas Poussin; *Pastores en Arcadia*; c. 1638; 85 x 121 cm; óleo sobre lienzo; Museo del Louvre, París

Obras clave

- **Muerte de Germánico**; 1626-28; *Instituto de Artes*, Minneapolis
- **Adoración del becerro de oro**; c. 1637; *Galería Nacional*, Londres
- **Siete sacramentos**; 1644; *Galería Nacional de Escocia* (en préstamo del duque de Sutherland), Edimburgo
- **Funeral de Foción**; 1648; *Museo del Louvre*, París

GENTILESCHI (1593-1652)

HIJA DEL PINTOR CARAVAGGISTA Orazio Gentileschi (1563-39), Artemisia Gentileschi creó obras contundentes y expresivas que reflejan acontecimientos de la dramática historia de su vida. A los 19 años afirmó haber sido violada en su casa por el amigo y colega de su padre Agostino Tassi (c. 1580-1644), y fue torturada durante el proceso legal subsiguiente. A pesar de este traumático evento de su juventud y quizá en parte debido a él, Artemisia superó el obstáculo de su feminidad y llegó a ser una de las principales artistas de su época. Después del juicio de 1612, se casó con un pintor florentino mediocre, Pietro Stiattesi, y dejó su Roma natal para ir a Florencia. Allí tuvo éxito de inmediato y con el apoyo de la familia Médicis (p. 22) se convirtió en el primer miembro femenino de la Accademia del Disegno local. Finalmente se estableció en Nápoles, en 1630.

Artemisia Gentileschi

SUSANA Y LOS ANCIANOS

El tema del primer cuadro firmado de Artemisia presagia su propia experiencia angustiosa del siguiente año. La heroína bíblica Susana fue condenada a muerte por un falso testimonio, pero después fue resarcida gracias a la intervención del profeta Daniel.

CONSPIRADORES

Dos ancianos, obsesionados con la belleza de Susana, la asediaron cuando fue a bañarse, amenazándola con acusarla de adulterio (un crimen castigado con la muerte) si no les concedía favores sexuales. Artemisia alegó que su propio atacante había conspirado con el asistente papal Cosimo Quorli y, como Susana, fue acusada públicamente de promiscuidad por ambos hombres.

Expresión elocuente

En muchas obras se utiliza la historia de Susana como excusa para exhibir el desnudo femenino, y frecuentemente se representa a la propia heroína incitando a sus seductores. La Susana de Artemisia, por el contrario, manifiesta horror y repugnancia inequívocos.

INFLUENCIA ARTÍSTICA

El gesto dramático de Susana es una transmutación de la imagen de Adán en la famosa escena de la *Expulsión*, de Miguel Ángel, emplazada en la Capilla Sixtina, y el vívido escorzo de la mano del viejo de pelo negro fue tomado de Caravaggio. No obstante, Artemisia siempre integraba sutilmente sus préstamos artísticos en composiciones sumamente originales e impactantes.

Artemisia Gentileschi; *Susana y los ancianos*; 1610; 170 x 121 cm; óleo sobre lienzo; Museo del Louvre, París

INSCRIPCIÓN

Una inscripción destacada, que da la falsa impresión de estar tallada en el peldaño de piedra, reza: ARTEMITIA/GENTILESCHI F./1610. El trabajo es un logro técnico excepcional para una artista tan joven y es casi seguro que Orazio ayudó a su hija.

Agostino Tassi, cuyo testimonio fue un hatajo de incoherencias y mentiras (fue ridiculizado por el juez), sólo pasó ocho meses en la cárcel.

Aunque la técnica de Artemisia es semejante a la de su padre, que fue su único maestro, sus obras difieren en el estilo. Su pintura fue cada vez más dramática y expresiva, mientras que la de su padre siempre fue elegante y lírica.

1610-1620

1610 María de Médicis se convierte en regente de su hijo de 9 años de edad, Luis XIII de Francia.

1613 Galileo: *Redacciones sobre las manchas solares*.

1615 Cervantes: *El Quijote*.

1618 Comienzo de la guerra de los Treinta Años en Europa central.

1619 Descubrimiento de la circulación de la sangre.

1620 El Mayflower zarpa con un grupo de puritanos ingleses.

La tortura de las sibilas

Durante el juicio de 1612, Artemisia declaró bajo juramento que Tassi la había violado y luego había prometido casarse con ella. En presencia de su supuesto violador, en otra ocasión fue sometida a la llamada tortura de las sibilas, consistente en colocar anillos metálicos en los dedos y tensarlos con una cuerda. En este momento traumático del proceso, consta que Artemisia insistió repetidamente: "Es verdad, es verdad". Luego, dirigiéndose a su supuesto agresor, expresó: "Éste es el anillo que me diste, y éstas son tus promesas".

"Encontraréis el espíritu de César en esta alma de mujer."
ARTEMISIA GENTILESCHI

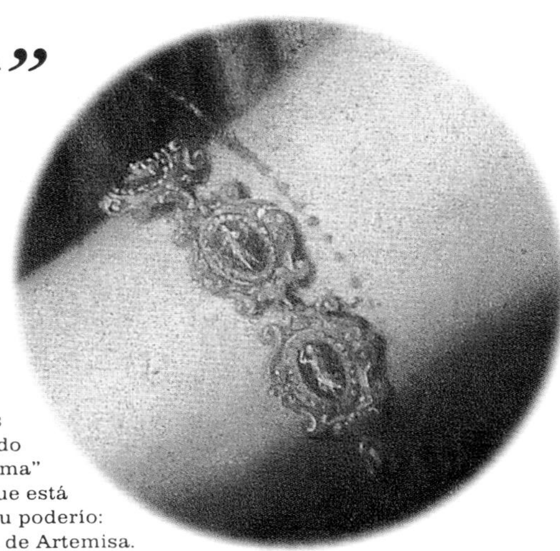

Brazalete simbólico
Las imágenes que aparecen en el brazalete que ciñe la muñeca de Judith corresponden a una muy conocida iconografía de Diana, diosa virginal de la caza y arquetipo de la mujer heroica. (La propia Artemisia pintó dos cuadros de Diana.) El brazalete ha sido considerado como la "firma" resuelta de una artista que está alcanzando la cumbre de su poderío: Diana es el nombre griego de Artemisa.

Fondo oscuro
El fondo negro realza la tensión dramática y concentra la atención en la acción. Como era mujer, Artemisia no pudo estudiar perspectiva en la Academia Romana, por lo que no incluyó paisajes en sus primeras obras.

Irónicamente, Orazio Gentileschi le pidió a Agostino Tassi, especialista en fondos arquitectónicos ilusorios, que le diera clases de perspectiva a su hija.

JUDITH DECAPITANDO A HOLOFERNES
Artemisia pintó este tema al menos cinco veces, lo cual indica la importancia que tenía para ella. La horrible decapitación se ha considerado una fantasía de venganza de Artemisia contra su violador.

Abra
En la interpretación convencional del tema, Abra, la sirviente de Judith, es una vieja arrugada y la antítesis del talante activo de su ama, aquí Artemisia la muestra como una mujer joven y vigorosa. Su participación en la ejecución, sujetando al tirano asustado, hace más plausible la acción.

La heroína bíblica Judith salvó a su pueblo decapitando al general asirio Holofernes, quien había sitiado su ciudad natal. El tema fue popular durante el barroco, pues la gente gustaba de los temas eróticos y violentos.

Postura caravaggista
Las diagonales paralelas de los brazos de Judith, la sangre que brota y el ángulo de la espada (sugiere que está serrando más que cortando) fueron tomados de la versión que Caravaggio hizo del tema en un cuadro de 1598-99. La influencia de Caravaggio también se advierte en el marcado claroscuro, la fisonomía realista y el ambiente claustrofóbico del interior de la tienda.

Es probable que Artemisia conociera a Caravaggio cuando éste vivía en Roma, pues era colega de su padre y de seguro lo visitaba. Cuando Artemisia tenía 10 años, ambos fueron arrestados como parte de "la camarilla de Via della Croce", acusados de calumniar al pintor Giovanni Baglione (1571-1644).

Artemisia Gentileschi; *Judith decapitando a Holofernes*; c. 1620; 200 x 163 cm; óleo sobre lienzo; Galería Uffizi, Florencia

Artemisia terminó esta obra al final de su periodo florentino, probablemente por encargo de su principal benefactor, el Gran duque Cosme II. Otros patrocinadores ilustres de la artista fueron Miguel Ángel Buonarroti el Joven, el duque Francesco I d'Este, en Modena, y don Atonio Ruffo, en Messina.

Espada cruciforme
Artemisia no quiso describir el sable convencional, sustraído al general borracho, sino que muestra una espada cruciforme. De esta manera indica que la hazaña de Judith es un acto de justicia divina y no una acción ruin de venganza humana.

Obras clave

- **Judith matando a Holofernes**; 1612; *Museo di Capodimonte*, Nápoles
- **Lucrecia**; c. 1621; *Palacio Cattaneo-Adorna*, Génova
- **Judith y su sirvienta**; c. 1625; *Museo de Arte*, Detroit
- **Autorretrato como alegoría de la pintura**; 1630; *Palacio de Kensington*, Londres

Diego Velázquez

VELÁZQUEZ (1599-1660)

LA CARRERA DE DIEGO VELÁZQUEZ estuvo íntimamente vinculada con la corte de Felipe IV en su España natal. Nació en Sevilla, pero poco después de que Felipe fuera coronado, en 1621, viajó a Madrid para granjearse favores en la corte. El primer retrato que hizo el artista del joven rey le gustó tanto a Felipe que declaró que a partir de entonces sólo Velázquez le retrataría. Su personalidad reservada atraía al rey, y el artista estableció una relación extraordinariamente íntima con el monarca. Esto le permitió convertirse en un cortesano de confianza, con importantes cargos políticos y administrativos además del de pintor de cámara. Su estilo cambió considerablemente a medida que viajaba por Italia y absorbía la influencia de los maestros venecianos. Aunque su producción fue reducida, la influencia de Velázquez ha sido enorme, y muchos, incluidos Manet (p. 76) y Picasso (p. 102), lo han considerado el pintor más grande de todos los tiempos.

EL AGUADOR DE SEVILLA

Esta obra muy detallada y realista la pintó Velázquez cuando tenía 20 años. El tema, característico de sus primeros cuadros, muestra a los ocupantes de una taberna española.

AGUADOR

Sin importar su posición social, Velázquez siempre expresaba algo de la naturaleza íntima de quienes posaban para él. Aquí capta la dignidad del anciano.

CLAROSCURO

El fuerte contraste de luz y sombra (claroscuro) y la poderosa fuente de luz del ángulo inferior izquierdo del cuadro son rasgos de su etapa juvenil, que muestra la influencia de Caravaggio (p. 38). La sutil y fresca armonía de castaño oscuro y negro evolucionó hacia una armonía más rica y cálida en sus obras posteriores.

Velázquez llevó consigo este cuadro cuando viajó a Madrid, donde le ayudó a establecer su reputación. El joven artista muestra deliberadamente todas sus habilidades en el cuadro, que fue adquirido por el capellán real.

VIRTUOSISMO PICTÓRICO

La ilusión de la copa es una proeza del pintor, y Velázquez la convierte en el foco inconsciente del cuadro. Las manos del muchacho y del viejo aguador sujetan la base, y ambos están inclinados o volteados hacia ella.

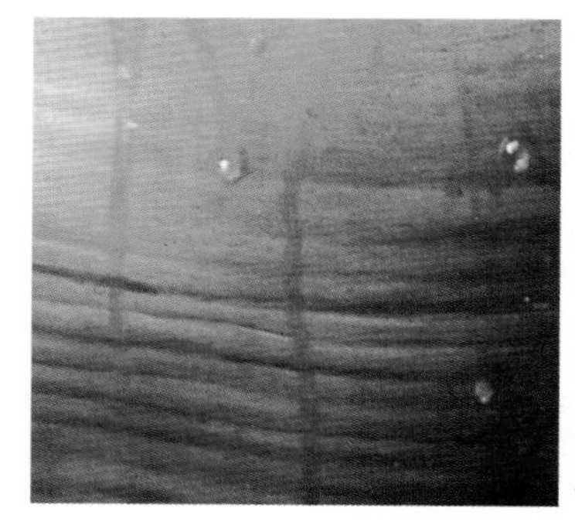

Textura del barro

En torno a la copa, Velázquez teje un intrincado juego de luz y sombra y una deslumbrante variedad de texturas: por ejemplo, las delicadas gotas de agua en el botijo de barro.

Diego Velázquez; *El aguador de Sevilla*; c. 1618; 106 x 82 cm; óleo sobre lienzo; Museo Wellington; Londres

Velázquez en la corte

El rey Felipe nombró a Velázquez su "ujier de cámara", en 1627, el primero de una serie de nombramientos en la corte, donde llegó a alcanzar el prestigioso cargo de "camarlengo mayor" en 1652. Entre sus múltiples obligaciones figuraban la de amueblar y decorar los aposentos reales, y la de organizar los eventos públicos y viajes de la familia real. Los agobiantes deberes requeridos para la boda, en 1660, de la infanta María Teresa, hija de Felipe IV, con el joven Luis XIV de Francia, precipitaron la muerte de Velázquez, ocurrida dos meses después.

"Velázquez, a la postre, sigue siendo el mejor"
Pablo Picasso

Velázquez fue anfitrión de Rubens (p. 40) cuando el artista flamenco visitó Madrid en una misión diplomática, en 1628. Como tenían gustos similares, en especial una gran admiración por los maestros venecianos, trabaron una amistad íntima.

Obras clave

- **La rendición de Breda**; 1634-35; *Museo del Prado*, Madrid
- **La Venus del espejo**; c. 1649; *Galería Nacional*, Londres
- **Inocencio X**; 1650; *Galería Doria Pamphili*, Roma
- **Las meninas**; c. 1656; *Museo del Prado*, Madrid

En su segundo viaje a Italia en 1648, fue comisionado para pintar el retrato del papa Inocencio X. De modo significativo, el papa describió el retrato como "demasiado realista".

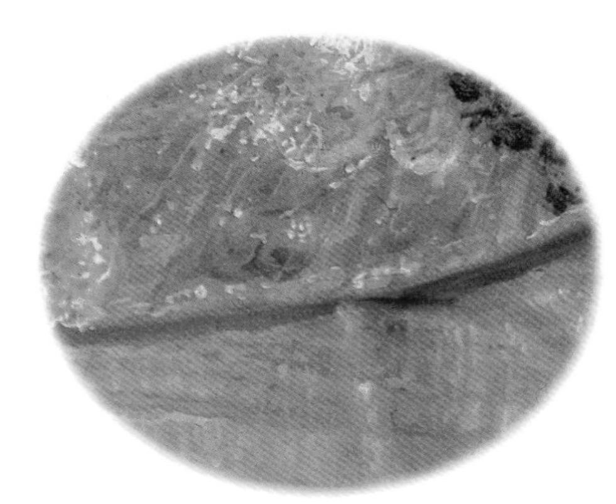

Pinceladas exquisitas
El estilo pictórico de Velázquez se tornó cada vez más fluido. Esto en parte reflejaba su inclinación por la pintura veneciana, aunque también evidencia la rápida ejecución de sus obras, exigida por sus cada vez más apremiantes obligaciones políticas.

Espacio estrecho
Como en casi todas las obras de Velázquez, la composición es sencilla y el espacio tiene poca profundidad real.

La infanta Margarita con vestido rosa

El retrato fue pintado antes de la muerte del artista. La infanta, fruto del segundo matrimonio de Felipe, tenía ocho o nueve años. Al final de su vida, el artista pintó retratos de los infantes, con quienes mantenía una relación muy particular.

Armonía cromática
La espléndida tapicería y el suntuoso vestido de la infanta permitieron al artista demostrar su instintivo sentido del color. La pintura llama la atención por las armonías de rojo y oro, y por los contrastes de los tonos cálidos y fríos.

Al final de su vida, el artista mantenía su posición de favorito del rey. En 1659, éste concedió el máximo honor a su pintor de cámara nombrándole caballero de la Orden de Santiago.

Los ojos de una niña
La expresión de Margarita es solemne. Su pose y atavío reflejan la formalidad artificial de la corte española que ella no tiene más remedio que observar. Sin embargo, sus ojos rebosan vitalidad y dejan entrever a la niña vivaracha que hay en su interior.

Velázquez tenía gran talento para combinar cualidades potencialmente conflictivas: grandeza, intimidad y realismo, lo cual dota de naturalidad a sus retratos de la familia real.

Manos y rostros
Velázquez consideraba las manos tan expresivas como los rostros. En estos cuadros, las manos son los puntos centrales de interés, y el artista crea una deliberada y sutil relación entre ellas.

Diego Velázquez; *La infanta Margarita con vestido rosa*; c. 1654; 212 x 147 cm; óleo sobre lienzo; Museo del Prado, Madrid

1640-1650

1640 Portugal rompe con España para convertirse en un estado independiente.

1642 Fundación de Montreal, Canadá.

1643 Luis XIV se convierte en rey de Francia a la edad de 5 años.

1644 Final de la dinastía Ming en China.

1648 Fin de la guerra de los Treinta Años. Holanda consigue su independencia.

1649 Carlos I de Inglaterra es decapitado.

1650 En Europa se consume el té por primera vez. La Universidad de Harvard establece su estatuto.

Rembrandt (1606-1669)

Rembrandt van Rijn

Nacido en un entorno próspero e hijo de un molinero, Rembrandt recibió una educación esmerada y pronto fue reconocido pintando retratos de familia para comerciantes acaudalados. Pero su vida se vio ensombrecida por una serie de tragedias personales. Su esposa Saskia falleció tras ocho años de matrimonio y tres de sus hijos murieron en la infancia; sólo sobrevivió uno, Tito. Rembrandt gastaba más de lo que tenía y tuvo serias dificultades financieras. Sin embargo, como trataba de explorar las emociones y debilidades humanas más que proclamar ideales elevados, sus desgracias intensificaron el poder de su arte, en lugar de aminorarlo. Hoy se considera a Rembrandt como el más grande maestro holandés del siglo XVII. Los autorretratos que pintó a lo largo de su carrera señalan los cambios que hubo en su vida y en su arte, y expresan su tenacidad frente al destino adverso.

AUTORRETRATO CON SASKIA
Este retrato tipifica la gran energía del primer periodo de Rembrandt, contiene la acción física y la expresión dramática que le gustaban. Lo pintó después de su boda en 1634, y se plasma a sí mismo como un feliz *bon viveur*.

Copa en alto
El artista levanta su copa como celebrando su éxito y buena fortuna. Él y Saskia nos incitan con la mirada, como invitándonos a unirnos a ellos.

De la formación de Rembrandt, sólo se sabe que la completó con seis meses en el estudio de Pieter Lastman (1583-1633), donde aprendió las técnicas narrativas del arte italiano, y a utilizar la expresión facial.

Saskia van Uylenburch
Saskia provenía de una familia acomodada y, por consiguiente, elevó la condición social de Rembrandt. Su matrimonio le procuró nuevos contactos y aumentó su reputación.

Pavo real
La mesa está adornada con un rico mantel y un exótico pavo real, indicadores ambos de un estilo de vida privilegiado. El pavo real es también un símbolo de dignidad.

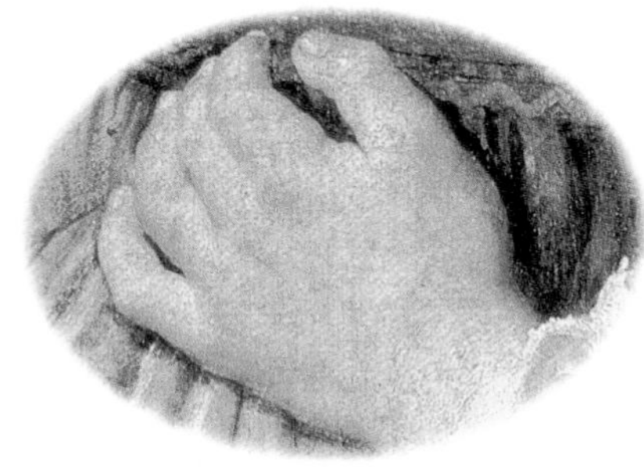

Gesto amoroso
Rembrandt se vale de un gesto sencillo pero efectivo para expresar su amor y apoyo a su joven esposa.

Rembrandt van Rijn; *Autorretrato con Saskia*; c. 1636; 161 x 131 cm; óleo sobre lienzo; Gemäldegalerie, Dresde

Gesto de afecto
Rembrandt pone su brazo alrededor de Saskia. Pintó varios retratos entrañables de su esposa, de la que estaba muy enamorado. Sin embargo, habría de sufrir la tragedia de su muerte en 1642.

Traje lujoso
A Rembrandt le encantaba usar trajes vistosos. Aquí remeda a un galán fanfarrón, con un aparatoso par de plumas de avestruz en el sombrero y exhibiendo ostentosamente una espada en el costado.

Obras clave

- **Autorretrato**; 1629; *Mauritshuis*, La Haya
- **La ronda de noche**; 1642; *Rijksmuseum*, Amsterdam
- **La novia judía**; c. 1665; *Rijksmuseum*, Amsterdam

Bancarrota de Rembrandt

Rembrandt se mudó con Saskia a una casona elegante y llevó una vida de despilfarro. Tras la muerte de su esposa, la reputación del artista seguía siendo excelente, pero los gustos cambiaron y recibía menos encargos. En 1657-58 fueron subastados su casa y bienes para pagar las deudas, y tuvo que cambiarse a un barrio más modesto. Lo libraron de la bancarrota total su amante Hendrijke y su hijo Tito, quien montó un negocio de arte y colocó a su padre como encargado.

“Sólo Rembrandt y Delacroix podrían pintar el rostro de Cristo”
Van Gogh

El retrato de esta página fue pintado por la época de la muerte de Hendrijke Stoffels, quien se había convertido en amante de Rembrandt después de entrar en su casa como sirvienta, en 1645. El artista le tenía mucho cariño, pero no pudo casarse con ella debido a una cláusula del testamento de Saskia.

Aire meditabundo
Rembrandt pintó su ojo izquierdo totalmente en la sombra, forzándonos a ahondar en su rostro para tratar de leer sus pensamientos.

Pincelada suelta
El estilo de pincelada es muy ligero y los colores son oscuros y ricos. El interés de Rembrandt por los contrastes de luz y sombra sigue siendo notable, pero los utiliza para evocar un ambiente poético más que para realzar el impacto dramático.

AUTORRETRATO

Rembrandt tenía casi 60 años cuando pintó este autorretrato, uno de los muchos que completó en sus últimos años. Esta versión es particularmente directa e imparcial. Se muestra tal como es: un pintor.

Círculos
Los círculos del fondo siguen siendo un misterio. Una de las explicaciones sugeridas es que Rembrandt hace alusión a los círculos perfectos que supuestamente dibujaba Giotto como una demostración de su destreza artística. No obstante, esto podría ser sólo una leyenda romántica.

Bigote
El bigote fue trazado sobre la pintura húmeda con la punta del pincel. Rembrandt se volvió cada vez más libre e inventivo en el uso de los materiales.

El artista vivió otros seis años después de pintar este retrato. Lo cuidó Tito hasta la muerte de éste, en 1668, y luego su hija Cornelia (concebida con Hendrijke Stoffels). Hendrijke murió en 1663, dos años antes de que este retrato fuera terminado. Rembrandt está enterrado junto a ella y Tito en Amsterdam.

El artista
El artista se autorretrató sin afectación alguna y con los utensilios propios del oficio: paleta, pinceles y espátula. Su aspecto es desaliñado. Las parodias y los lujosos trajes exóticos habían quedado atrás.

Rembrandt van Rijn; *Autorretrato*; c. 1665; 114 x 94 cm; óleo sobre lienzo; Legado Iveagh, Kenwood, Inglaterra

Aunque se mantuvo fuera de la corriente principal del arte holandés, Rembrandt fue muy respetado. Sus contemporáneos preferían los temas laicos mientras que la pasión de Rembrandt fue la historia bíblica.

Detalles inacabados
Rembrandt creía que el artista tenía derecho a dejar partes de la obra sin terminar si "había logrado ya su propósito". No obstante, su clientela exigía normalmente un estilo más preciso y detallado.

1660-1700

1665 Londres es asolada por la peste.
1666 Gran incendio de Londres. Molière: *El misántropo.*
1667 Milton: *El paraíso perdido.*
1678 Bunyan: *El viaje del peregrino.*
1679 Descubrimiento de las cataratas del Niágara.
1683 España declara la guerra a Francia.
1688 Guillermo de Orange se convierte en rey de Gran Bretaña e Irlanda.
1692 Matanza de Glencoe, Escocia. Procesos por brujería en Salem, Massachusetts.
1694 Fundación del Banco de Inglaterra.

Gerard Ter Borch

TER BORCH (1617-1681)

GERARD TER BORCH fue un artista precoz –su primer dibujo fechado data de 1625, cuando tenía sólo ocho años–. Nació en el seno de una familia acomodada y aprendió el oficio de su padre, quien era funcionario y pintor. Entró al gremio de Haarlem en 1635, cuando Rembrandt (p. 48) empezaba a hacerse famoso en Amsterdam. Cosa rara en un artista holandés, viajó mucho, visitando Inglaterra, Italia, Francia, España y Alemania. Fue testigo del nacimiento de la República de Holanda, que finalmente logró independizarse de España tras una prolongada lucha. La independencia de Holanda fue reconocida oficialmente por el tratado de Münster, firmado en 1648; Ter Borch presenció su firma en Alemania e inmortalizó la ocasión con un pequeño retrato de grupo de todos los participantes. Su mayor innovación artística fue la creación de un singular tipo de retrato, de cuerpo entero y dimensiones reducidas, que fue sumamente popular entre la burguesía holandesa. Ello dio origen a sus anecdóticas escenas de intimidad, algunas de las cuales se sitúan entre las obras maestras más importantes del arte holandés del siglo XVII. Dejó una huella profunda, sobre todo en su talentoso compatriota Vermeer (1632-75), al que conoció en 1653.

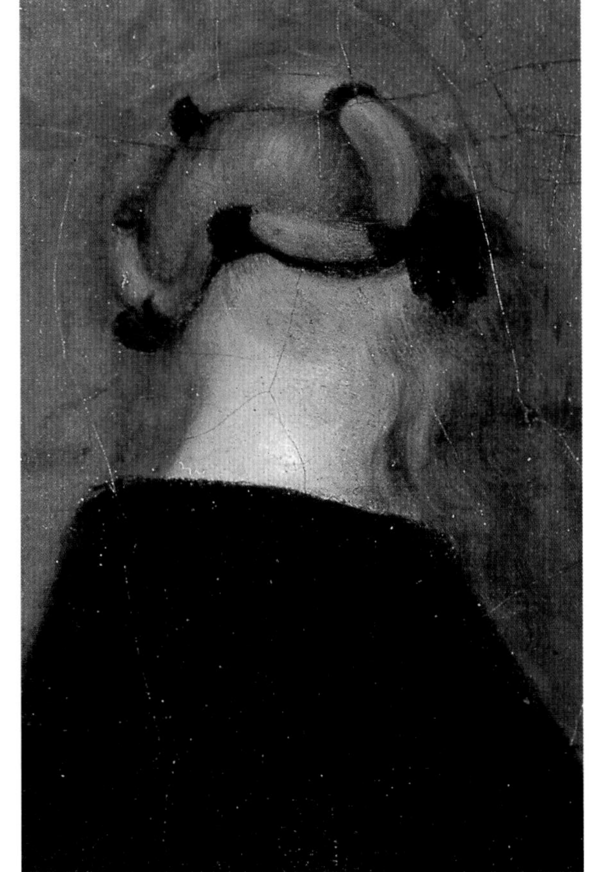

Erotismo recatado
Ter Borch sentía particular atracción por los cuellos largos y esbeltos, y nos invita a detenernos en este bello rasgo. La moda de entonces dictaba el uso de cuellos amplios para ocultar los hombros y el busto por razones de recato. Un espectador del siglo XVII habría notado en seguida que la muchacha retratada no llevaba esa pieza.

OBRAS CLAVE

- **Tratado de paz de Münster**; 1648; *Galería Nacional*, Londres
- **Niño espulgando a su perro**; c. 1658; *Alte Pinakothek*, Munich
- **Dama pelando una manzana**; 1660; *Kunsthistorisches Museum*, Viena

Esta pintura fue conocida en el siglo XVIII gracias a una copia grabada titulada Amonestación paterna, *la moneda que tiene el soldado en la mano (indicio vital del tema planteado por el artista) no aparecía en ella. Goethe (1749-1832) escribió algunos versos el respecto después de ver el grabado, perpetuando la falsa interpretación del tema.*

CAMA Y TOCADOR
La cama de cuatro postes y el tocador sugieren un cuarto de burdel. La sociedad holandesa se enorgullecía de su buen orden y sentido práctico, reconocían que el burdel y las virtudes familiares eran necesarios.

AMONESTACIÓN PATERNA
El dueño original de este cuadro debió haber disfrutado la ambigüedad del tema, tras advertir los indicios de que probablemente la escena ocurría en un burdel. En el siglo XVIII, estas pistas ya no eran reconocidas y la obra adquirió su título e interpretación moral actuales.

MIRADA ESQUIVA
Se ha sugerido que el soldado está proponiendo matrimonio. Pero, ¿por qué el escenario es un dormitorio y por qué la muchacha aparta la mirada? Borch tal vez alentó esta especulación: la ambigüedad es un rasgo común de las escenas de género holandesas del siglo XVII.

Este cuadro fue subastado en París en el siglo XVIII. La pintura holandesa era muy apreciada en Francia e influyó en artistas como Fragonard (p. 58). Las obras con un mensaje moral constructivo, como una experiencia que guiase a la juventud, eran muy populares; de ahí que se diera al tema la interpretación de "amonestación paterna".

Detalle de bodegón
Borch da mucha atención a los objetos de naturaleza muerta. Los coleccionistas holandeses apreciaban las obras ricas en detalles domésticos. La tradición de pintar naturalezas y bodegones empezó en Holanda en el siglo XVII.

La muchacha
La chica está vuelta de espaldas al espectador, creando un aire de misterio. En muchos de sus cuadros, Ter Borch se vale de este tipo de truco, sugiriendo pero nunca revelando pensamientos secretos. Esta es una de las características por las que ha sido elogiado merecidamente.

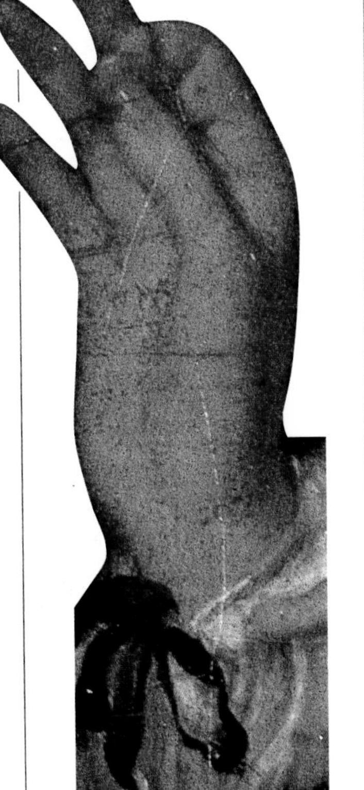

El soldado
Es evidente que el soldado está satisfecho y ofrece una moneda en recompensa por los favores sexuales. Ter Borch pintó varios cuadros sobre el tema del militar elegantemente vestido que desvía sus pensamientos del campo de guerra al del amor.

La vieja
La mujer vieja que paladea su vino con tan artificial exquisitez y baja los ojos en señal de falsa discreción es la alcahueta de la muchacha. El modo pretencioso en que sujeta la copa de vino revela sus ambiciones sociales.

John Evelyn, cronista inglés (1620-1706), asombrado por el dinamismo del mercado artístico holandés y por la demanda de cuadros, anotó en 1641 que éstos se compraban como inversiones financieras.

Gerard Ter Borch; *Amonestación paterna*; c. 1655; 70 x 60 cm; óleo sobre lienzo; Museo Staatliche, Berlín

Mano repintada
Hay evidencia de que la mano del soldado fue repintada para suprimir la moneda o convertirla en un anillo. La alteración de este detalle nimio cambia radicalmente el significado de la obra. Tal vez fue repintada en el siglo XVIII.

Alta sociedad
El artista introdujo un nuevo formato vertical para mostrar la vida de la alta sociedad. Su propia buena crianza le había familiarizado con ese mundo. Las primeras pinturas de género holandesas mostraban escenas populacheras de taberna, con campesinos revoltosos.

Una paleta sobria
La técnica de Ter Borch es fina en extremo, y la composición sencilla de tonos cálidos minuciosamente equilibrados es típica de su estilo. Whistler (p. 80) apreciaba mucho estas cualidades y se dejó influir por ellas.

Sedas y rasos
Ter Borch se distingue por sus exquisitas pinturas de sedas y rasos. No sería extraño que hubiera sido influenciado por la habilidad y técnica de Velázquez (p. 46).

1650-1660

1650 Fundación de la secta cuáquera.

1651 Los holandeses se establecen en el sur de África.

1652 Inglaterra declara la guerra a Holanda.

1653 Cromwell se convierte en lord protector de la Commonwealth.

1654 El tratado de Westminster pone fin a la guerra anglo-holandesa.

1656 Fundación de la Academia Francesa de Pintura en Roma.

1658 El holandés Jan Swammerdam descubre los glóbulos rojos de la sangre.

1660 Carlos II es restaurado en el trono inglés. Pepys comienza su diario.

Nuevos cuadros para una nueva república

En el siglo XVII, Europa estuvo dominada por monarquías católicas que utilizaban el arte para su propia glorificación y el fortalecimiento de su religión. Holanda se mantuvo aparte, y después de una larga lucha para liberarse de España, se convirtió en república independiente. Mediante el comercio, las finanzas y los negocios en general, Holanda prosperó y el superávit fue gastado en bienes superfluos y arte. Para decorar sus casas, la gente quería pinturas a escala reducida que celebraran el nuevo rango que habían alcanzado. Por ello, los paisajes, los bodegones y las escenas de género, que describían diferentes aspectos de su país y estilo de vida, se pusieron de moda.

“Los pintores holandeses eran gente hogareña; de ahí su originalidad”
CONSTABLE

Las escenas de género son pinturas modestas y reducidas que ilustran un incidente de la vida cotidiana, a veces con un mensaje divertido o moral. Siempre han sido populares entre los coleccionistas prósperos de clase media.

CANALETTO (1697-1768)

Giovanni Antonio Canale

DURANTE UNOS 20 AÑOS, Canaletto fue uno de los artistas más exitosos de Europa. Sus paisajes de Venecia eran muy solicitados, sobre todo por los turistas ingleses acaudalados que afluyeron a Italia durante el siglo XVIII en busca de educación, aventura y arte. Había nacido en Venecia y conocía al dedillo los canales, los edificios, la gente y la historia de la ciudad que antaño había sido capital del imperio más grande del mundo (p. 20). Aprendió el oficio de su padre, quien era escenógrafo, y se inspiró en las tradiciones del arte veneciano, sobre todo en su tendencia al color, el boato y los placeres sensuales. Pero Canaletto alcanzaría un éxito desmedido y la gran demanda de sus obras le hizo caer en una fórmula mecánica. Por último, la moda le rebasó y su público se cansó de su trabajo. Pasó 10 años en Inglaterra tratando de reavivar su fortuna, pero en 1755 regresó a Venecia, donde murió pobre, soltero y olvidado.

EL MOLO EN EL DÍA DE LA ASCENSIÓN

Canaletto pintó esta vista de Venecia al comienzo de su carrera. Muestra una de las grandes fiestas públicas del calendario veneciano. Todos los años, el día de la Ascensión, el *dux* de Venecia era transportado al Lido en su embarcación dorada, y allí, en un ritual tradicional, Venecia se desposaba con el mar Adriático. Para culminar la ceremonia, el *dux* arrojaba un anillo de oro al mar como símbolo de las nupcias.

"Pongo a Velázquez al mismo nivel que Canaletto. Ambos se equiparan en importancia."
WHISTLER

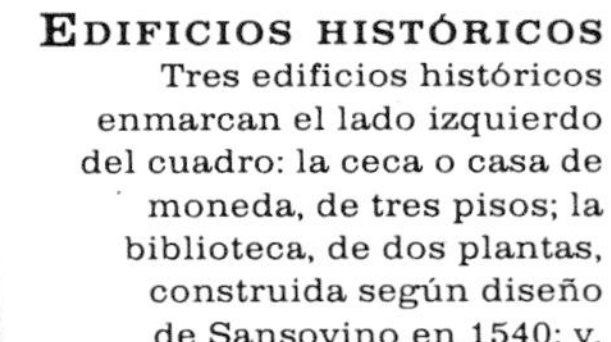

EDIFICIOS HISTÓRICOS

Tres edificios históricos enmarcan el lado izquierdo del cuadro: la ceca o casa de moneda, de tres pisos; la biblioteca, de dos plantas, construida según diseño de Sansovino en 1540; y, elevado detrás de ambos, el Campanile, que servía de guía para los barcos que llegaban a Venecia. Pueden apreciarse algunos espectadores en la logia situada en lo alto del Campanile.

León alado

San Marcos es el santo patrono de Venecia. Su símbolo, un león alado, se exhibe en lugar destacado sobre una columna de la Piazzeta. También puede apreciársele en el Campanile y en la bandera roja de la embarcación del *dux*.

LUZ Y SOMBRA

Aunque la composición rebosa de bulliciosa actividad, Canaletto planeó cuidadosamente esta escena de tal modo que la vista pueda recorrerla por orden siguiendo una trama minuciosa de luces y sombras. El emplazamiento de las góndolas oscuras en el agua iluminada por el sol proporciona un buen ejemplo de esta técnica.

Canaletto; *El Molo en el día de la Ascensión*; 1729-30; 182 x 259 cm; óleo sobre lienzo; colección Aldo Crespi, Milán

El arte de Canaletto, de deleite visual, se adecuaba a las tendencias de comienzos del siglo XVIII. El descubrimiento de las ruinas de Herculano y Pompeya a mediados de siglo puso de moda el serio estilo neoclásico. Canaletto no se adaptó a este estilo.

CANALETTO EN INGLATERRA

Los acaudalados turistas británicos que atesoraban recuerdos de sus viajes, aportaron a Canaletto enormes ganancias. Pero la guerra de la Sucesión de Austria (1741-48) dificultó los viajes por Europa y menguó la afluencia de dicho turismo a Italia. Como consecuencia, Canaletto dejó su país por primera vez y fue a Inglaterra en busca del favor de sus clientes británicos. No obstante, nunca volvió a conseguir el éxito de sus primeros años, ni logró apreciar las suaves cualidades de la luz septentrional. A pesar de ello, ejerció fuerte influencia en la escuela topográfica de acuarelistas ingleses, y sus paisajes de Venecia todavía engalanan muchas imponentes mansiones británicas.

OBRAS CLAVE

- **El taller del cantero**; 1730; *Galería Nacional*, Londres
- **Llegada del embajador francés**; c. 1735; *Hermitage*, San Petersburgo
- **Bacino de San Marcos**; 1748; *Museo de Bellas Artes*, Boston

FESTIVAL POPULAR
El detalle vívido de la embarcación oficial del *dux* y el vislumbre natural de las figuras, copiadas de la realidad, muestran a Canaletto en su mejor momento. En obras posteriores, estos detalles se vuelven repetitivos y poco imaginativos.

EL PALACIO DE LOS *DUX*
El palacio de los *dux* era la sede del gobierno, pero en tiempos de Canaletto el verdadero poder político veneciano había desaparecido. El último dux cedió el poder que le quedaba a Napoleón el 12 de mayo de 1797.

Cuando regresó a Venecia desde Londres, Canaletto quiso afiliarse a la recién constituida Academia Veneciana, pero fue rechazado. Su arte no ofrecía los temas serios ni las pautas doctrinarias que eran cruciales para el arte y la educación academicistas.

Aunque la escena parece vista desde una ventana o balcón, es ficción, pues no existe ningún edificio desde donde pudiera observarse esta escena con un ángulo tan amplio. No se sabe cómo Canaletto creaba estas pinturas espectaculares. Se piensa que utilizaba una cámara oscura: una máquina que mediante una combinación de lentes y espejos proyectaba una imagen luminosa. También hacía bocetos a lápiz de edificios y detalles. Partiendo de ellos y con ayuda de la memoria concebía el diseño final del cuadro.

CIELO, LUZ Y AGUA
Una de las características inimitables de Venecia es la mágica unión de cielo, luz y agua. Muchos artistas han tratado de capturar esta rara y cambiante belleza. Canaletto es uno de los pocos que lo logró. Turner (p. 66) admiraba mucho la obra de Canaletto e hizo varias visitas a Venecia, cautivado por la extraordinaria calidad lumínica de la ciudad.

BANDERA ROJA
En la bandera se repite la imagen del león de san Marcos (vea página opuesta). Canaletto utilizó el brillante color rojo de la bandera en otros puntos estratégicos del lienzo para ayudar a unificar la composición y guiar la mirada por toda la obra. Este recurso del color es típico de la pintura veneciana.

El éxito de Canaletto fue impulsado por Joseph "Cónsul" Smith, un influyente diplomático inglés que vivía en Venecia y que ayudaba a los más prestigiosos "grandes turistas" a aprovechar al máximo su visita. Tenía muchos cuadros de Canaletto y promovía activamente su obra. En la década de 1760, Smith atravesó una serie de dificultades económicas y tuvo que vender su colección. Muchas de sus obras fueron adquiridas por el monarca británico Jorge III.

LUZ Y COLOR
La claridad y precisión de la luz, las bien definidas sombras y el exacto detalle anecdótico y arquitectónico son típicos del estilo que tanto deleitó a los clientes extranjeros de Canaletto. Sólo se conservan dos obras suyas en Venecia.

El sucesor nato de Canaletto fue su sobrino Bernardo Bellotto (1720-80), quien había sido su ayudante. Bellotto dejó Venecia en 1747 para nunca volver, e hizo su carrera como paisajista en Dresde, Viena y Varsovia.

1700-1730

1702 Ana es coronada reina de Gran Bretaña (última monarca de los Estuardo).

1703 Fundación de San Petersburgo.

1707 Creación del Reino Unido.

1714 Jorge I (elector de Hannover) es coronado rey de Gran Bretaña.

1717 Haendel: *Música acuática*.

1719 Daniel Defoe: *Robinson Crusoe*.

1721 Bach: *Conciertos de Brandeburgo*.

1726 Jonathan Swift: *Los viajes de Gulliver*. Los españoles fundan Montevideo.

HOGARTH (1697-1764)

William Hogarth

POPULARMENTE CONOCIDO COMO EL PADRE DE LA PINTURA INGLESA, Hogarth sabía que Inglaterra carecía de artistas nativos de calidad, y preparó el terreno para la fundación de la Real Academia y el florecimiento de una sólida escuela nacional. Era un londinense ambicioso y sumamente patriótico, influenciado por el teatro y las tradiciones satíricas de la literatura inglesa. Hogarth conocía las penurias de la vida y las insensateces de sus semejantes: su padre fue un maestro de escuela fracasado que estuvo en la prisión de deudores con toda su familia cuando Hogarth tenía 10 años. Originalmente capacitado como grabador, Hogarth fue un pintor autodidacto. Proponía un arte que interesara a la gente común en vez de otro dirigido a conocedores y críticos, a quienes despreciaba. Realizó esto creando un nuevo tipo de pinturas que pudiera reproducirse en forma de grabados populares. Obtuvo un éxito considerable, pero la mala salud y los conflictos políticos estropearon la última parte de su vida.

UN FESTÍN ELECTORAL

El cuadro pertenece a una serie de cuatro consagrada a reproducir diferentes aspectos de una elección local. Fue la última gran obra de Hogarth y quizá su mejor logro. Típico de su estilo es que presenta una escena que podría actuarse en un escenario. Cada personaje tiene un papel específico qué representar, indicado por la expresión de su rostro, su atuendo y conducta. La serie se reprodujo como grabados en blanco y negro para su venta al público.

En el cuadro se ha enlazado diestramente una serie de incidentes mediante la composición de los grupos que rodean las dos mesas. La inspiración para esta obra fue la lucha por el escaño de Oxford en las elecciones generales de 1754. La contienda era entre los Whigs y los Tories.

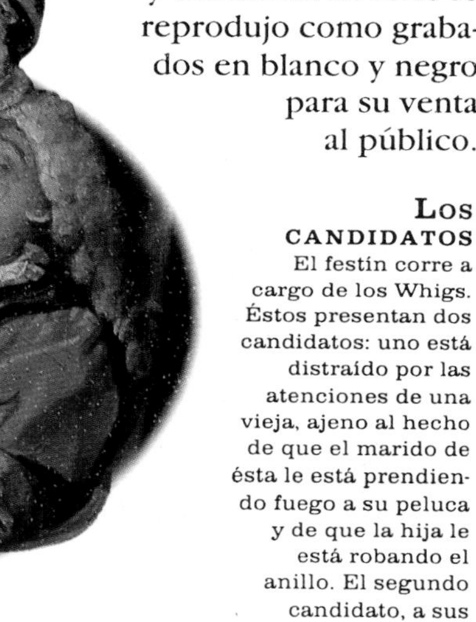

El alcalde
El alcalde, sentado a la cabecera de la mesa, se ha desmayado después de comer demasiadas ostras. Lo están sangrando, un tratamiento que constituía una panacea en tiempos de Hogarth, cuando los barberos hacían también las veces de cirujanos.

LOS CANDIDATOS
El festín corre a cargo de los Whigs. Éstos presentan dos candidatos: uno está distraído por las atenciones de una vieja, ajeno al hecho de que el marido de ésta le está prendiendo fuego a su peluca y de que la hija le está robando el anillo. El segundo candidato, a sus espaldas, aparece retenido por un par de borrachos.

William Hogarth; *Un festín electoral*; 1754; 101.5 x 127 cm; óleo sobre lienzo; Museo de Sir John Soane, Londres

Hogarth era un retratista consumado, y diestro en plasmar retratos de grupo conocidos como "piezas de conversación". No obstante, sus retratos eran tan imparciales como el resto de sus obras: nunca desarrolló la habilidad de adular.

LIBERTAD Y LEALTAD

Hogarth presenta una imagen justa, aunque fuerte, de la sociedad británica de su época. Gran Bretaña estaba experimentando un cambio importante. Su sociedad era pujante, y a veces cruel, pero nunca pesimista –cualidades que Hogarth demostraba personalmente–. El sistema británico de democracia parlamentaria era singular, y contrastaba con el absolutismo de las monarquías europeas. Gran Bretaña se había convertido en una de las grandes potencias mundiales, y estaba creando un imperio ultramarino que en aquel momento incluía las colonias americanas. Hogarth creía que su país también debía estar presente en la escena artística mundial con sus propios pintores. La consigna "Libertad y lealtad" expresa las actitudes de Hogarth y su país natal.

Obras clave

- **Carrera de un libertino**; 1735; *Museo de John Soane*, Londres
- **La vendedora de langostinos**; 1740; *Galería Nacional*, Londres
- **El capitán Coram**; 1740; *Fundación Coram*, Londres

Uno de los grandes logros de Hogarth fue la introducción de un nuevo género: el tema moral moderno. Antes de su Serie electoral, *Hogarth había completado* Carrera de un libertino, Carrera de una prostituta *y* Marriage à la mode. *En cada serie ilustra las debilidades humanas, pero nunca moraliza, dejando que el espectador forme su propio juicio.*

"Mi cuadro era mi escenario, y los hombres y mujeres mis actores, quienes por medio de ciertas acciones y expresiones iban a representar un espectáculo mudo."
Hogarth

1730-1750

1730 Introducción de la rotación de cultivos.

1731 Edificación de la residencia del primer ministro británico en el número 10 de la calle Downing.

1736 Primera operación exitosa de apéndice.

1738 Excavación de las ruinas romanas de Herculano.

1741 Handel: *El Mesías.*

1742 Primeras fábricas de algodón en Inglaterra. Invención del termómetro centesimal.

1749 Fielding: *Tom Jones.*

Desfile Tory
En la ventana, una mujer les tira agua a los Tories, que desfilan por la calle portando estandartes y una efigie con la leyenda "Judíos no". Los Tories (que consiguieron más votos) se oponían a la legislación Whig que proponía que los judíos extranjeros residentes en Inglaterra tuvieran los mismos derechos que los judíos ingleses.

Aunque Hogarth reunió una considerable suma con sus grabados, los conocedores de entonces no lo tomaron en serio y le fue difícil vender los cuadros auténticos en que se basaban los grabados. No encontró un comprador para la Serie electoral, *y decidió rifarla, para lo cual solicitó la ayuda de un amigo, el director teatral David Garrick. Éste se quedó con los cuatro cuadros, por los que pagó poco más de 200 libras.*

Estilo sencillo
El estilo original y sencillo de Hogarth revela un rechazo consciente a adoptar los temas y estilos característicos del arte italiano y francés. Intentó cultivar el género histórico, pero resultó anecdótico y de pobre composición.

Orden de Orange
Varios invitados llevan cintas naranja y los mismos candidatos están sentados bajo una bandera de ese color con el lema "Libertad y lealtad". Los Whigs eran leales a la sucesión protestante de Guillermo de Orange (1650-1702), mientras que los Tories esperaban el regreso de los católicos Estuardo, exiliados en Francia.

Hogarth se había capacitado inicialmente como platero, de ahí su interés por el grabado. Con la ambición de ser pintor, estudió en la academia libre de sir James Thornbill. Más tarde se fugó con la hija del dueño.

Herida de ladrillo
El hombre que se desploma ha sido golpeado en la cabeza por un ladrillo arrojado a través de la ventana. Otro ladrillo ha roto ésta.

Once días perdidos
El estandarte dice: "Devolvednos nuestros 11 días". En 1752, Gran Bretaña adoptó el calendario gregoriano. Para ejecutar la reforma, al miércoles 3 de septiembre siguió el jueves 14 de septiembre. Esto provocó algaradas, pues los trabajadores creían que les habían robado 11 días de jornal.

Las locuras de la borrachera
El niño mezcla la bebida que ya ha afectado a los electores. La obra de Hogarth suele versar sobre la conducta insensata del borracho. Tenía también un particular talento para captar el carácter de los niños.

En 1735, el Parlamento aprobó una ley de derechos de autor resultado de la presión ejercida por Hogarth. Con anterioridad, un grabador reproducía un cuadro sin compensar al artista. La ley protegía los intereses de pintores como Hogarth, cuyas obras habían sido pirateadas.

Sir Joshua Reynolds

REYNOLDS (1723-1792)

UN AUTÉNTICO PROFESIONAL EN TODOS LOS SENTIDOS, Reynolds tenía talento artístico, gozaba de una posición desahogada y comprendía bien las complejidades de dirigir un negocio y de manipular la política artística. Su familia era pobre, pero él tuvo una buena formación (su padre era maestro de gramática). Desde muy joven ambicionaba ser pintor y producir un arte que tuviera como centro un despliegue de sabiduría. Fue aprendiz del retratista Thomas Hudson, y en 1749 realizó una importante gira turística por Italia, absorbiendo el ejemplo de los maestros del Renacimiento y los esplendores de la escultura antigua. A su regreso a Inglaterra se estableció como un retratista próspero en Londres, y hacia los 40 años de edad se había hecho rico y era bien aceptado en las esferas sociales más altas. Su talento no sólo le sirvió para realizar sus ambiciones personales, sino también para crear por primera vez una profesión artística coherente en Inglaterra. Era un convencido partidario de las normas y la buena organización, y fue cofundador y primer presidente de la Real Academia, que se convirtió en la principal institución dedicada exhibir la obra de los artistas consagrados y a la capacitación de los jóvenes. Contribuyó a la preeminencia del arte británico del retrato y supo conferirle una nueva dignidad.

Una mente infantil
Reynolds alcanzó renombre por sus logros en el retrato infantil. Desde luego, sabía hacerlos relajarse y actuar con naturalidad, y tenía la habilidad de captar esa combinación inocente de timidez e intensidad de sentimientos que caracteriza a los niños.

THOMAS LISTER
Thomas Lister, quien más tarde se convirtió en lord Ribblesdale, fue el hijo mayor de un miembro del Parlamento británico. Tenía 12 años cuando fue pintado su retrato. La obra ejemplifica el "gran estilo" que Reynolds introdujo en el arte del retrato, y también muestra la sensibilidad del artista y su habilidad para captar la esencia individual del que posa.

El retrato era una de las principales fuentes de ingreso para el artista del siglo XVIII, pero era considerado menos importante y laborioso que la pintura histórica. Reynolds, con un nuevo estilo que introducía ingeniosas alusiones intelectuales, consiguió ponerlo de moda en su tiempo. Emprendió varios cuadros ambiciosos a gran escala con tema histórico, pero no tuvieron éxito.

TRAJE DE VAN DYCK
El señorito Thomas porta un traje de satén castaño adornado con cuello y puños de encaje, y botines del mismo color. El traje es muy elegante e informal y tiene un vago parecido con los que aparecen en los retratos hechos por Van Dyck en el siglo XVII. Podría haber sido del propio Thomas Lister o bien del estudio de Reynolds, para uso de su clientela.

"Considerado como un pintor de individualidad respecto a la forma y mente humanas, pienso que es el príncipe de los retratistas."
RUSKIN

Reynolds tenía pocos amigos entre sus colegas. Respetaba a su rival Gainsborough, pero no mantenía una relación estrecha con él, pensaba que a su trabajo le faltaba profundidad intelectual. Se encontraba más a gusto con literatos como Samuel Johnson y Edmund Burke.

POSE CREATIVA
Reynolds era bien conocido por la creatividad de sus poses, que no sólo eran producto de lo aprendido de otras obras famosas sino también del grácil movimiento, del giro aparentemente natural de cabeza y cuerpo, y de la expresión del carácter mediante los gestos de manos y brazos. Gainsborough exclamó admirado: "¡Qué versátil es el condenado!".

Reynolds desarrolló una teoría del arte expuesta en sus famosos Discursos *a los estudiantes de la Real Academia. Ponía énfasis en aprender imitando a los grandes maestros, y los exhortaba a pintar según el "gran estilo". Pensaba que el arte debía transmitir un concepto de armonía y belleza ideal que la naturaleza por sí sola nunca podría lograr.*

Obra bien preservada
Esta obra está excepcionalmente bien conservada, pero muchas pinturas de Reynolds se han deteriorado seriamente con los años, como resultado de la impericia y los materiales inadecuados. Reynolds tenía una mala formación técnica, y muchas veces era incapaz de resistir la tentación de emplear pigmentos experimentales en busca de resultados rápidos.

Reynolds estudió la obra de los maestros antiguos cuando estuvo en Italia. Quedó sordo en una época de su vida como resultado de un fuerte catarro que contrajo mientras copiaba en el Vaticano. Admiraba a Miguel Ángel (p. 28) y Rafael (p. 32). Sus últimas obras muestran la influencia de Rubens (p. 40) y Rembrandt (p. 48) (visitó Flandes y Holanda en 1781). Reynolds se consideró sucesor de los artistas consagrados.

Marco pastoril
El apacible paisaje de fondo recoge un tema que estaba de moda entonces, y apunta a las imágenes de una Arcadia que había atraído a muchos de los grandes artistas del siglo XVII (p. 42).

Sir Joshua Reynolds; *Thomas Lister*; 1764; 231 x 139 cm; óleo sobre lienzo; Museo del Louvre, París

Reminiscencias de la antigüedad
Las piernas cruzadas demuestran que Reynolds adaptó sutilmente la antigua imagen de Mercurio (véase a la derecha). La pose del señorito Thomas es virtualmente una réplica con el brazo derecho extendido.

Reynolds tenía un gran talento empresarial, un estudio muy bien organizado y una publicidad efectiva. Se consagró totalmente a su arte y nunca se casó. En pleno apogeo de sus facultades, posaban para él hasta seis personas al día, cuyas visitas y pagos registraba en su "libro de clientes". Sus honorarios variaban según el tipo y tamaño del retrato.

Detalle de fondo
Reynolds se valía de ayudantes para pintar las tapicerías y los fondos. Podría haber empleado al pintor inglés Peter Toms para pintar el fondo de este retrato.

1750-1760

1751 Comienza la publicación de la enciclopedia francesa. Linneo: *Philosophia Botanica*.

1755 Publicación del diccionario del doctor Johnson. Terremoto de Lisboa.

1756 El Agujero Negro en una prisión de Calcuta.

1757 Fundación del Museo Británico.

1758 Comienzo del canal de Bridgewater.

1759 Quebec pasa a ser dominio británico. Voltaire: *Cándido*.

1760 Jorge III es coronado rey de Gran Bretaña.

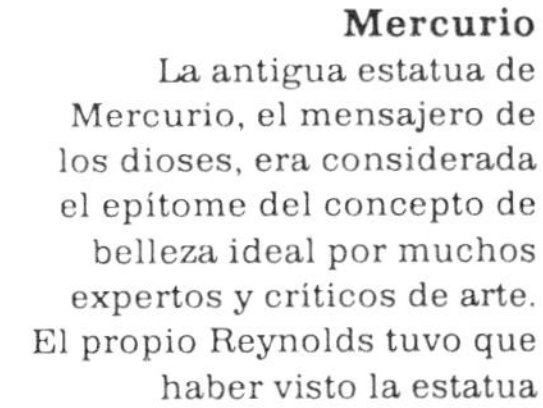
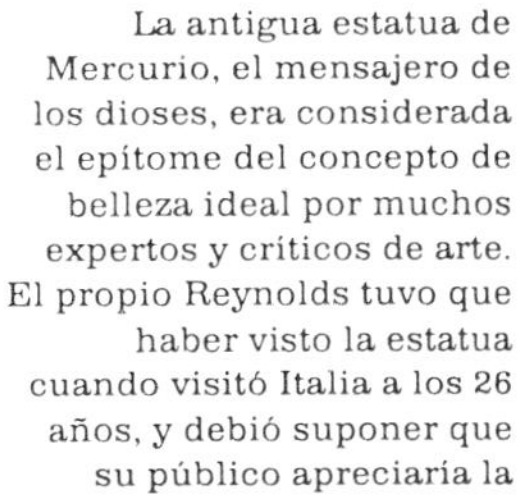

Mercurio
La antigua estatua de Mercurio, el mensajero de los dioses, era considerada el epítome del concepto de belleza ideal por muchos expertos y críticos de arte. El propio Reynolds tuvo que haber visto la estatua cuando visitó Italia a los 26 años, y debió suponer que su público apreciaría la halagadora conexión entre el joven caballero inglés y el dios juvenil.

Real Academia

La Real Academia de Londres fue fundada en 1768, en un momento en que Gran Bretaña se había establecido como una fuerte potencia mundial con un imperio en expansión. Existía un deseo consciente de crear una escuela nacional de arte tanto para estimular un interés y apreciación más amplios entre el público en general, como para preparar a una futura generación de artistas conforme a pautas más elevadas de profesionalismo y buen gusto. Reynolds fue el primer presidente de la Academia, y conservó esta autoridad por 20 años, durante los cuales pronunció sus *Discursos*, una clásica expresión de la doctrina académica del "gran estilo". Abandonó su puesto cuando la ceguera le impidió pintar, en 1790.

Obras clave

- **El comodoro Keppel**; 1753-54; *Museo Marítimo,* Londres
- **Dr. Johnson**; 1756; *Galería Nacional del Retrato,* Londres
- **Lady Caroline Howard**; 1778; *Galería Nacional,* Washington D.C.
- **La muerte de Dido**; 1780-82; *Galería Nacional,* Londres
- **La señora Siddons como musa trágica**; 1784; *San Marino,* California

Jean-Honoré Fragonard

FRAGONARD (1732-1806)

ENCANTADOR Y AGUDO, regordete, pulcro, siempre jovial, con finas mejillas sonrosadas y ojos chispeantes, Fragonard tenía tal cúmulo de talento natural e independencia de espíritu que fue capaz de desafiar lo convencional y dejar huella a su manera. Nació en Grasse, al sur de Francia, hijo de un guantero, pero su familia se trasladó a París cuando él tenía seis años. Fragonard trabajó primero en un bufete de abogados, pero mostraba tanto talento para dibujar que su patrón le sugirió que acudiese a una escuela de arte. Después de capacitarse con Chardin y Boucher, ganó el codiciado Prix de Rome, y estudió en la Academia Francesa de Roma. Podría haber sido un exitoso pintor académico, pero la instrucción oficial y las maravillas de la antigüedad le aburrieron. Cuando tenía 35 años decidió trabajar como artista independiente haciendo obras para intermediarios y coleccionistas ricos del *ancien régime*, que querían obras de carácter íntimo para sus salones y aposentos. Tuvo enorme éxito artístico y financiero, pintando deliciosas escenas etéreas de galantería y frivolidad que encarnan el espíritu del rococó. Sin embargo, la Revolución de 1789 y el nuevo gusto por el neoclasicismo cambiaron el mundo en que había florecido. Murió pobre, inadvertido y pasado de moda.

LUIS XV

El rey Luis XV (1710-74) heredó el control de Francia en un momento en que era el país más rico y poderoso de Europa. Pero prefirió una vida de placer a la realización de las reformas propuestas por los pensadores radicales de la ilustración. Las artes y artesanías prosperaron durante su reinado, sobre todo gracias a la influencia de la marquesa de Pompadour, su amante. Las extravagancias artísticas y el descuido de los asuntos de Estado finalmente tuvieron un alto precio: la sangrienta Revolución francesa de 1789 (p. 62) y la caída de la monarquía.

EL COLUMPIO
Esta pintura es el más fino ejemplo del trabajo de Fragonard como artista independiente. El tema es humorístico y erótico: una hermosa y joven dama arroja su zapato con alegre despreocupación, mientras su amante la observa entre los arbustos.

La obra fue encargada por el libertino barón de St. Julien. Al principio se la había encomendado a un pintor de temas históricos, Doyen, a quien le especificó: "Me gustaría que pintase a la señora (su amante) sentada en un columpio empujado por un obispo". Escandalizado, Doyen rechazó el encargo.

LUZ SOLAR
Fragonard dominaba el agradable efecto de la luz solar difusa, que ilumina muchas de sus obras. El heredero auténtico de su estilo seductor, por su énfasis en la belleza juvenil y la virtuosidad con que maneja las radiaciones luminosas, es el pintor impresionista francés Renoir.

Fragonard tuvo una feliz vida doméstica. Casó con la hija de un perfumista de Grasse y tuvieron varios hijos. Su cuñada menor se fue a vivir con ellos más adelante y bajo la dirección de Fragonard se convirtió en una artista consumada.

ÁRBOLES PINTORESCOS
Los singulares árboles dimanan de los recuerdos de infancia y los días de estudiante del artista, más que de la observación de la naturaleza. Fragonard se había criado en la exuberante y florida región de Grasse, el centro de la industria del perfume. Cuando estudió en Italia le entusiasmaron más los fastuosos jardines de recreo de Tivoli, donde pasó el verano de 1760, que la escultura antigua.

FINEZA DE DETALLE
La versatilidad técnica de Fragonard le permitió dominar una variedad de estilos. Aunque prefería la pincelada rápida y fluida, aquí decidió pintar con insólita finura de detalle, quizá inspirado por los maestros holandeses del siglo XVII, que estaban de moda entre los coleccionistas franceses.

Zapatilla volante
La zapatilla que vuela por el aire es un detalle brillante, que constituye un foco de atención visual y resume el humorismo del tema.

El secreto de un amante
La estatua en piedra de Cupido capta la luz solar y parece haber revivido. Se lleva un dedo a los labios como advirtiéndonos que mantengamos el secreto de que el barón está escondido entre las plantas. El Cupido está basado en la estatua de Falconet *L'Amour Menaçant*, que madame de Pompadour había encargado en 1756.

Las tres gracias
Alrededor de la base de la estatua de Cupido aparecen las tres Gracias como un relieve clásico. En la mitología griega, las Gracias eran ayudantes de Venus, la diosa del amor. Fragonard las muestra a medias, como haciendo hincapié en su falta de interés por la antigüedad clásica.

La otrora poderosa Academia Francesa estaba en decadencia a mediados del siglo XVIII, despejando el camino para que artistas como Fragonard pudieran florecer. David (p. 62) la modernizó y restauró su influencia.

Uno de los proyectos más ambiciosos de Fragonard, titulado La búsqueda del amor, *era un conjunto de amplios paneles decorativos encargado en 1770 por madame Du Barry (la sucesora de la Pompadour). Pero la moda había cambiado el rococó por el sobrio estilo neoclásico, y en 1773 le devolvieron los paneles por inadecuados. A Fragonard le ofendió el rechazo y la negación del pago.*

Cambio de intenciones
Al rehusar el encargo de hacer esta obra, Doyen le sugirió al barón que Fragonard seria el pintor apropiado. Éste aceptó el proyecto con entusiasmo, pero sustituyó al obispo por el marido de la muchacha.

En la alta sociedad francesa abundaban las intrigas y relaciones adúlteras. Madame de Pompadour, la amante del rey, era una de las figuras más poderosas del país, con una posición oficial en la corte.

Jean-Honoré Fragonard; *El columpio*; c. 1768; 81 x 65 cm; óleo sobre lienzo; Colección Wallace, Londres

El barón
El barón de St. Julien proporcionó especificaciones muy detalladas para el cuadro. Señalando a su amante, dijo: "Póngame en un sitio donde pueda ver las piernas de esta encantadora muchacha."

Vestido rosa
Los festones rebuscados del ondulante vestido, los delicados tonos pastel y el tema del amor juvenil eran características esenciales del estilo rococó que deliberadamente atraían más la vista que el intelecto.

Fragonard es mejor conocido por sus temas ligeramente eróticos, pero también era un consumado retratista, y poseía una gran facilidad para el paisaje. En su juventud, sus pinturas históricas y religiosas gozaron de la aprobación oficial.

1760-1780

1762 Gira de Mozart por Europa, a los seis años de edad.

1766 Descubrimiento del hidrógeno.

1768 Fundación de la Real Academia de Londres.

1770 Inauguración en París del primer restaurante público.

1771 Primera publicación de la *Enciclopedia Británica*.

1773 Motín del té en Boston.

1774 Luis XVI es coronado rey de Francia.

1776 Declaración de la Independencia de EUA.

Amor juguetón
A Fragonard le gustaba incluir detalles ocultos que expresaran ingeniosamente el tema del amor. Los dos ángeles montados en el delfín son visibles, pero el perrillo faldero que está más abajo es difícil de apreciar.

Aunque sus estilos pictóricos y temperamentos eran completamente diferentes, David (p. 62) ayudó a Fragonard cuando éste perdió prestigio después de 1789. Utilizó su influencia para conseguirle, en la nueva república, algunos puestos administrativos de carácter artístico que le garantizaran un modesto salario. El hijo de Fragonard fue discípulo de David.

"En el arte de Fragonard, todas las audacias tiemblan medio escondidas bajo la modestia de su procedimiento."
JULES Y EDMOND DE GONCOURT

Marido
Fragonard ha colocado al confiado marido de la muchacha sumido en la sombra, mientras que un brillante rayo de sol ilumina el rostro sofocado del barón. No obstante, es el marido quien maneja el columpio y lo empuja hacia su rival.

Obras clave

- **Los jardines de la Villa d'Este en Tívoli**; c. 1760; *Colección Wallace*, Londres
- **La tormenta**; c. 1760; *Museo del Louvre*, París
- **Asalto a la ciudadela**; c. 1770; *Colección Frick*, Nueva York
- **El beso robado**; c. 1788; *Hermitage*, San Petersburgo

Goya (1746-1828)

Francisco de Goya y Lucientes

Goya nació cerca de Zaragoza, era hijo de un maestro dorador. A los 14 años fue aprendiz de decorador de iglesias, antes de ingresar a la Academia de San Fernando, en Madrid. Fue un estudiante poco aventajado, pero le ayudó mucho un pintor ya consagrado, Francisco Bayeu (1734-95). Casó con la hermana de éste, Josefa, en 1773.

El arte de Goya está íntimamente vinculado con los dramáticos acontecimientos que afligieron a su nativa España en el curso de su vida. Sus orígenes eran provincianos y no fue un niño prodigio. No obstante, era muy ambicioso y trató de lograr sus objetivos asegurándose el patrocinio de la familia real en Madrid. Con astucia y diligencia lo consiguió, convirtiéndose no sólo en el primer pintor del rey (en 1799), sino en un artista consumado de una época de verdadero talento. Hombre independiente y de tendencias liberales, recibió con agrado la Revolución francesa de 1789 por su promesa de ilustración política; luego vio cómo se derrumbaba el sueño cuando las tropas napoleónicas asesinaban a sus compatriotas. Su vida estuvo llena de penalidades, una de ellas su sordera, y murió en el exilio. Su genio estriba en la habilidad para pintar su época de un modo universal, con una voz que expresa una fe permanente en el espíritu humano.

Cuando pintó La familia de Carlos IV, *Goya tenía 54 años y ya estaba sordo. Perdió el oído en 1792-93 después de una enfermedad, probablemente causada por el exceso de trabajo y la ansiedad ante la represión sufrida por sus amigos liberales.*

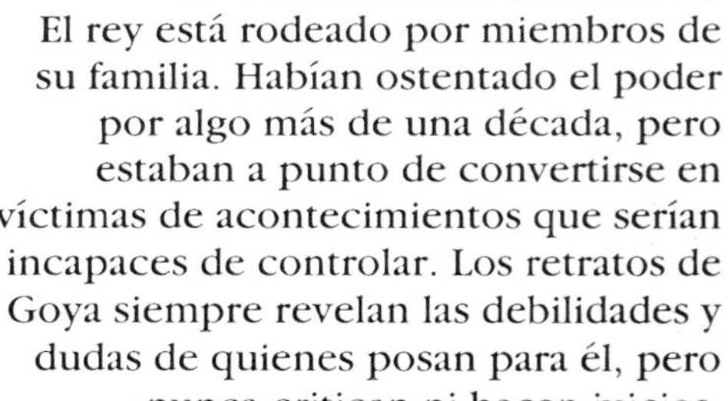

La familia de Carlos IV

El rey está rodeado por miembros de su familia. Habían ostentado el poder por algo más de una década, pero estaban a punto de convertirse en víctimas de acontecimientos que serían incapaces de controlar. Los retratos de Goya siempre revelan las debilidades y dudas de quienes posan para él, pero nunca critican ni hacen juicios.

Goya
Goya incluye su propio retrato en un rincón sombrío, trabajando en un lienzo. No hay una explicación lógica de su presencia o su colocación detrás de la familia real, que posa solícita, salvo que formaba parte de la vida cortesana. (Sin embargo, no compartía sus puntos de vista ni se identificaba con ella.) Poco antes de empezar este cuadro, había realizado su ambición de convertirse en primer pintor del rey.

Príncipe de Asturias
Fernando era el heredero del trono, pero estaba dispuesto a actuar contra sus padres, y en 1808 organizó un golpe de Estado. Cuando los franceses fueron expulsados de España por el duque de Wellington, recuperó la corona y reinó como un déspota, reprimiendo a los liberales y eliminando la libertad de palabra.

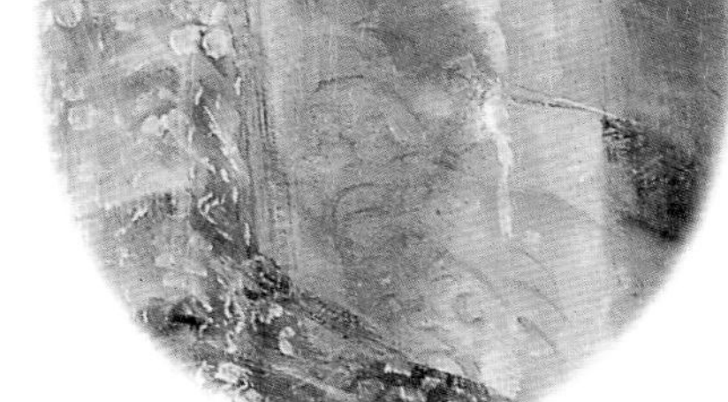

Influencia artística
Goya estaba hondamente influenciado por las obras que vio en la Real Colección española, especialmente por las pinturas de Tiziano (p. 34), Rubens (p. 40) y Velázquez (p. 46). Como ellos, era sensible al color y le gustaba una pintura rica, fluida.

El trabajo de Goya en la corte fue sobre todo como retratista y diseñador para la real fábrica de tapices. Pero muchas de sus obras más importantes fueron de carácter privado. Entre ellas se cuentan los retratos de sus amigos, la serie de aguafuertes Los desastres de la guerra, *y las "pinturas negras" para su propia casa: Quinta del Sordo.*

Futura novia
Todos los miembros de la familia son identificables, salvo la mujer cuyo rostro está volteado para que sus rasgos no puedan ser vistos. La figura fue incluida para representar a la novia de Fernando, que todavía no había sido escogida.

Carlos IV

Carlos IV (1748-1819) no era descendiente directo de su tocayo de Habsburgo, el emperador Carlos V (p. 34). La línea de los Habsburgo se extinguió en 1700 y el trono fue heredado por la familia real francesa: los Borbones. Aunque nacido y formado en España, el linaje de Carlos era más francés que español. Era primo de Luis XVI y declaró la guerra a Francia cuando Luis fue enviado a la guillotina en 1793. El ejército francés derrotó a los españoles en 1808, y Napoleón nombró a su hermano José Bonaparte (1768-1844) rey de España. Carlos murió en exilio en Nápoles, en 1819.

¿Adulación o caricatura?
Se ha sugerido que Goya caricaturizó deliberadamente a la familia real: un crítico describió memorablemente al grupo como "el panadero y su esposa después de haber ganado la lotería". No obstante, la evidencia indica que los retratados estaban satisfechos con el cuadro.

> ***"El sueño de la razón produce monstruos terribles."***
> GOYA

Goya nació en la época de la razón y nunca perdió su optimismo sobre la condición humana. Algunas de sus mejores obras constituyen una observación y un comentario de las insensateces de la ignorancia y la superstición, y de cómo éstas son explotadas por quienes detentan la autoridad.

María Luisa
La reina controlaba a su marido, pero a su vez era manipulada por su amante, el político Manuel Godoy, quien de hecho era el que regía el país.

Ostentación rutilante
Bajo el magnífico conjunto de vestidos espléndidos, condecoraciones y joyas, hay un esquema estructurado de color: las mujeres van de blanco, dorado y plata; los hombres destacan en negro, azul y carmesí.

Obras clave

- **El parasol**; 1777; *Museo del Prado*, Madrid
- **Entierro de la sardina**; 1793; *Academia de San Fernando*, Madrid
- **El coloso**; 1810-12; *Museo del Prado*, Madrid
- **Los fusilamientos en la montaña del príncipe Pío**; 1814; *Museo del Prado*, Madrid

Carlos IV
El rey aparece espléndido con sus medallas refulgentes, pero en realidad era un monarca débil, dominado por su mujer. Las maquinaciones políticas de la guerra contra Napoleón lo aniquilaron finalmente.

En 1824, Goya se vio obligado a abandonar España por el régimen represivo instaurado por Fernando VII. Permaneció exiliado en Burdeos, Francia, hasta su muerte.

Francisco de Goya; *La familia de Carlos IV*; 1800; 280 x 336 cm; óleo sobre lienzo; Museo del Prado, Madrid

1780-1800

1781 Kant: *Crítica de la razón pura.*

1783 Gran Bretaña reconoce la independencia de Estados Unidos.

1784 Gran Bretaña asume el control de la India.

1789 Revolución francesa.

1791 Mozart: *La flauta mágica.*

1793 Luis XVI es ejecutado: reinado del Terror. Inauguración del Museo del Louvre.

1795 Napoleón asume el mando del ejército francés.

1799 Napoleón se convierte en primer cónsul. Descubrimiento del infrarrojo.

DAVID (1748-1825)

Jacques-Louis David

JACQUES-LOUIS DAVID sobrevivió a uno de los más trascendentales cataclismos políticos y sociales de Europa, y dedicó su arte al servicio de la Revolución francesa. Hijo de un comerciante del hierro tardó en establecerse como artista y adquirir confianza en sí mismo, pero finalmente surgió como el bien dotado y apasionado paladín de un nuevo estilo que ahora llamamos neoclasicismo. Sus primeras obras importantes fueron para el rey Luis XVI, pero cuando la Revolución estalló en París en 1789, David se comprometió ardientemente con la nueva causa política y su grito de *"Libertad, igualdad, fraternidad"*. De naturaleza vehemente, se involucró a fondo en las actividades partidistas y, como diputado, votó por la ejecución del rey. Después de la caída de Robespierre, David fue encarcelado y logró recuperar la libertad gracias a la intercesión de su monárquica esposa y de sus leales discípulos. A su debido tiempo, el artista le brindó su fidelidad a Napoleón, y pintó obras que, descaradamente, eran piezas de propaganda para glorificar a su ídolo. Cuando Napoleón cayó en Waterloo en 1815, David huyó de Francia. Vivió exiliado en Bruselas, con su talento artístico en progresiva decadencia, murió 10 años después.

1810-1820

1810 Napoleón controla la Europa continental. Prusia deroga la servidumbre.

1811 Revuelta ludita contra la maquinaria en Inglaterra.

1812 Byron: *La peregrinación de Childe Harold*. Las tropas napoleónicas se retiran de Moscú.

1813 Jane Austen: *Orgullo y prejuicio*. El vals se pone de moda.

1815 Batalla de Waterloo.

1818 Primera transfusión de sangre. Mary Shelley: *Frankenstein*. Un vapor cruza el Atlántico por primera vez.

1819 Descubrimiento del electromagnetismo.

NAPOLEÓN EN SU DESPACHO
Este magnífico retrato de tamaño natural es abiertamente propagandístico. David adaptó la clara y detallada técnica del nuevo estilo neoclásico para transmitir la imagen de un apuesto estadista, modelo de virtud moral, consagrado al bienestar de su pueblo.

La realidad oculta tras el cuadro era un tanto diferente de la imagen plasmada. Napoleón tenía dificultades para dormir: su campaña española estaba convirtiéndose en un desastre y estaba obsesionado con su fracasada campaña contra Rusia.

UNIFORME ENGALANADO
El uniforme de Napoleón es en cierto modo una invención artística. Básicamente, es el de la famosa Guardia imperial, pero David lo adornó con las charreteras de un uniforme de general de infantería que Napoleón solía usar los domingos y en ocasiones especiales.

POSE CARACTERÍSTICA
La mano derecha de Napoleón está dentro de su chaleco, en un gesto característico. El emperador no posó para esta obra; David la pintó a partir de otros retratos y dibujos.

Después de ver el retrato, se dice que Napoleón comentó: "Me has entendido, David. Por la noche trabajo por el bienestar de mis súbditos, y durante el día por su gloria".

TRABAJO INCESANTE
Las manecillas del reloj señalan las 4:13 de la madrugada. Las velas están casi consumidas, y Napoleón, con los ojos abotargados, se levanta de su escritorio, donde ha estado despachando asuntos de Estado.

Medallas
Napoleón lleva dos medallas: la insignia de la Legión de Honor y la Cruz de Hierro de Italia. Él mismo había instituido ambas condecoraciones. A David lo nombró caballero de la Legión de Honor en 1803.

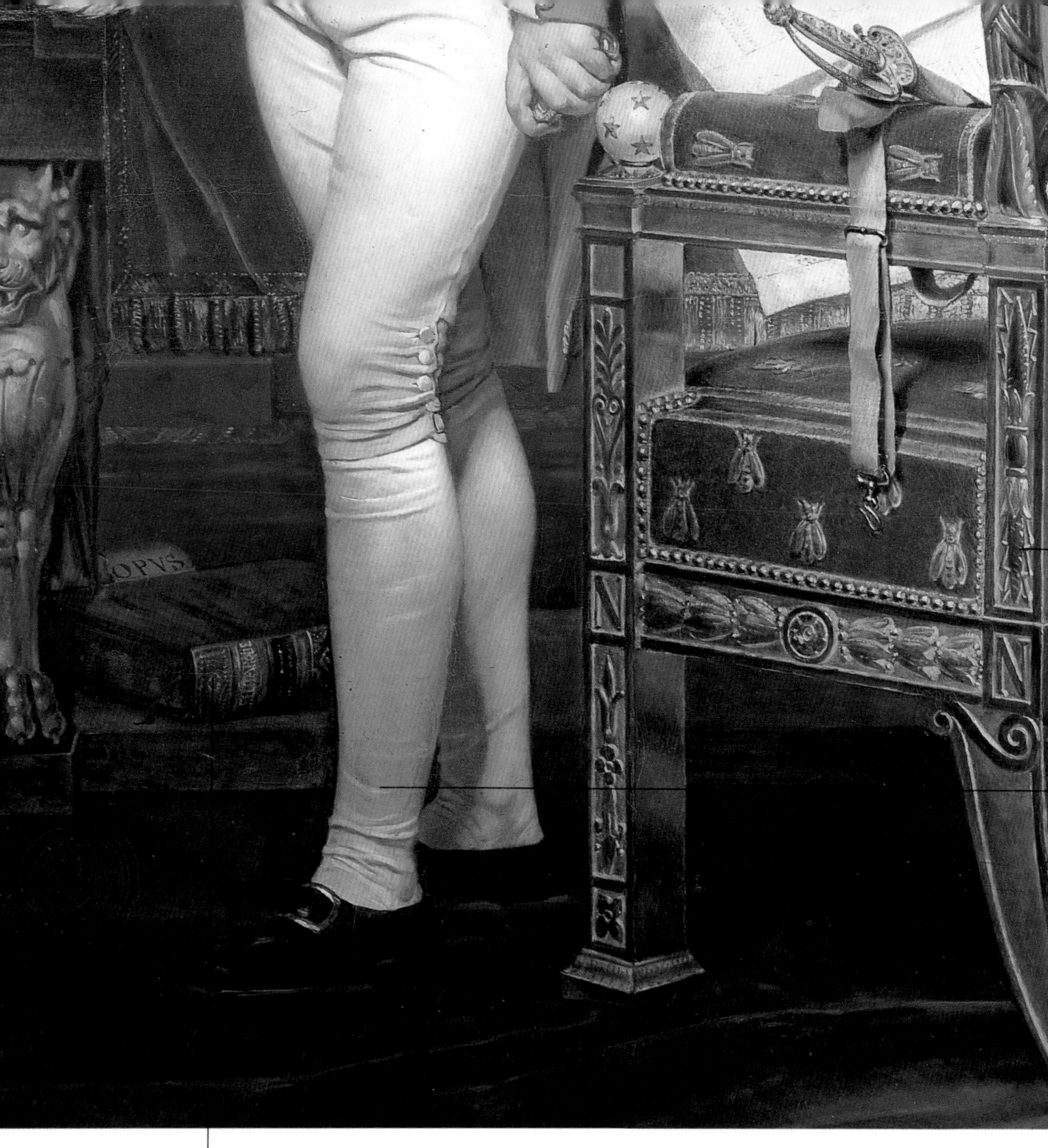

Pluma blanca
Una pluma blanca se sostiene precariamente en el borde del escritorio, sugiriendo que Napoleón acaba de ponerla allí. En la mano izquierda sujeta aún el sello imperial que debía utilizar para autenticar importantes documentos oficiales.

David estaba felizmente casado y era padre de cuatro hijos. Tenía 34 años cuando casó con Charlotte Pécoul, de 17, y recibió una dote sustanciosa. Su esposa era monárquica, y las actividades políticas de David los llevaron al divorcio en 1794. Ella se mantuvo fiel a David, y después de su encarcelamiento ayudó a liberarlo. Más adelante, volvieron a casarse.

Detalles decorativos
David obtuvo los detalles sobre el decorado y accesorios de la información facilitada por sus amistades y de su propio conocimiento del mobiliario imperial, visto en previas audiencias con el emperador.

Obras clave

- **El juramento de los Horacios**; 1784; *Museo del Louvre*, París
- **Muerte de Marat**; 1793; *Museo Real de Bellas Artes*, Bruselas
- **Las sabinas**; 1799; *Museo del Louvre*, París
- **La coronación de Napoleón y Josefina**; 1807; *Museo del Louvre*, París

Código Napoleón
El documento que aparece sobre el escritorio, en que el emperador ha estado trabajando, es el Código Napoleón, la codificación legal que hoy es la base del sistema jurídico francés. Uno de sus grandes logros fue establecer un sistema eficaz de administración civil en toda Europa continental.

Esta obra fue encargada por el duque de Hamilton, quien ordenó una serie de retratos de gobernantes europeos. El duque tenía ideas políticas que lo acercaba al emperador: como católico y nacionalista, anhelaba que Napoleón restaurara a los católicos Estuardo en el trono de inglés.

Silla trabajada
La obra de David fue esencial para la creación del estilo imperio francés. La silla en forma de trono, diseñada por David, es un magnífico ejemplo de este estilo. Lleva inscrita la inicial "N". El escritorio sigue el mismo pesado y austero estilo masculino.

Medias arrugadas
La inquietud y el insomnio estaban afectando la salud de Napoleón, haciendo que sus piernas se hincharan. La única alusión a ello son las medias arrugadas. Como todos los grandes retratistas, David equilibró prudentemente la realidad, la idealización y el halago.

Jacques-Louis David; *Napoleón en su despacho*; 1812; 204 x 125 cm; óleo sobre lienzo; Galería Nacional, Washington D.C.

Vidas de Plutarco
El libro que está sobre la mesa contiene *Vidas paralelas* de Plutarco, una gran obra escrita en pleno apogeo del Imperio romano. Comprende biografías cultas de héroes militares como Alejandro Magno y Julio César. Así, David está equiparando los logros de Napoleón con los de los grandes héroes de la antigüedad.

El severo y formal estilo neoclásico fue una reacción consciente, tanto en la temática como en la técnica, frente al atrevido y delicado estilo rococó, representado por artistas como Fragonard (p. 58). En esta obra, David adaptó el estilo neoclásico al arte moderno del retrato. Su ídolo aparece como un modelo de virtud republicana, y los detalles muestran que reverencia los ejemplos de valor militar y sabiduría que el Imperio romano había establecido.

Mapa firmado
El documento que está enrollado en el piso, junto al escritorio, es un mapa de Francia que lleva el nombre del artista. El nombre está inscrito en latín: *Lud. [ovicus] David Opus* (Esta obra es de Luis David).

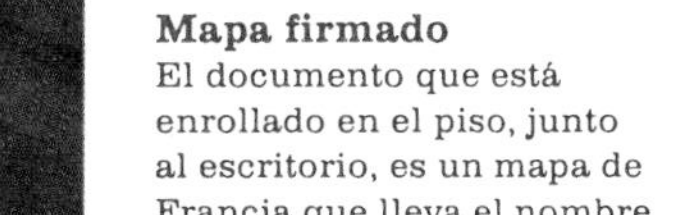
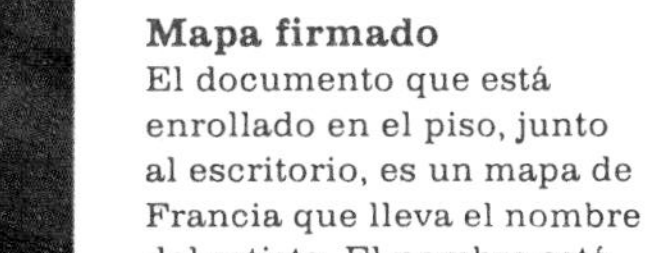

"Dar cuerpo y forma perfecta al pensamiento es lo único que implica ser artista."
David

Museo del Louvre

Las colecciones reales francesas no estaban dispersas en el momento de la Revolución, pero fueron reorganizadas entonces y expuestas al público. El Louvre, antiguo palacio real, fue inaugurado como la primera galería nacional del mundo en 1793, con David como su primer director. Napoleón se interesó bastante en la nueva galería, llevando a París una vasta colección de tesoros procedentes de los países conquistados. Su sueño era crear un depósito central de las grandes obras maestras del arte europeo. Tras la derrota de Napoleón, la mayor parte de los tesoros confiscados fueron devueltos. Sin embargo, poco después, casi todos los países de Europa habían inaugurado sus propias galerías nacionales, inspirados por el ejemplo del Louvre.

FRIEDRICH (1774-1840)

Caspar David Friedrich

EL MÁS CONOCIDO DE LOS PAISAJISTAS ROMÁNTICOS ALEMANES, Friedrich era un hombre melancólico y solitario, marcado por una infancia trágica. La vida no fue fácil para él, ofreciéndole poco reconocimiento y ninguna riqueza. Nació en Pomerania, en la costa báltica, pero pasó la mayor parte de su vida en Dresde, uno de los centros culturales de Europa. Su padre, un fabricante de velas, le impuso una educación protestante de carácter puritano. Después de estudiar en la célebre Academia de Copenhague, Friedrich no volvió a salir de Alemania y rechazó una oportunidad de visitar Roma, pensando que ello podría corromper la pureza de su arte. Aunque realizó detalladas observaciones de la realidad, sus principales obras son imaginativas. Sus pinturas son ricas en simbolismo e intensamente espirituales. En 1818 casó con una muchacha mucho menor que él y entabló amistad con artistas más jóvenes. Sus últimos años estuvieron ensombrecidos por la mala salud y la pobreza, el artista murió en la oscuridad.

LAS FASES DE LA VIDA

Aunque el cuadro es totalmente ficticio, el marco es reconocible como el puerto de Greifswald, la ciudad natal de Friedrich. Las imágenes son simbólicas, y las siluetas de los cinco barcos corresponden a las cinco figuras que aparecen en primer plano. Los barcos están en diferentes fases de sus viajes, lo mismo que las figuras están en una etapa vital distinta. Friedrich lo pintó en 1835, tras sufrir una apoplejía: la muerte y el significado de la vida estaban muy presentes en su pensamiento.

BARCOS SIMBÓLICOS
Los barcos simbolizan el viaje de la vida, y la nave central se está acercando al final de sus viajes, de igual modo que Friedrich se estaba aproximando al fin de su travesía existencial. El mástil cruciforme del barco principal es probablemente una referencia deliberada a la muerte de Cristo en la cruz, representando por tanto la fe religiosa del artista.

La expresión de la fe cristiana que Friedrich mostraba en términos de mero paisaje era novedosa. Uno de sus primeros paisajes al óleo, La cruz en las montañas *(1808), causó gran controversia porque fue pintado como un retablo. Muchos críticos consideraban sacrílego ese tipo de imágenes.*

CUATRO FASES VITALES
Las figuras representan las cuatro fases de la vida: infancia, adolescencia, madurez y vejez. La figura que aparece de espaldas simboliza la vejez, y es probablemente una representación del propio Friedrich.

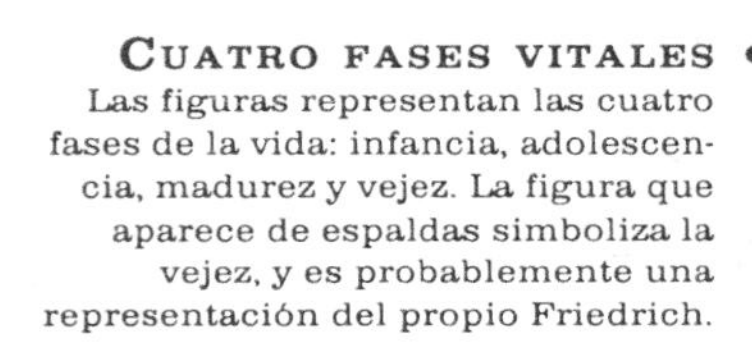

Friedrich alcanzó cierto éxito entre 1807 y 1812, cuando contaba con el patrocinio del monarca prusiano. También se metió en la política, apoyando al movimiento pangermanista, que aspiraba a un estado alemán unificado.

Bandera sueca
Los dos niños aparecen jugando con la bandera sueca. Cuando el artista nació, Greifswald formaba parte de Suecia, pero en 1815 se la había anexionado la vecina Prusia. El detalle también manifiesta el profundo afecto de Friedrich por sus propios hijos.

Caspar David Friedrich; *Las fases de la vida*; c. 1835; 72.5 x 94 cm; óleo sobre lienzo; Museo de Bildenden Künste, Leipzig

RETRATOS DE FAMILIA
Los dos niños jugando en la orilla representan a los hijos menores de Friedrich, Gustavo Adolfo e Inés. La muchacha es su hija mayor, Emma, y el hombre con chistera es probablemente su sobrino.

Romanticismo y nacionalismo

El romanticismo se convirtió en un foco del nacionalismo alemán, y el naturalismo paisajístico fue considerado un contraste deliberado con la artificialidad de la pintura francesa (p. 62). Tras la caída de Napoleón en 1815, los liberales más influyentes de Alemania tuvieron que exiliarse al reafirmar su autoridad los conservadores príncipes alemanes. El sueño político de un estado alemán unificado que habían apoyado Friedrich y otros se desvaneció, al igual que el interés por su obra. Sus pinturas no fueron plenamente apreciadas hasta finales del siglo XIX, cuando surgió el simbolismo.

Riscos blancos en Rugen
Este cuadro es un recuerdo de una visita que Friedrich y su esposa realizaron durante su luna de miel, en 1818, a un lugar próximo a Greifswald célebre por su belleza. Es casi seguro que el cuadro tiene un sentido simbólico: su esposa Caroline, sentada a la izquierda con traje rojo, representa la caridad; el propio Friedrich, arrodillado con casaca azul, simboliza la fe; y su hermano Christian, quien contempla el horizonte lejano, personifica la esperanza.

Caspar David Friedrich; *Riscos blancos en Rugen*; c. 1819; 90 x 70 cm; óleo sobre lienzo; colección Oskar Reinhart, Winterthur

Luz espiritual
Friedrich no estaba interesado en la magnificencia de la luz solar ni en la frescura de la naturaleza, como otros paisajistas contemporáneos (p. 66-69). Más bien prefería la luz lunar, el crepúsculo y el invierno (ciclos de transformación). Esos momentos evocan quietud, silencio y contemplación, y nos recuerdan nuestra propia mortalidad.

Aunque Friedrich hacía bocetos, su método era singular: permanecía callado ante un lienzo nuevo, en un estudio vacío, por largos periodos, hasta que concebía la imagen y entonces la reproducía.

Horizonte lejano
Muchos de los cuadros de Friedrich son marinas en las que el horizonte remoto representa el infinito y lo desconocido.

Contorno preciso
El detalle meticuloso de los barcos es típico del artista. Su maestría en el manejo del contorno definido y el detalle preciso lo aprendió en Copenhague, al igual que su destreza para equilibrar las composiciones. Toda su obra está pintada a escala reducida, con vívido y minucioso detalle, lo que exige al espectador poner similar intensidad en el examen del cuadro. Trataba de trasmitir una experiencia que era siempre intensa, tanto visual como espiritualmente.

La infancia de Friedrich estuvo marcada por la muerte. Su madre falleció cuando él tenía siete años, y dos hermanas murieron antes de que cumpliera 18. Su hermano se ahogó tratando de salvarle la vida a Friedrich en un accidente de patinaje, y se ha sugerido que el pintor sintió que sólo con su propia muerte podría expiar la pena y la culpa que lo abrumaban como consecuencia de la tragedia.

En 1816, la Academia de Dresde le concedió un pequeño estipendio, y lo incluyó entre sus miembros. Este apoyo financiero le permitió desposar a Caroline Bonner, una joven de Dresde 22 años menor.

Símbolos de muerte
Las redes para la pesca de arrastre y las barcas volcadas en primer plano podrían haber sido incluidas como símbolos de la muerte.

Obras clave

- **La cruz en las montañas**; 1808; *Staatliche Kunstsammlungen*, Dresde
- **Monje en la ribera**; 1810; *Galería Nacional*, Berlín
- **Paisaje invernal**; 1811; *Galería Nacional*, Londres
- **Naufragio de la esperanza**; 1824; *Kunsthalle*, Hamburgo

“Cierra tu ojo corporal, de modo que primero puedas ver tu cuadro con tu ojo espiritual. Luego, saca a luz aquello que has visto en la oscuridad, para que pueda impresionar a otros desde afuera hacia el interior.”
FRIEDRICH

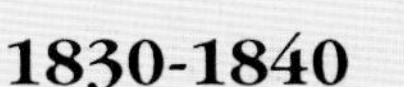

1830-1840

1830 Guillermo IV es coronado rey de Inglaterra. Revolución en París.

1831 Bélgica obtiene la independencia. La epidemia de cólera cunde por Europa.

1832 Berlioz: *Sinfonía fantástica.*

1833 Los estados alemanes forman una unión aduanera. Chopin: *Doce estudios.*

1834 Víctor Hugo: *El jorobado de Nuestra Señora de París.*

1836 Dickens: *Los documentos póstumos del club Pickwick.*

1837 Victoria es coronada soberana del Reino Unido.

TURNER (1775-1851)

Joseph Mallord William Turner

EL MÁS FAMOSO DE TODOS los paisajistas del movimiento romántico, Turner nació en el seno de una familia humilde en Londres, Inglaterra; su padre era un barbero y solía exhibir las pinturas de su hijo en el escaparate de su establecimiento. Se capacitó en la Real Academia y su talento precoz le permitió convertirse en uno de sus miembros titulares más jóvenes. Logró un éxito artístico temprano con sus paisajes y marinas, pintados al estilo de los antiguos maestros, que eran muy codiciados por los coleccionistas aristocráticos. Poseía un temperamento inquieto: viajaba mucho y su estilo pictórico fue cambiando de manera cada vez más radical a medida que fue envejeciendo. Siempre independiente, sólo tenía tiempo para su arte y viajes, nunca se casó. Le conmovieron profundamente los turbulentos cambios políticos y sociales de su tiempo. Pero lo que más le emocionaba era la naturaleza: la conmoción de las fuerzas naturales, el deleite en el encanto de la naturaleza y la magnificencia suprema de la luz solar.

EL CASTILLO DE NORHAM AL AMANECER

La vista del castillo de Norham fue un tema que Turner abordó muchas veces. Esta versión, pintada cuando tenía más de 60 años, está incompleta y nunca fue exhibida. Turner produjo muchas obras de ese tipo, ya como experimentos, ya como apuntes que más adelante pudiera desarrollar hasta culminar una obra.

RUINAS DEL CASTILLO
Las ruinas del castillo dominan el río Tweed, en la frontera angloescocesa. Fueron testigo de muchas importantes batallas durante la histórica pugna entre ambos países. Incitaban vivamente el interés que Turner sentía por la historia y lo pintoresco.

NUEVOS COLORES
Los adelantos científicos y técnicos produjeron nuevos pigmentos y tinturas en el curso de la vida de Turner. El artista pudo utilizar los nuevos pigmentos para preparar sus pinturas y se interesó en las relaciones teóricas entre el color y las emociones.

Turner visitó por primera vez el castillo de Norham en 1797, e hizo un boceto topográfico. Regresó para pintarlo de nuevo en 1801-02 y en 1831. Turner amaba la campiña, los ríos y las montañas.

J.M.W. Turner; *El castillo de Norham al amanecer*; 1845; 91.5 x 122 cm; óleo sobre lienzo; Galería Tate, Londres

Pintura fina
Turner diluía sus pigmentos con trementina para poder aplicarlos con pinceladas finas, casi como acuarelas. Fue un talentoso y prolífico acuarelista y aquí introduce su experiencia en esa técnica a la pintura al óleo. Nunca le asustó experimentar.

PALETA LUMINOSA
Turner sugiere el fulgor de la luz del amanecer utilizando una paleta luminosa en que predominan los colores complementarios azul y amarillo, que se realzan mutuamente para crear la reverberación de la luz solar.

Los últimos paisajes de Turner tienen un esquema cromático dominado por los rojos y amarillos en vez de los colores terrosos de sus primeras obras. En 1819 fue a Italia por primera vez y el impacto de la luz mediterránea influyó toda su obra subsiguiente, aclarando e intensificando sus colores y dándole más soltura a su pincelada.

ACENTO CÁLIDO
La vaca que aparece en el agua añade un acento esencial de cálido pardo rojizo, que resalta la frialdad de los azules y amarillos.

Turner no tuvo discípulos ni seguidores inmediatos de su estilo tardío. Sin embargo, dos jóvenes artistas franceses estudiaron más tarde su obra con interés: *Monet (p. 84) y Matisse (p. 98).*

TORMENTA DE NIEVE EN EL MAR

Esta es una de las últimas obras maestras de Turner. Como en el *Castillo de Norham*, vuelve a abordar un tema que le interesó desde sus primeros años: los inminentes peligros del mar. se supone que es resultado directo de un viaje marítimo que hizo el propio Turner. Cuando exhibió la obra en la Real Academia fue recibida con incomprensión.

Un crítico escribió que el cuadro había sido pintado con "espuma de jabón y jalbegue"; otro dijo que había decidido pintar con "crema o chocolate, yema de huevo y jalea de grosella...". Según su amigo Ruskin, Turner se sintió muy herido por las críticas, y dijo: "¿Cómo pensarán que es el mar? Me gustaría que hubieran estado en él".

CASI ABSTRACTO
El cuadro parece casi abstracto, pero Turner sostenía que representaba su experiencia directa: "No lo pinté para que se comprendiera, pero me gustaría mostrar lo que fue aquella escena. Hice que los marineros me ataran al mástil para observarla".

RAYO DE ESPERANZA
El mástil del barco destaca sobre un resplandeciente fragmento de luz solar, como sugiriendo que la tormenta ha aminorado y el peligro está pasando.

COMPOSICIÓN EN FORMA DE TORBELLINO
Turner usaba a menudo un vórtice turbulento para expresar la fuerza de una tormenta. Aquí, en el centro es posible distinguir la silueta de un vapor de paletas, el Ariel, azotado por el viento y las olas.

SENSIBILIDAD Y COLOR
Turner fue eliminando progresivamente el detalle de sus últimas obras y exploraba las posibilidades de usar el color para expresar emociones. El espíritu romántico anhelaba la experiencia arrolladora, tanto en la vida y el amor como en la muerte. Todas las artes trataban de captar esos momentos de emoción sublime.

J.M.W. Turner: *Tormenta de nieve en el mar*; 1842; 91.5 x 122 cm; óleo sobre lienzo; Galería Tate, Londres

Turner fue influido por las marinas de los maestros holandeses, y el primer cuadro que exhibió en la Real Academia fue una escena nocturna de pescadores en el mar. Su primera visita a Europa continental tuvo lugar en 1802. En el Canal de la Mancha había tormenta y se dice que el pintor casi se ahoga. Estaba impresionado por la experiencia y la inmortalizó en un gran cuadro titulado Muelle de Calais. *La obra representa su primera ruptura radical con la tradición clásica: fue tildada de "incompleta".*

"*Pinta con vapor entintado.*"
CONSTABLE, SOBRE TURNER

Turner exhibió la obra con la siguiente inscripción: "Vapor que sale de la embocadura de un puerto haciendo señales en aguas poco profundas, y guiándose por la sonda. El autor estuvo en esta tormenta la noche en que el Ariel zarpó de Harwich".

La afición de Turner por los barcos se remontaba a su niñez, cuando los observaba en el cercano Támesis. En sus últimos años vivió en una casa que daba al río, desde donde podía ver el ir y venir de las embarcaciones.

1840-1850

1840 La reina Victoria casa con el príncipe Alberto.

1843 Ruskin: *Pintores modernos*, volumen 1. El primer barco propulsado por hélice cruza el Atlántico.

1846 Gran hambruna irlandesa.

1847 Charlotte Brontë: *Jane Eyre*.

1848 Revoluciones políticas por toda Europa: "El año de las revoluciones".

1849 Turgueniev: *Un mes en el campo*.

1850 Admisión de California en la Unión Americana como el estado 31.

EL LEGADO DE TURNER

Como muchos artistas, Turner se preocupó de su reputación póstuma. Era extremadamente ambicioso y competitivo, y amasó una fortuna considerable. Estaba, sin embargo, interesado en el bienestar de artistas menos afortunados que él. En su testamento dejó dinero destinado a construir asilos para beneficio de "artistas británicos (hombres) en decadencia". Dejó algunas pinturas a la National Gallery y pidió que otras fueran vendidas. Tras su muerte, el testamento fue impugnado y se llegó a un acuerdo en virtud del cual la nación adquiría todas sus obras y sus parientes recibían todo su dinero. Su proyecto del asilo fue sencillamente abandonado. En 1987, más de 100 años después de su muerte, se abrió una nueva galería para exhibir sus obras.

Un cambio ocurrido en la época de Turner fue la creación de los vapores con casco metálico propulsados por carbón. La primera travesía por el Atlántico en un barco de vela y vapor ocurrió en 1819.

Pintura espesa y paleta oscura
Turner escogió deliberadamente una paleta oscura dominada por negros, verdes y pardos para expresar la bravura de la tormenta. El espesor de la pintura imita la espumosidad del mar alborotado.

OBRAS CLAVE

- **Pescadores en el mar**; 1796; *Galería Tate*, Londres
- **Muelle de Calais**; 1802; *Galería Nacional*, Londres
- **El naufragio**; 1805; *Galería Tate*, Londres
- **Dido construyendo Cartago**; 1815; *Galería Nacional*; Londres
- **El Téméraire en combate**; c. 1839; *Galería Nacional*, Londres

Constable (1776-1837)

John Constable

Decidido, aplicado y talentoso, con una honda y personal capacidad de percibir la naturaleza, Constable creó un arte que fue persistentemente incomprendido, y no tuvo éxito durante su vida. Nació en una próspera familia de molineros y pasó toda su existencia en una zona geográfica limitada. Nunca viajó fuera de Inglaterra, ni quiso hacerlo. Aprendió su oficio en las recién creadas escuelas de la Real Academia de Londres, y estudió a los paisajistas de antaño, como Rubens (p. 40), Claudio de Lorena y los maestros holandeses. Su ambición era introducir una nueva calidad en la pintura de paisaje: capturar la realidad de la luz diurna y la sensación y olor de la húmeda frescura de la naturaleza, tanto por las virtudes de éstas como porque percibía en ellas la presencia de Dios. Su estilo de vida e ideas sociales fueron muy conservadoras: casó tarde y engendró siete hijos, y quedó destrozado cuando su esposa murió a la edad de 40. Sin embargo, en materia artística fue un genuino revolucionario, atreviéndose a hacer lo que nadie había intentado antes y sin comprometer su arte.

Nubes en el cielo
Constable estudiaba fielmente sus cielos y nubes, y varias veces consultó tratados meteorológicos. Creía que la disposición de la luz y la sombra sobre la tierra debía parecer un resultado de la configuración de las nubes en el cielo, y que los maestros holandeses del paisaje, cuya obra estudiaba, no habían logrado hacerlo.

Bocetos al aire libre
Constable era un trabajador lento y hacía muchos bocetos copiando la realidad *in situ*, de los que sacaba los cuadros finales en su estudio. *El molino de Flatford* es insólito porque fue elaborado tanto fuera como dentro del estudio.

John Constable; *Árboles en East Bergholt*; 1817; 55 x 38.5 cm; lápiz sobre papel; Museo Victoria y Alberto, Londres

EL MOLINO DE FLATFORD
En esta obra temprana, Constable pinta un paisaje que conocía a detalle. De niño había jugado allí, igual que el pequeño retratado. El molino de ladrillo rojo era herencia de su padre, uno de los hombres más prósperos del distrito. Constable esperaba ganar reputación con el cuadro.

Viraje de barcazas
El punto de vista de Constable es una cuesta hacia un puente sobre el río. El caballo está siendo desguarnecido de la barcaza, que será desplazada bajo el puente mediante pértigas.

Constable amaba a María Bicknell, nieta de un personaje local que se opuso al matrimonio. La cortejó siete años. En 1816 falleció el padre del pintor dejándole una pensión, lo que propició la boda.

John Constable; *El molino de Flatford*; c. 1816–17; 101.5 x 127 cm; óleo sobre lienzo; Galería Tate, Londres

El molino de Flatford *fue pintado cuando Constable estaba preparando su matrimonio, tenía grandes esperanzas de hacer carrera. Tras la muerte prematura de su esposa, se volvió cada vez más solitario y melancólico.*

Cambios de gusto

En 1817 Inglaterra era sobre todo aristocrática y agrícola. El gusto culto se hallaba dominado por el clasicismo, y el popular exigía efectos dramáticos y teatrales. Las pinturas de Constable no satisfacían ni las expectativas artísticas populares ni las oficiales. No obstante, a finales del siglo XIX, Inglaterra se había transformado en una sociedad urbana e industrial. La pintura de paisaje y el realismo habían alcanzado aprobación oficial, y el gusto popular empezó a saborear la obra de Constable como una imagen nostálgica de un estilo de vida idílico, con el que los campesinos sólo podían soñar.

Cambios
Inicialmente, Constable incluyó un caballo en vez del chico que está recostado, y el aparejo de arrastre aparece en el suelo, a la derecha del sendero. Los detalles de la pintura ilustran la visión sincera del artista sobre una armonía entre el hombre y la naturaleza en un activo paisaje agrario.

“Le he visto admirar un árbol hermoso con el mismo embeleso con que habría podido cargar a un precioso niño en brazos.”
C.R. LESLIE

OBRAS CLAVE

- **Carreta de heno**; 1821; *Galería Nacional*, Londres
- **Catedral de Salisbury**; 1823; *Museo Victoria y Alberto*, Londres
- **El campo de maíz**; 1826; *Galería Nacional,* Londres
- **Molino y castillo de Arundel**; c. 1835; *Museo de Arte*, Ohio

Hasta fines del siglo XIX, el paisaje se consideraba un género inferior: decorativo, pero indigno de la atención de un artista serio. La idea revolucionaria de Constable fue sugerir que "la luz natural de Dios Todopoderoso" era tan moral y edificante como cualquier escena de la Biblia o de la historia antigua. La mayor parte de los críticos y conocedores de su tiempo no podían aceptar esa propuesta.

TIERRA DE CONSTABLE
Los olmos, la gloria del seto de Constable, ya desaparecieron, víctimas de la grafiosis en la década de 1970. La "tierra de Constable" —el valle del Stour, en el este de Inglaterra— es un lugar de peregrinación por el entusiasmo que suscita hoy la pintura de Constable. El molino de Flatford es un monumento nacional.

TÉCNICA INNOVADORA
Constable anima su follaje y pastos entretejiendo diferentes tonos de verde e introduciendo toques complementarios del rojo. La técnica impresionó tanto a Delacroix (p. 72), quien la descubrió en la *Carreta de heno*, en 1824, que inmediatamente volvió a pintar partes de uno de sus propios cuadros.

Constable dedicó gran atención a este cuadro en el verano de 1816, incluso sugirió a su futura esposa retrasar el matrimonio para poder terminarlo. (A ella no le cayó bien la idea.) La obra fue expuesta en la Real Academia en 1817, pero no consiguió comprador.

SEGADOR
Un segador solitario cruza un prado, en segundo plano. El verano de 1816 fue particularmente lluvioso y segar no era fácil. El agua en el riachuelo es otra prueba de que el verano fue pluvioso.

EXTRAÑA FIRMA
Constable puso su firma en primer plano como si la hubiera trazado sobre la tierra con un palo. El gesto simboliza su profundo apego a la campiña natal.

EL DETALLE MÁS PEQUEÑO
Los primeros cuadros de Constable están llenos de los más cuidadosos detalles, como las flores del seto, las golondrinas al pie del olmo y las vacas en un campo lejano.

1800-1810

1801 Fundación del Reino Unido de Gran Bretaña e Irlanda.

1802 Introducción en la química de la teoría atómica.

1804 Napoleón se corona emperador.

1805 Napoleón derrota a los austriacos y a los rusos en Austerlitz. Beethoven: *Fidelio*. Descubrimiento de la morfina.

1808 Los franceses se apoderan de Roma y Madrid. Goethe: *Fausto*. Beethoven: *Quinta sinfonía*. Abolición de la Inquisición.

1809 Los franceses capturan Viena. Napoleón se divorcia de Josefina. Beethoven: *Concierto Emperador*.

Jean-Auguste Ingres

INGRES (1780-1867)

NACIDO EN FRANCIA durante los últimos años del *ancien régime*, Ingres presenció la Revolución, el terror, la ascensión y caída de Napoleón Bonaparte, la restauración de la monarquía y el golpe de Estado de Luis Napoleón. Sin embargo, en cada época se esforzó por seguir siendo un pilar del orden establecido, defendiendo los valores tradicionales. Era hijo de un artista menor, y un devoto discípulo de David (p. 62). Sucedió a su maestro como adalid del clasicismo, y su estilo meticuloso reflejaba su carácter: honesto, metódico, obsesivo y leal. Pero también fue hipersensible a la crítica. Sus primeras obras no fueron, en general, bien recibidas en París, de modo que Ingres se marchó a Italia y allí permaneció hasta que el gusto parisino se puso a su favor. En total, Ingres pasó 25 años en Italia. No regresó permanentemente a París hasta 1841, cuando su inflexible determinación le deparó el éxito oficial que anhelaba. Murió rico, honrado y venerado como un dios por sus muchos discípulos.

LA BAÑISTA DE VALPINÇON
La simplicidad de la obra es engañosa. Cada detalle fue calculado con infinito cuidado. Se consideraba que el dominio del desnudo era una de las mayores destrezas y un medio supremo de expresión espiritual. Estudiando moldes de estatuas antiguas, los artistas se esforzaban por perfeccionar la naturaleza y representar la forma humana ideal. El cuadro es una moderna interpretación de esta tradición.

DEFORMACIONES SUTILES
Tras la aparente perfección natural de esta forma desnuda se esconden sutiles e intencionadas anomalías: la espalda y el cuello son demasiado largos y los hombros lucen excesivamente caídos. El artista trató de crear una equilibrada armonía de forma y color, de orden y proporción.

El título del cuadro procede de sus primeros propietarios. Los Valpinçon eran amigos íntimos de Degas (p. 78), y este cuadro tuvo enorme influencia en él. Whistler (p. 80) y Picasso (p. 102) también fueron influidos por el soberbio estilo de dibujo de Ingres.

MATICES ORIENTALES
Aquí, como en otras obras de Ingres, se recurre a los cortinajes para sugerir la sensualidad y disipación del harén otomano. Aunque profundamente influido por Rafael (p. 32) y por el ideal clásico, Ingres también estaba fascinado por el misticismo del Oriente.

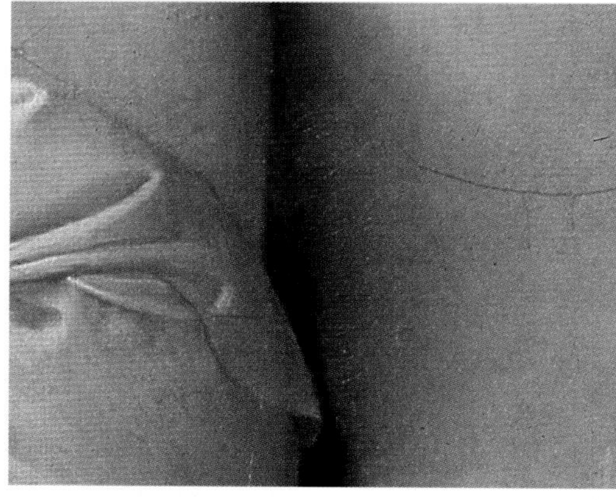
Aspecto impecable
Ingres trabajaba lenta y metódicamente para crear estas obras maestras. Su técnica es meticulosa, y se afanó por conseguir una apariencia impecable, tersa como un espejo.

ALUSIONES ERÓTICAS
Muchas de las obras de Ingres entrañan una sexualidad poco disimulada. Aquí, el espectador es atraído por el pie que frota suavemente la otra pierna sobre una zapatilla dejada a un lado, los glúteos sobre sábanas de lino y el rostro oculto en la penumbra.

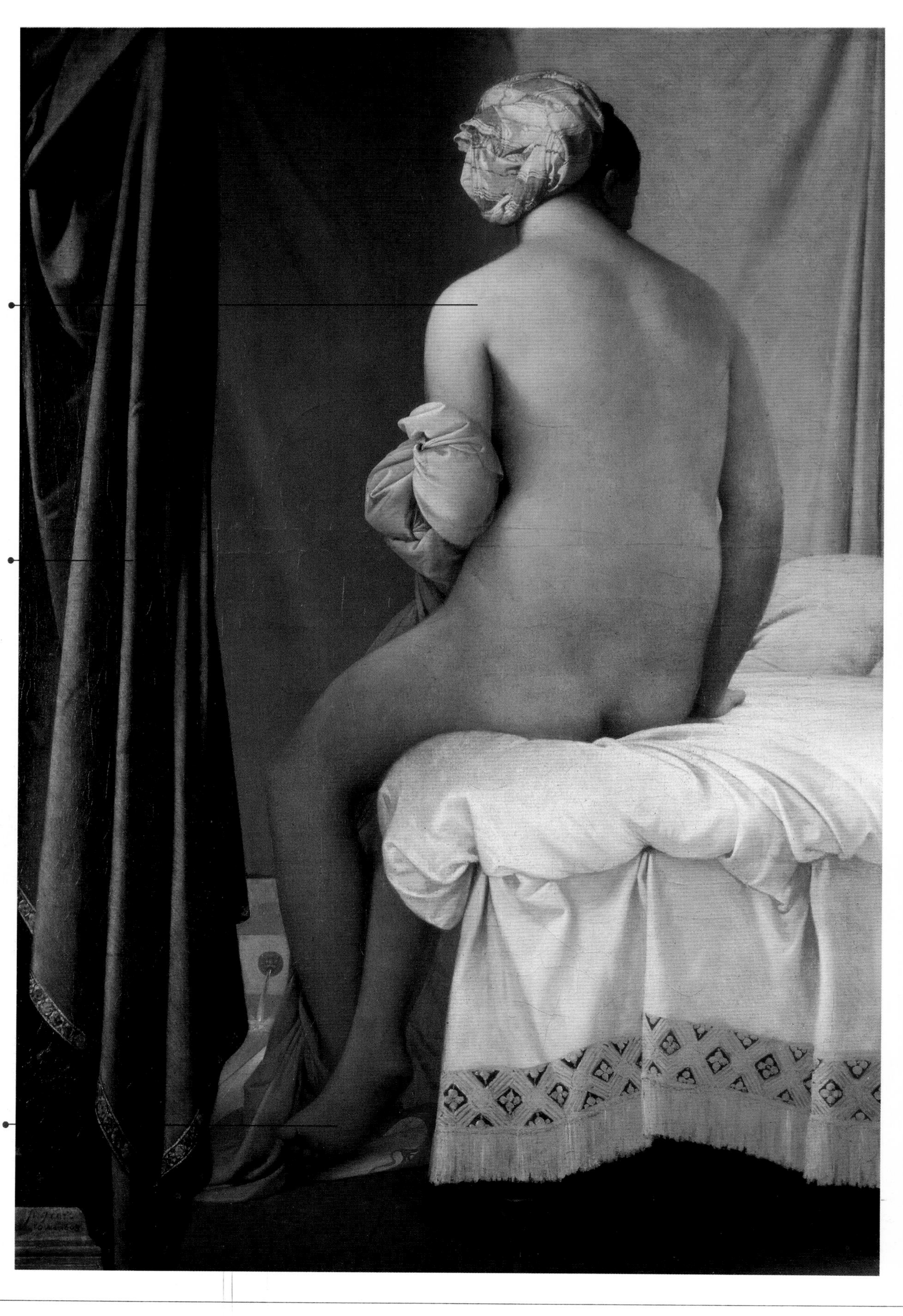
Jean-Auguste Ingres; *La bañista de Valpinçon*; 1808; 146 x 97 cm; óleo sobre lienzo; Museo del Louvre, París

Ingres en Italia

Después de ganar el Prix de Rome en 1801, Ingres viajó a Italia, donde sus estudios intensificaron su pasión por los viejos maestros. Roma estaba ocupada por los franceses, y entre sus compatriotas captó muchos seguidores. Sin embargo, el desastre sobrevino en 1814, cuando Napoleón abdicó y los patrocinadores del artista huyeron de Roma (fue también el año en que murió su padre). Ingres permaneció en Roma hasta 1824. Tras pasar una década en París, regresó a Italia y fue un director notable de la Academia Francesa de Roma.

"Ingres es la expresión total de una inteligencia incompleta."
DELACROIX

Gesto artificial
La mano derecha está colocada en una pose sumamente artificial. Está inspirada en una imagen encontrada en un mural de la antigua ciudad romana de Herculano. El artista escogió el gesto por su simbolismo: maternidad y recato.

Obras clave

- **El emperador Napoleón**; 1806; *Museo de la Armada*, París
- **Júpiter y Tetis**; 1811; *Museo Granet*, Aix-en-Provence
- **Apoteosis de Homero**; 1827; *Museo del Louvre*, París
- **El baño turco**; 1863, *Museo del Louvre,* París

A Ingres no le gustaba el retrato, y prefirió forjar su reputación mediante la tradicional pintura de tema histórico. Ambicionaba ser un personaje supremo de la tradición académica. Aceptó el encargo por la belleza de la modelo.

Detalle exquisito
La técnica meticulosa de Ingres le permitió reproducir los más exquisitos detalles, como se ilustra claramente aquí con la variedad de colores y texturas de las joyas, borlas y bordados del vestido.

MADAME MOITESSIER
Este retrato de la esposa de un exitoso banquero, Sigisbert Moitessier, está firmado por Ingres con su edad: 76 años. Por esta época su reputación era incuestionable y su ajetreado estudio estaba inundado de solicitudes de retratos y de encargos oficiales de obras alegóricas.

La ejecución de este retrato se vio interrumpido en 1849 por la muerte de la esposa de Ingres, que lo dejó perturbado e incapaz de pintar durante varios meses. Aunque era un matrimonio de conveniencia, Ingres y su esposa sentían afecto mutuo.

Imagen imposible
El reflejo en el espejo es imposible en la realidad. Se trata de un truco teatral del que Ingres se valía a veces para retratar el perfil de su modelo.

Ingres hacía estudios con modelos profesionales desnudas para sus retratos, así conocía perfectamente la forma del cuerpo bajo la ropa.

Vestido suntuoso
La posición y riqueza de la señora Moitessier resultan evidentes por el vestido de cretona y las joyas que adornan sus muñecas y cuello. El sofá abotonado, el jarrón chino y el mobiliario ornamentado sugieren su estilo de vida pródigo.

Jean-Auguste Ingres; *Madame Moitessier*; 1856; 120 x 92 cm; óleo sobre lienzo; Galería Nacional, Londres

1855-1860

1855 Florence Nightingale trabaja de enfermera en Crimea.

1856 Flaubert: *Madame Bovary.*

1857 Francia y Gran Bretaña conquistan Cantón. Baudelaire: *Las flores del mal.*

1858 Fundación de la Compañía del Canal de Suez. Ottawa se convierte en capital de Canadá.

1859 Darwin: *El origen de las especies por medio de la selección natural.*

1860 Garibaldi intenta unificar Italia.

DELACROIX (1798-1863)

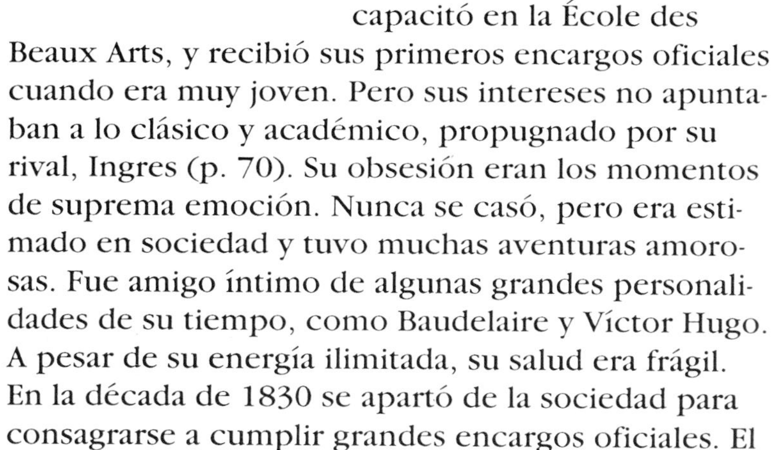

Eugène Delacroix

EUGÈNE DELACROIX FUE EL LÍDER del movimiento romántico francés en la pintura; y su vida y carácter se asemejan a los del héroe de una novela romántica. Era reservado y aristocrático de temperamento; ingenioso, encantador y popular en sociedad; y poseía una naturaleza intensamente apasionada. Fue criado por unos padres ricos de avanzada edad, pero se sospecha que su padre natural era el estadista Talleyrand, quien robó el afecto de su madre y el cargo de su padre como ministro de asuntos exteriores. Tuvo una buena educación clásica, se capacitó en la École des Beaux Arts, y recibió sus primeros encargos oficiales cuando era muy joven. Pero sus intereses no apuntaban a lo clásico y académico, propugnado por su rival, Ingres (p. 70). Su obsesión eran los momentos de suprema emoción. Nunca se casó, pero era estimado en sociedad y tuvo muchas aventuras amorosas. Fue amigo íntimo de algunas grandes personalidades de su tiempo, como Baudelaire y Víctor Hugo. A pesar de su energía ilimitada, su salud era frágil. En la década de 1830 se apartó de la sociedad para consagrarse a cumplir grandes encargos oficiales. El trabajo que les dedicó acabó por agotarle, y murió solo en París.

LA LIBERTAD GUIANDO AL PUEBLO
Esta obra tan polémica conmemora el alzamiento político que tuvo lugar en París en julio de 1830, cuando los parisinos salieron a las calles para manifestarse contra el régimen voraz y tiránico del monarca Carlos X.

Delacroix tenía grandes esperanzas sobre la recepción de esta obra por parte de la crítica, pero se vio decepcionado. El énfasis proletario se consideró tan peligroso que el cuadro dejó de exponerse públicamente hasta 1855.

Tocados de todas clases
Todas las clases, salvo los monárquicos más rancios, apoyaron la revuelta. Delacroix lo da a entender por la variedad de tocados que llevan los combatientes: chisteras, boinas y gorras, todas están representadas.

PATRIOTA MORIBUNDO
Un ciudadano mortalmente herido con su último aliento lanza una mirada postrera a la Libertad. Su postura enarcada es crucial en la composición piramidal. Significativamente, el artista repite los colores de la bandera en la ropa del patriota moribundo.

MUERTE DE UN HÉROE
La luz brilla sobre el patriota muerto que aparece en primer plano. Uno de los hermanos de Delacroix luchó con Napoleón y murió en la batalla de Friedland.

CADÁVER
Durante la recepción en el Salón, un crítico dijo en tono de burla que este cuerpo parecía llevar ocho días muerto.

Eugène Delacroix; *La Libertad guiando al pueblo*; 1830; 260 x 325 cm; óleo sobre lienzo; Museo del Louvre, París

DELACROIX Y EL COLOR

Al contrario que Ingres (p. 70), Delacroix valoraba más el uso de los colores fuertes que el dibujo meticuloso, y se volvería cada vez más innovador en su exploración de las cualidades expresivas del color. En particular, investigó el efecto de yuxtaponer colores complementarios para realzar su riqueza y fuerza individuales. Su visita a Marruecos abrió sus ojos a nuevas y estimulantes intensidades de color y luz. Su discernimiento sobre la teoría del color quedó documentada en sus *Diarios*.

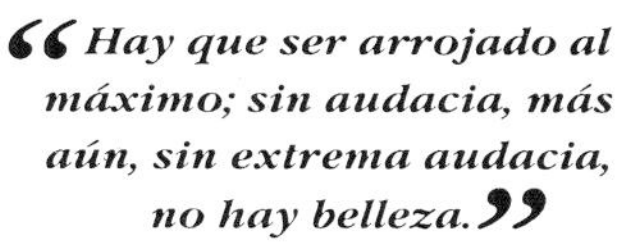

Delacroix utilizaba a menudo pinceladas cortas, fragmentadas, anticipándose a artistas como Monet (p. 84).

Firma conspicua
La firma del artista está inscrita en forma destacada, en simbólico rojo, en los escombros de las barricadas que aparecen a la derecha del joven patriota.

"Hay que ser arrojado al máximo; sin audacia, más aún, sin extrema audacia, no hay belleza."
DELACROIX

OBRAS CLAVE

- **La barca de Dante**; 1822; *Museo del Louvre*, París
- **Las matanzas de Quíos**; 1823; *Museo del Louvre*, París
- **La muerte de Sardanápalo**; 1827; *Museo del Louvre*, París
- **Caza del león**; 1855; *Museo de Bellas Artes*, Burdeos

BANDERA TRICOLOR
La bandera tricolor republicana sustituyó a la monárquica, y fue un símbolo convocador de la revolución. Delacroix estaba consciente de que traería a la mente del público las glorias del imperio napoleónico, que había sido el escenario de su juventud.

LIBERTAD
La figura central con el busto desnudo, lleva en una mano un fusil con bayoneta y en la otra la bandera tricolor, es una representación simbólica de la libertad. Lleva un gorro frigio, que fue símbolo de libertad durante la Revolución francesa. Las mujeres tuvieron un papel decisivo en las luchas callejeras de la revolución de 1830.

NOTRE DAME
Las torres de Notre Dame emergen detrás del humo de la artillería. En una de ellas ondea la bandera tricolor. Delacroix estuvo en París durante la revolución de los tres días, pero no desempeñó ningún papel activo.

Delacroix balancea el realismo con una composición abstracta formando una pirámide. El dinamismo de la composición y la energía de las figuras muestran la influencia de Rubens (p. 40) y de Gericault (1791-1824). El color es inusualmente moderado para realzar el impacto de los intensos colores de la bandera.

JOVEN PATRIOTA
El joven patriota situado a la derecha de la Libertad representa a un héroe popular llamado Arcole, muerto en los combates de los alrededores del Hôtel de Ville. Prefigura también al popular personaje de Gavroche en *Los miserables* de Victor Hugo.

Después de ir a Marruecos en 1832, Delacroix usó animales salvajes y la civilización árabe como tema en muchas de sus pinturas. Encontró su vívida presencia mucho más excitante que la historia muerta del mundo antiguo.

Delacroix era un trabajador rápido. Hacía muchos bocetos preparatorios de sus obras principales, tanto para determinar la composición más adecuada como para registrar detalles y posturas que serían incluidas en la versión final.

SOLDADO CAÍDO
Delacroix incluye dos soldados como víctimas; muchos de ellos se negaron a disparar contra sus conciudadanos y algunos incluso se unieron a las filas rebeldes.

1820-1830

1820 Jorge IV asciende al trono británico. Walter Scott: *Ivanhoe*.

1821 Muerte de Napoleón.

1822 Guerra de independencia griega.

1824 Beethoven: *Novena sinfonía*.

1828 El alemán Friedrich Wöhler crea la química orgánica. Dumas: *Los tres mosqueteros*.

1830 Fundación de la iglesia mormona. Stendhal: *Rojo y negro*. Invención de la máquina de coser.

COURBET (1819-1877)

Gustave Courbet

PRIMER ARTISTA ANTIOLIGÁRQUICO DE ÉXITO, Courbet perseveró en su oposición a los poderosos regímenes políticos y artísticos que dominaron Francia durante su vida. Nació en un lugar remoto de la provincia francesa, dentro de una familia campesina acomodada. Era insólitamente egocéntrico (incluso tratándose de un artista) e inmensamente ambicioso. Sin capacitación oficial y en gran medida autodidacto, aunque se hizo famoso en París permaneció siempre leal a su terruño y a su gente, haciéndolos tema de muchas de sus obras. Esto encolerizaba a los puntales del arte oficial y a la burguesía, que exigían una temática "correcta", como la historia y los retratos de ellos mismos. Courbet fue un paladín del realismo, una nueva tendencia que pretendía que el arte debía abordar la vida ordinaria sin comentario moral ni idealización. Su primer éxito se produjo en 1848 –el "año de las revoluciones"–, cuando un golpe de Estado estableció una nueva República de ideas fuertemente liberales que fue pronto sustituida por un régimen corrupto presidido por Luis Napoleón, quien a su vez sucumbió en la guerra franco-prusiana de 1870. Courbet estuvo indirectamente involucrado en ambos acontecimientos, y su carrera floreció y declinó con el segundo imperio francés.

"Muéstrame un ángel y te lo pintaré."
COURBET

Indignación social
Cuando esta obra fue exhibida en la muestra oficial de París de 1854 produjo indignación, como lo demuestra esta caricatura de entonces. El tema de la pintura se interpretó como un ataque directo al orden establecido. El consumado pero audaz manejo de la pintura de Courbet, que deliberadamente evitó la técnica finamente detallada y extremadamente pulida que gozaba de la aprobación oficial, fue tachado de crudo y deficiente.

¡BUENOS DÍAS, SEÑOR COURBET!
La obra reproduce un incidente real: una visita de Courbet a Montpellier en 1854. De gran tamaño e impresionante en su detalle objetivo, ilustra los puntos fuertes y débiles del realismo. Aunque el artista diga limitarse a copiar lo que ve, el arte es un proceso de constante selección y rectificación, un comentario personal sobre la realidad.

ALFRED BRUYAS
El caballero bien vestido que va al encuentro de Courbet es Alfred Bruyas. Entabló una íntima amistad con Courbet, consolidada por este cuadro. Melancólico y algo soñador, Bruyas era hijo de un rico financiero. Como era aficionado a la pintura, gastaba su herencia en coleccionar arte, con gran disgusto de su padre. Reunió una importante colección de obras de Courbet.

CRIADO
Junto a Bruyas está su criado, Calas, que inclina humildemente la cabeza, mientras su perro, Breton, mira al artista con interés. Courbet indica que los tres consideran el encuentro muy significativo.

El Salón era la exposición oficial que cada año se realizaba en el Louvre. Los artistas consagrados exponían, y los novatos se esforzaban por ser incluidos. Un jurado seleccionaba los cuadros. Sólo los poseedores de una medalla de oro podían exponer sin trabas. Courbet había recibido una durante el breve periodo liberal de 1848, y por lo tanto tenía derecho a exponer.

PINTURA ESPESA
Acorde con su personalidad enérgica, Courbet raras veces hacía bocetos preliminares, pintaba directamente sobre el lienzo usando colores fuertes y pintura concentrada. A veces se valía de una espátula en vez de un pincel para aplicarla.

LA CAÍDA DEL SEGUNDO IMPERIO

Cuando Napoleón III, sobrino de Napoleón I, se convirtió en emperador en 1852 estaba dispuesto a convertir París en el centro de Europa. Aunque al principio había tenido éxito en su política exterior, en 1870 cometió la insensatez de declarar la guerra a la Prusia de Bismarck. Francia tuvo que rendirse después de sólo un par de meses, y su economía quedó debilitada por una indemnización de cinco mil millones de francos exigida por los alemanes. Courbet desempeñó un importante papel en la Comuna de París, establecida en la primavera de 1871 en oposición a la nueva Asamblea Nacional y a los términos del tratado de paz con Prusia. No obstante, las tropas de la Asamblea reprimieron sangrientamente la revuelta, y Courbet, afortunado por salir con vida, fue encarcelado por su participación en la misma.

Carruaje y caballos
El centro de actividades de Courbet era su estudio parisino. Como para subrayar este hecho, muestra el carruaje que lo condujo —sólo de visita— al sur de Francia.

Si el cuadro de Courbet hubiera sido más pequeño, habría resultado menos ofensivo. Al hacer obras a gran escala, estaba proclamando que sus obras debían ser consideradas como "arte de altura", y que sus escenas de la vida cotidiana tenían tanto derecho a ser tomadas en serio como los temas aprobados oficialmente para ser expuestos al público, como el nacimiento de Venus o un retrato de Napoleón. Los artistas holandeses del siglo XVII, como Ter Borch (p. 50), pintaban escenas de la vida cotidiana, pero a escala reducida, y se les consideraba esencialmente decorativas y privadas.

Obras clave

- **Los campesinos de Flagy**; c. 1845; *Museo de Bellas Artes*, Besancon
- **Entierro en Ornans**; 1849-50; *Museo del Louvre*, París
- **Las bañistas**; 1853; *Museo Fabre*, Montpellier
- **El taller del pintor**; 1854-55; *Museo d'Orsay*, París
- **La siesta**; 1866; *Museo del Petit Palais*, París

Courbet
Courbet se muestra a sí mismo de la manera más favorable. Físicamente era robusto, vigoroso y atractivo. Estaba orgulloso de su perfil y de su barba "asiria".

Gustave Courbet; *¡Buenos días, señor Courbet!;* 1854; 130 x 150 cm; óleo sobre lienzo; Museo Fabre, Montpellier

Aunque en gran medida fue un autodidacto, Courbet recibió clases en el independiente Atelier Suisse y pasó muchas horas estudiando en el Louvre. Los artistas que lo impresionaron de manera particular fueron Caravaggio (p. 38), Hals y Rembrandt (p. 48). Todos ellos dieron un enfoque directo y "realista" a sus temas. Como Courbet, Rembrandt y Hals destacan por el modo abierto y expresivo en que manejaban la pintura

Traje inapropiado
Courbet aparece vestido como un campesino, pero mantiene la cabeza en alto y no manifiesta humildad. La etiqueta exigía que un artista fuera correctamente vestido con un saco y que manifestase la debida deferencia cuando se encontrara con un miembro respetable de la burguesía.

La vida y actitud de Courbet, con las cuales hacía ostensible que un artista era dueño de establecer sus propias reglas, influyeron en generaciones subsiguientes, sobre todo en Cézanne (p. 82) y Picasso (p. 102). Courbet pintó junto con Whistler (p. 80) en Trouville, y con Monet (p. 84) en Etretat.

Lugar bajo el sol
Courbet permanece al sol, proyectando una sombra marcada, mientras que sus anfitriones aparecen bajo la sombra de un árbol. Independientemente de las intensiones de Courbet, es difícil no interpretar esta disposición simbólicamente.

1850-1855

1850 California se convierte en un estado libre de Estados Unidos.

1851 Golpe de Estado de Luis Napoleón. Melville: *Moby Dick*.

1852 Harriet Beecher Stowe: *La cabaña del tío Tom*. Fundación de la empresa Wells-Fargo.

1853 Guerra de Crimea. Verdi: *La Traviata*. Invención del revólver Colt.

1854 El tratado Estados Unidos-Japón abre el comercio con Occidente. Comienza la publicación del diario francés *Le Figaro*.

1855 Livingstone descubre las cataratas Victoria. París: Feria Mundial.

MANET (1832-1883)

ÉDOUARD MANET NUNCA REALIZÓ SU AMBICIÓN: ser honrado oficialmente como el verdadero sucesor moderno de los antiguos maestros. Procedente de una acomodada familia parisina, había nacido para desempeñar ese papel. Apuesto, encantador, fuerte, sensato y muy talentoso, siempre se encontraba cómodo en sociedad. Estudió con uno de los más respetados maestros parisinos, Thomas Couture (1815-79), y deliberadamente intentó labrarse su reputación en los Salones oficiales de París. Anhelaba la aprobación de la conservadora oligarquía cultural y política de su tiempo, pero su enfoque moderno fue condenado. Al final, la constante repulsa y la aspereza de la crítica lo desgastaron tanto que en 1871 sufrió un colapso nervioso. Sin embargo, Manet también mantuvo amistad íntima con artistas y escritores de vanguardia, y estaba fascinado con la vida urbana y comercial moderna, cuyas ventajas supo disfrutar: las tertulias de café, los viajes modernos, y los bienes y servicios que el dinero puede comprar. Desgraciadamente, también sufrió penalidades y murió de sífilis a los 51 años.

Édouard Manet

OLYMPIA

Se exhibió en el Salón oficial de París de 1865, dos años después de ser pintado. A Manet le inquietaba la reacción que suscitaría, pues su obra *La merienda campestre* generó un escándalo. *Olympia* provocó airadas protestas. No se le juzgó como una interpretación moderna del desnudo, sino como una vulgar parodia de una tradición sagrada. Para todo el mundo la mujer no era una diosa, sino una prostituta.

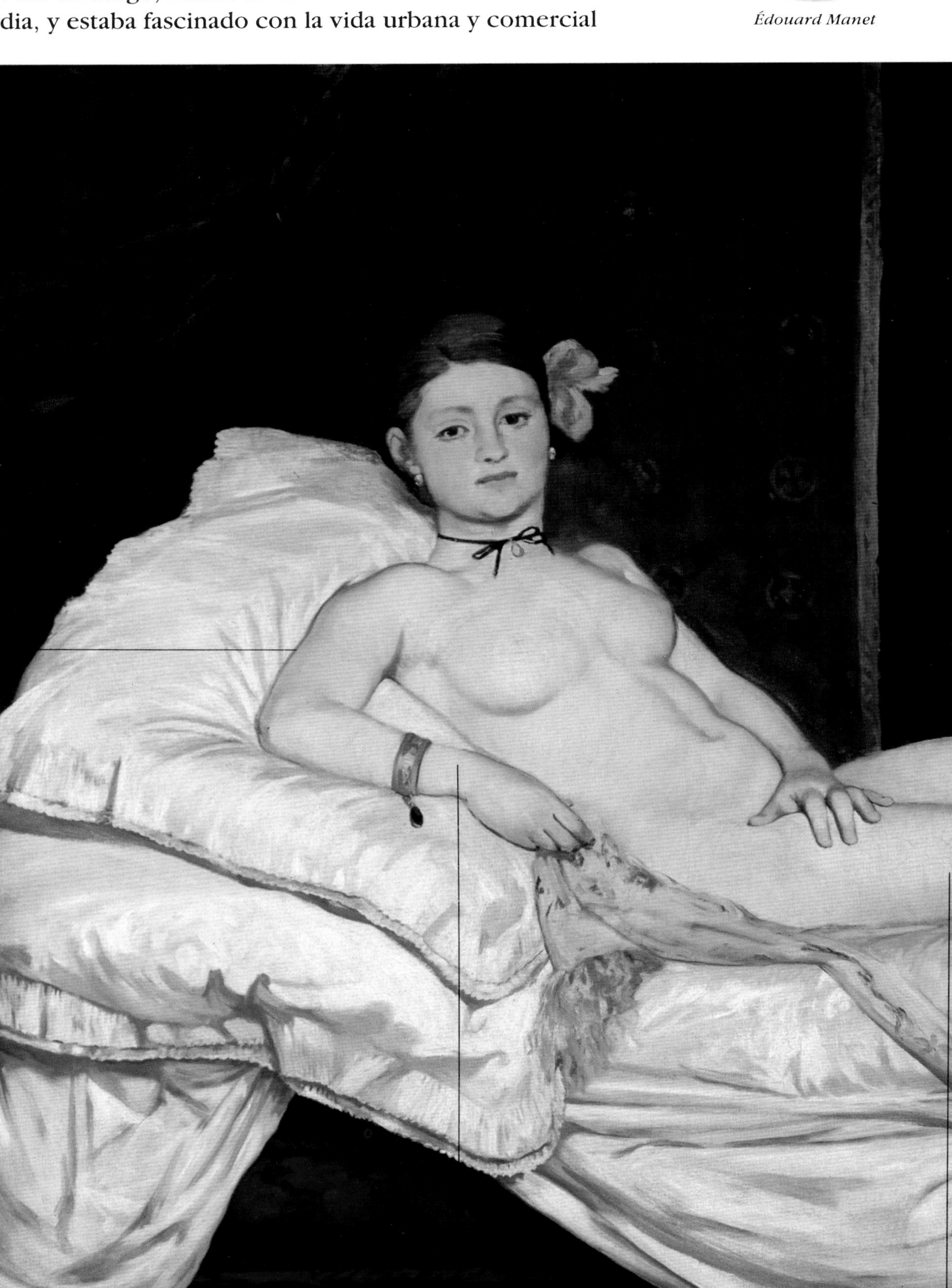

PERFIL PRONUNCIADO

El estilo llano muestra a Manet en su mejor momento, y concuerda con la naturalidad del tema. El pintor emplea una composición vívida, con formas de perfil pronunciado. Virtualmente no hay sombra, ni modelado con luz suave. Falta el detalle fino, pero las armonías de color son muy sutiles. Algunos críticos consideraron insustancial este estilo, en comparación con el de Ingres (p. 70), y fue tachado de ordinario "como la imagen de un naipe".

Édouard Manet; *Olympia*; 1863; 130 x 190 cm; óleo sobre lienzo; Museo d'Orsay, París

VICTORINE MEURENT

Manet solía utilizar a su familia y amigos como modelos. Aquí empleó a una modelo profesional, Victorine Meurent, de 30 años. Ella también se convirtió en pintora, pero acabó su vida como una alcohólica.

TEMA TRADICIONAL

La imagen del desnudo recostado es una de las más veneradas en la tradición de los viejos maestros. Manet sabía que su público entendería su referencia a la *Venus dormida* de Giorgione (p. 30)

VANGUARDIA ARTÍSTICA

Manet fue un tenaz defensor de los jóvenes pintores impresionistas (p. 84), pero nunca se sumó formalmente a su causa. Por ejemplo, no participó en la primera exposición impresionista de 1874. Al contrario que los impresionistas de vanguardia, continuó creyendo en la práctica de la pintura de estudio, con sus temas tradicionales, dibujos y bocetos preliminares, y cuidadoso planeamiento a gran escala de la versión final. No obstante, al final de su vida, Manet se dedicó a pintar al aire libre, influido por las ideas de los impresionistas (p. 86).

Obras clave

- **Música en las Tullerías**; 1860; *Galería Nacional*, Londres
- **El pífano**; 1866; *Museo d'Orsay*, París
- **Bar del Folies-Bergère**; 1882; *Instituto Courtauld*, Londres

El éxito llegó por fin a Manet después de 1871. Obtuvo críticas favorables en el Salón y el comerciante de arte, Durand Ruel adquirió 30 lienzos suyos. Poco antes de morir recibió la orden de la Legión de Honor.

"Los grandes coloristas pueden producir animación con un saco negro, un fular blanco y un fondo gris."
BAUDELAIRE

Manet consideraba que Olympia *era su obra maestra y nunca la vendió. Cuando él murió la sacaron a subasta, pero no fue adjudicada. En 1888, Sargent* *(p. 92)* *supo que la viuda de Manet estaba a punto de vender el cuadro a un coleccionista americano, y avisó a Monet, quien organizó un llamamiento público para que fuera adquirida por el Louvre.*

Retrato de Zola
El escritor Emile Zola (1840-1902) era amigo y partidario de Manet, y su novela *Nana* describe el ascenso y caída de una mujer joven como Olympia. En el tablero situado detrás de su mesa hay tres imágenes clave: la *Olympia* de Manet, un grabado japonés y el *Baco* de Velázquez.

Édouard Manet; *Retrato de Zola*; 1867–68; 146.5 x 114 cm; óleo sobre lienzo; Museo d'Orsay, París

El próximo cliente
La sirvienta trae unas flores —obsequio de un galán anterior—, pero Olympia no se da por aludida. Está preparada y a la espera de su próximo cliente: el espectador del cuadro. Establece contacto directo con su mirada, lo mismo que el gato, interrumpido en su sueño por nuestra llegada.

Cuando tenía 18 años, Manet inició una larga relación amorosa con su profesora de piano, Suzanne Leenhoff, y tuvieron un hijo en 1852. En público afirmaban que el niño era hermano de Suzanne, y que Manet era su padrino. Se casaron en 1863, cuando el padre de Manet murió y él pudo heredar.

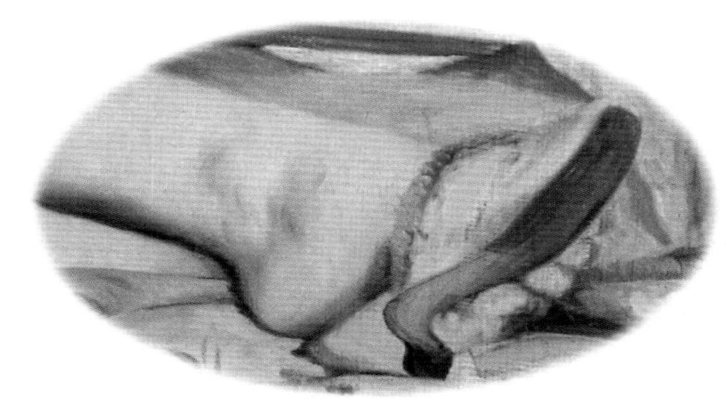

Mujer moderna
La creación de Manet no es la diosa Venus, sino una mujer joven en un papel reconocible. La zapatilla se balancea impacientemente en su pie. Está totalmente desnuda, lleva perlas en el cuello, aretes y una orquidea en el cabello. Respetables hombres casados de la época recurrían con frecuencia (aunque en secreto) a las prostitutas.

Negro
El pigmento negro es uno de los más difíciles de utilizar, pues con gran facilidad puede alterar y suprimir los demás colores y calidades. Manet, gran maestro del negro, era capaz de aprovecharlo para aportar una rica tonalidad y elegancia estilizada a su obra. El artista, quien era esmerado en el vestir, llevaba normalmente la levita y chistera de seda negras que estaban de moda.

Detalle de naturaleza muerta
Manet fue un maestro de la naturaleza muerta, que muchas veces pintaba por su propio gusto. El ramo de flores sugiere simbólicamente los dulces placeres ofrecidos por Olympia.

Manet viajó mucho, y después del rechazo de Olympia *por parte de la crítica se fue a España. Como muchos artistas de su generación, estaba deslumbrado por la obra de Velázquez* *(p. 46)* *y Goya* *(p. 60)**, quienes habían abordado el tema del desnudo recostado.*

1865-1870

1865 Wagner: *Tristán e Isolda*.

1866 Prusia e Italia en guerra contra Austria. Dostoievski: *Crimen y castigo*. Invención de la dinamita.

1867 Karl Marx: *El capital*. Creación de la monarquía austrohúngara. Garibaldi marcha sobre Roma.

1868 Primer congreso de la Trade Union en Gran Bretaña. Louise M. Alcott: *Mujercitas*.

1869 Apertura del Canal de Suez. Introducción de las primeras postales.

1870 Guerra franco-prusiana. Caída del segundo imperio francés.

DEGAS (1834-1917)

EDGAR DEGAS LOGRÓ SALVAR LA CRECIENTE distancia entre las tradiciones pictóricas procedentes del Renacimiento y la aspiración de los artistas modernos que querían romper con ellas. Nunca buscó el reconocimiento público y era extremadamente tímido: un perfeccionista solitario y un adicto al trabajo. Nació en una rica familia aristocrática y hasta después de los 40 años no tuvo que vender sus obras para sobrevivir. Entró en la École des Beaux Arts en 1855, y pasó algún tiempo en Italia copiando las obras de los grandes maestros del Renacimiento, adquiriendo una destreza técnica similar. Fue miembro fundador del círculo impresionista, participando en sus innovadoras exposiciones y compartiendo la creencia de que el arte debía abordar temas modernos y no permanecer anclado en el pasado. Fascinado con el movimiento, el espacio, el temperamento y las relaciones humanas, Degas fue uno de los primeros artistas en interesarse por la fotografía: su arte entraña una aguda y discreta observación. Al envejecer, se fue volviendo más solitario a medida que la pérdida de su vista anticipaba el fin prematuro de su pintura.

Edgar Degas

RENÉ HILAIRE DEGAS
El dibujo que aparece en la pared es de Degas. Es un retrato de su abuelo, un exitoso banquero que consolidó la fortuna familiar. La cercanía de Laura al retrato indica su afecto por el padre.

LA FAMILIA BELLELLI
En este tempranero retrato de grupo de tamaño natural, Degas demuestra su invariable fascinación por las relaciones humanas y su profunda percepción de la naturaleza humana. En este caso es la tensa situación doméstica de su tía Laura la que sirve de tema.

CONTACTO FÍSICO
Con excepción de la mano de la tía, colocada apáticamente sobre el hombro de su hija, Degas no muestra ningún contacto físico entre los miembros de la familia. La atmósfera es fría y austera.

Degas y su tía eran buenos amigos y compartían confidencias. Una de ellas fue que cuando él pintó este cuadro ella estaba esperando su tercer hijo. El retrato tiene, pues, un tema profundo: aparecen tres generaciones de la familia, y el ciclo de vida, muerte y regeneración continúa.

Laura Bellelli
Laura Bellelli era hermana del padre de Degas. Mira fijamente hacia el vacío, rehuyendo significativamente la mirada de su esposo, situado en el lado opuesto del cuadro. Encontraba a su marido desagradable y pensaba que carecía de un empleo respetable.

CONTACTO VISUAL
Nos adentramos en el desdichado círculo familiar por medio de Giovanna, la hija, el único miembro de la familia que está mirando directamente hacia afuera del cuadro.

Degas estaba sumamente orgulloso de su familia y de sus orígenes aristocráticos, a pesar de rehusarse a usar su nombre original de Gas por considerarlo pretencioso. Evitaba toda publicidad y su estudio era sagrado. Nunca se casó, pero se rumorea que fue amante de la pintora estadounidense Mary Cassatt (1844-1926).

SEÑAL DE LUTO
Laura Bellelli lleva un vestido negro porque guarda luto por su padre (el abuelo de Degas), recientemente fallecido.

Aunque pintada a gran escala, la obra muestra la influencia de los maestros holandeses del XVII, como Ter Borch (p. 50). La paleta es moderada, y da la sensación de compartir íntimos secretos domésticos.

1860-1865

1860 Abraham Lincoln es elegido presidente de Estados Unidos.

1861 Comienzo de la guerra de Secesión norteamericana. Italia se proclama reino unificado.

1862 Fundación de la Cruz Roja. Víctor Hugo: *Los miserables*.

1863 Napoleón III inaugura en París el *Salon des Refusés*.

1864 Tolstoi: *La guerra y la paz*. Invento de la pasteurización.

1865 Asesinato de Abraham Lincoln. Fin de la guerra de Secesión y abolición de la esclavitud en Estados Unidos.

Degas sufrió una herida en un ojo durante el sitio de París, en 1871, cuando servía en la artillería. Al ir envejeciendo, su vista empezó a fallar y recurrió al pastel y la cera, que le permitían trabajar directamente con los dedos y depender menos que antes de su aguda percepción visual. Dejó de pintar en 1912.

El barón Bellelli
Gennaro, el barón Bellelli, aparece volteado hacia su familia, pero está sentado en un rincón de espaldas al espectador, y parece aislado de sus parientes. Se encontraba exiliado de Nápoles por sus actividades políticas.

Escenas hípicas
Degas desarrolló su interés por el movimiento controlado y elegante en sus escenas de hípica y ballet. Empezó a sentir afición por los caballos en 1860, cuando residía en Normandía con los Valpinçon. Esta familia poseía uno de los cuadros más famosos de Ingres, y presentó a ambos pintores.

Edgar Degas; *Carrera de caballos, antes de la salida*; 1862; 48.5 x 61.5 cm; óleo sobre lienzo; Museo d'Orsay, París

Degas se crió en París sin penuria alguna. Su padre era un exitoso banquero originario de Nápoles; su madre provenía de Nueva Orleans. No obstante, cuando el padre de Degas murió, en 1874, se descubrió que el banco había contraído enormes deudas. Degas sacrificó su herencia, su casa y su colección artística privada para salvar a sus hermanos de la ruina. A partir de entonces se vio obligado a ganarse la vida como artista profesional.

Obras clave

- **Las muchachas espartanas**; 1860-62; *Galería Nacional*, Londres
- **El foyer de la Ópera de la Rue Le Peletier**; 1872; *Museo Metropolitano de Arte*, Nueva York
- **Clase de baile**; 1874; *Museo d'Orsay*, París
- **Mujer secándose**; 1903; *Instituto de Arte*, Chicago

Primos
En el centro del cuadro está la segunda hija de Bellelli, Giulia. En una carta a su amigo Gustave Moreau (1826-98), fechada en 1858, Degas se refirió a sus primas con afecto: "La mayor es una verdadera belleza; la pequeña tiene el carácter de un diablo y la bondad de un angelito. Las estoy pintando con sus trajes negros y delantalitos blancos, que las hacen lucir encantadoras".

“El artista no dibuja lo que ve, sino lo que quiere que otros vean.”
Degas

Degas admiraba mucho a Ingres por su dominio del dibujo y su soberbia destreza técnica. Su maestro en la École des Beaux Arts, Lamothe, había sido discípulo de Ingres.

División física
Degas organiza su composición de modo que la pata de la mesa, la chimenea, la vela y el espejo formen una línea vertical que separe al barón de su familia. Las mujeres voltean hacia la luz que viene de la izquierda, mientras que él da la espalda a aquélla y tiene el rostro en la sombra. Degas no deja dudas sobre la tensión y separación que existe en la familia, ni sobre quién es, a su juicio, el culpable.

Edgar Degas; *Retrato de la familia Bellelli*; 1858-60; 200 x 258 cm; óleo sobre lienzo; Museo d'Orsay, París

Perro sin cabeza
El borde del cuadro suprime parte del perro. Degas fue empleando cada vez más el recurso de colocar gente y objetos con una parte dentro y otra fuera del cuadro. Era una idea inspirada por su interés en la fotografía.

Degas estuvo en Italia a fines de la década de 1850, perfeccionando su arte del dibujo mediante el estudio de los grandes pintores renacentistas. Permaneció en Florencia con la familia Bellelli y, como los viejos maestros, hizo una buena cantidad de estudios preparatorios para este retrato de grupo.

Degas y Manet

Degas y Manet (p. 76) se conocieron en el Louvre en 1861, reunidos por un interés compartido en la obra de Velázquez (p. 46). Manet introdujo a Degas al círculo de los jóvenes impresionistas, y le persuadió de que el arte debía abordar temas modernos. Aunque ninguno de los dos fue nunca un pintor impresionista, Manet llegó a ser convencido de trabajar al aire libre por su cuñada Berthe Morisot (p. 86). Degas siguió pintando en su estudio, sosteniendo que a los artistas habría que obligarlos a encerrarse "con un estampido de metralla para impedir que pinten paisajes al natural". Los dos hombres, que tenían similares antecedentes sociales, compartieron influencia y respeto mutuos. Sin embargo, también hubo rivalidad entre ellos, pues ambos querían ser considerados como los sucesores modernos de la tradición renacentista.

WHISTLER (1834-1903)

PIONERO DE UN NUEVO TIPO DE ARTE y estilo de vida, Whistler fue verdaderamente internacional en su perspectiva y en el alcance de las fuentes artísticas que lo influyeron. Nacido en Estados Unidos, pasó la mayor parte de su niñez en San Petersburgo y Moscú, donde su padre trabajaba como ingeniero supervisor de la construcción de un ferrocarril. A los 21 años, tras una breve y desafortunada etapa en la academia militar de West Point, se fue a París para hacer carrera como pintor y frecuentó a artistas de vanguardia como Courbet (p. 74), Manet (p. 76) y Degas (p. 78). No obstante, fue en Londres donde estableció su hogar permanente. Bajo de estatura y vestido como un dandi, Whistler se movió en los círculos de moda. Fue amigo íntimo de Oscar Wilde, y a menudo estaba en el centro de la controversia. Su más famosa disputa fue la demanda por difamación que interpuso contra el gran crítico de arte Ruskin (1819-1900), en 1877. Aunque ganó el caso, quedó arruinado económicamente. Se retiró a Venecia, donde recuperó su reputación y capital gracias a una serie de grabados brillantes. En la década de 1890 estaba de regreso en Londres, colmado de honores y pintando exitosos retratos de sociedad. Pero había perdido aquella originalidad que alcanzó su apogeo en las obras de 20 años atrás.

James Abbott McNeill Whistler

Durante el proceso por difamación, Whistler definió sus objetivos artísticos: "Quizá mi trabajo sea más simbólico que realista... es una combinación de línea, forma y color, y utilizo cualquier incidencia que pueda reportarme un resultado simétrico".

Caricatura satírica
La revista satírica británica *Punch* publicó esta caricatura en diciembre de 1878, después del juicio. Whistler y Ruskin aparecen ante el juez. El pie de la caricatura dice: "Crítico grosero, ¡por usar un lenguaje ofensivo! Pintor ridículo, ¡por denunciar eso ante la ley!". Las serpientes representan los costos jurídicos que Whistler tuvo que pagar, y que lo llevaron a la bancarrota.

EL DESCENSO DEL COHETE
Este cuadro de un cohete explotando en el cielo nocturno provocó la ira de Ruskin y condujo al célebre litigio. Detrás de la disputa subyace una cuestión más profunda: ¿debe tener el arte una intención moral?

El cuadro se exhibió en la galería Grosvenor en 1877. Ruskin escribió que la obra era un insulto, "como arrojar un bote de pintura a la cara del público". Whistler lo demandó por difamación, y el proceso causó sensación. El jurado falló a su favor pero le otorgó sólo un cuarto de penique por daños y perjuicios (era la moneda menos valiosa del reino). Whistler, quien hubo de pagar sus propios gastos, quedó arruinado.

John Ruskin, paladín de Turner (p. 66) y de los prerrafaelistas, e influyente crítico inglés del siglo XIX, creía firmemente en las virtudes del oficio detallado y concienzudo y en la finalidad moral y didáctica del arte. El cuadro de Whistler representaba todo lo que él aborrecía. No obstante, el hecho de que Whistler ganara el pleito indica que la definición ruskiniana del arte iba en declive, y una nueva estética se aprestaba a sustituirla.

INFLUENCIA JAPONESA
La sencillez del diseño y el tema, y la configuración plana, con la que no se pretende crear alguna ilusión de espacio, son ideas que Whistler descubrió en el arte japonés.

MANEJO DEL PINCEL
La pincelada suelta y las sutiles armonías cromáticas son influencia de Velázquez (p. 46).

El título completo del cuadro es Nocturno en negro y oro: el descenso del cohete. *La idea de usar títulos musicales, sugerida por el poeta y crítico de arte Téophile Gautier (1811-72), concordó con los objetivos de Whistler. Produjo muchos "nocturnos" en la década de 1870. Son la cumbre de su logro artístico.*

INSPIRACIÓN
La inspiración para la obra fue concebida durante un espectáculo de fuegos artificiales realizado en los jardines de Cremorne, en Battersea. El contorno de los árboles y un lago apenas se vislumbran en la atmósfera nocturna.

AL BORDE DE LO ABSTRACTO
La obra captura el drama y la hermosura del fugaz instante en que un cohete explota en el cielo, esparciendo una lluvia de luces en la noche. La idea de que el arte logra su principal impacto combinando color y forma, y tiene el mismo efecto que la música, ha tenido una fuerte influencia en el arte del siglo XX (p. 98).

James Whistler; *Nocturno en negro y oro: el descenso del cohete*; 1874; 60.5 x 46.5 cm; óleo sobre lienzo; Instituto de Artes, Detroit

1875-1880

1876 Invención del teléfono. La reina Victoria es coronada emperatriz de la India.

1877 Invención del fonógrafo.

1878 Gilbert y Sullivan: *H.M.S. Pinafore*. Invención del micrófono.

1879 Guerra zulú. Guerra del Pacífico.

1880 Gladstone es elegido primer ministro británico. Primera luz eléctrica viable.

En 1890, Whistler publicó un libro titulado El grato arte de hacer enemigos. *Era una antología de sus escritos sobre arte y un ingenioso relato del juicio en el que se describía como implacablemente listo e invencible. El título resume muy bien su actitud hacia los demás. Vano, engreído y terco, no siempre caía bien, y a menudo se peleaba con sus propios partidarios y clientes.*

SÍMBOLO ORIENTAL
La insólita firma de Whistler recuerda los sellos de coleccionistas que aparecen en el arte chino. Fue un entusiasta y precoz coleccionista de porcelana oriental blanca y azul.

Whistler no tenía ni la fortaleza física ni el temperamento de un soldado, y sus días en la famosa academia militar de West Point fueron contados. Lo expulsaron después de reprobar un examen. Más tarde, bromeó: "¡Si el silicio fuera un gas, yo sería general de división!".

ESPECTADORES
En primer plano, Whistler sugiere la presencia de otros espectadores. Pese a las rápidas pinceladas, realmente trabajó despacio, cambiando muchas veces lo que había hecho y guiándose virtualmente por la memoria y los sentimientos. En lugar de sobreponer capas espesas de pintura, borraría sus equivocaciones para dejar sólo una fina película de pintura traslúcida como imagen final.

A Whistler no le resultó fácil pintar, y lamentaba su falta de preparación. Estaba mejor dotado para el grabado, arte que aprendió en su juventud como cartógrafo de la Marina estadounidense. Contribuyó a reimplantar en el aguafuerte cualidades que no se habían visto desde los tiempos de Rembrandt *(p. 48)*.

Firma amariposada
Aunque no lo hizo aquí, Whistler solía adaptar su firma a la forma de una mariposa. Su temperamento inquieto, exhibicionismo y exagerada búsqueda de inspiración entre el arte occidental y oriental pueden compararse con una mariposa volando de flor en flor.

OBRAS CLAVE

- **Al piano**; 1858-59; *Museo Taft*, Cincinnati, Ohio
- **La princesa del país de la porcelana**; 1863; *Galería de Arte Freer,* Washington
- **Arreglo en gris y negro: la madre del artista**; 1871; *Museo d'Orsay,* París

"El arte debería valer por sí mismo, y atraer el sentido artístico del ojo o el oído sin confundir eso con emociones totalmente ajenas, como la devoción, la piedad, el amor, el patriotismo y similares."
WHISTLER

EL CUARTO DEL PAVO REAL

En 1876, Whistler recibió el encargo de realizar un esquema decorativo para un cuarto que albergaba una de sus grandes obras: *La princesa del país de la porcelana*. La habitación estaba en Princes Gate 49, en Londres, donde el artista pasó el verano de 1876, trabajando en el proyecto con una creciente obsesión. El diseño, de inspiración japonesa, se basaba en motivos de pavo real, que fueron pintados con una libertad espectacular. La habitación (una obra de arte en sí misma) fue descrita en un folleto de Whistler como *Armonía en azul y oro: el cuarto del pavo real*. Como de costumbre, Whistler se peleó con el dueño de la casa por los costos y condiciones del encargo, y a partir de entonces tuvo prohibido entrar en la misma.

Cézanne (1839-1906)

Paul Cézanne

“Es el padre de todos nosotros.”
Picasso

Paul Cézanne se consideraba a sí mismo un fracasado, y vivió sus últimos años como un ermitaño, con sus trabajos arrinconados. Su padre, un ambicioso negociante de Aix-en-Provence, lo aterrorizaba y ensombreció completamente su vida. Cézanne, siempre solitario, neurótico y melancólico, fue salvado por su aguda sensibilidad artística. Su padre acabó por aceptar que él nunca tendría éxito en los negocios y a regañadientes aceptó que se fuera a París a estudiar arte, dándole una pequeña pensión (y una herencia cuando murió). Cézanne nunca tuvo que vivir de su obra (un raro privilegio). Sus primeros intentos fueron tan desmañados como su conducta social, y fue rechazado por inepto en la École des Beaux Arts. Sin embargo, su lucha incesante por encontrar una manera coherente de pintar produjo milagrosamente una obra que tendría capital influencia en el arte progresista del siglo XX, sobre todo a través de su primera exposición individual en 1895, y de la muestra retrospectiva oficial de su obra, en 1907. Ambas causaron una enorme conmoción entre los artistas de vanguardia como Matisse (p. 98) y Picasso (p. 102).

Emoción subyacente
Cézanne nunca aceptó convertirse en un espectador impasible. En la modulación sensible del color y el suave movimiento de las pinceladas revela una fuerte, aunque controlada, respuesta emotiva al tema.

MONT ST. VICTOIRE

Mont St. Victoire, cerca de Aix-en-Provence, es un tema que Cézanne abordó muchas veces desde comienzos de la década de 1880 hasta su muerte. En todos estos cuadros combina una notable fidelidad a lo que observa con una honda conciencia de sus respuestas emotivas, una habilidad que consiguió a base de duro trabajo y rígida autodisciplina (vea abajo).

Paisaje emocional
Cézanne no intentó representar una imitación superficial del paisaje; más bien trató de crear una obra que fuese a la vez grata de contemplar y el equivalente artístico de aquello que él mismo vio y sintió frente a la naturaleza.

Visión disciplinada
Alrededor de la estructura fija del árbol y ciertos puntos clave como los edificios, Cézanne parece estar midiendo distancias y ángulos, correspondiendo cada marca a algo visto en el propio paisaje.

La pintura de Cézanne entrañaba la determinación de continuar la rigurosa disciplina de la tradición clásica francesa, como la había admirado en la obra de Poussin (p. 42), pero al aire libre, “desde la naturaleza”.

Paul Cézanne; *Mont St. Victoire*; 1885-87; 66 x 89 cm; óleo sobre lienzo; Instituto Courtauld, Londres

Cézanne no introdujo innovaciones en cuanto a los temas, y en su obra son típicos los paisajes, retratos, naturalezas muertas y desnudos. Su originalidad estriba en la manera de verlos y pintarlos.

Movimiento
Las ramas del pino parecen agitarse y la montaña luce más imponente de lo que es en realidad. Tras la muerte de su padre, en 1886, Cézanne adquirió madurez artística y permitió que sus respuestas emocionales se fueran imponiendo cada vez más.

Cézanne tardaba a veces semanas o meses en acabar sus paisajes. La dificultad estribaba en que los detalles variaban al modificarse la luz, e incluso cuando el artista cambiaba de posición. Dicho de otro modo, nunca llegaba el momento en que diera por terminada la obra. Ésta era una de las razones de su sentido del fracaso, y la razón de que raras veces firmara sus cuadros.

Firma excepcional
Esta obra despertó tal admiración en un joven poeta, Joachim Gasquet, que Cézanne se la regaló, añadiendo su firma como una señal de amistad.

UNA OLYMPIA MODERNA

Cézanne tenía 33 años cuando pintó esta notable interpretación fantástica de la *Olympia* de Manet (p. 76). Se retrata a sí mismo sentado en un burdel donde Olympia aparece completamente desnuda ante sus ojos. Cézanne conoció a Manet, pero no le gustaban ni su obra ni su estilo de vida elegante y mundano. Este cuadro es una parodia intencional del trabajo de Manet.

En París, Cézanne llevaba una vida bohemia, y era ostensiblemente reservado y desordenado. Estudió en la independiente Académie Suisse, y frecuentaba las tertulias de artistas, donde conoció a Monet (p. 84), Sisley y Renoir, entre otros.

PINTURA DE ESTILO LIBRE
Aunque Cézanne había pensado en el tema durante años, las pinceladas superficiales y el color directo, brillante, indican que la obra fue ejecutada rápidamente. Sus primeros cuadros revelan una ferviente fantasía sexual y una impetuosidad que más tarde trató de controlar.

MESA CURVILÍNEA
Cézanne añadió un bodegón sobre una mesa a la escena de Manet. La curvilínea mesa rosa parece participar en la atmósfera cargada de sexualidad.

Cézanne encontraba extremadamente difícil relacionarse con otras personas. No obstante, en 1870 conoció a Hortense Ficquet, con la que tuvo un hijo, Paul, en 1872. Era una relación estable y dichosa, pero se la ocultó a su padre (su madre sí la conocía), y sólo cuando éste murió en 1886 casó con Hortense.

1890-1895

1891 Mahler: *Primera sinfonía*. Rachmaninoff: *Concierto para piano núm. 1*.

1892 Se patenta el motor Diesel. Primera central telefónica automática.

1893 Dvorák: *Sinfonía del Nuevo mundo*. Primer automóvil de Henry Ford.

1894 Nicolás II de Rusia inicia su reinado, el último de la monarquía rusa. Rudyard Kipling: *El libro de las tierras vírgenes*. Debussy: *Preludio a la siesta de un fauno*.

1895 Primera proyección pública de una película en París. Marconi inventa la radiotelegrafía. Descubrimiento de los rayos X.

Paul Cézanne; *Una Olympia moderna*; c. 1873; 46 x 55.5 cm; óleo sobre lienzo; Museo d'Orsay, París

RETRATO DEL ARTISTA
La figura sentada es obviamente Cézanne, calvo y barbudo. La percepción que tenía de sí mismo era pesimista: aunque joven, se retrata como un hombre maduro; sus obras tardías muestran una afinidad con la gente mayor y los lugares abandonados.

Cézanne fue enviado a un internado de Aix-en-Provence, donde hizo gran amistad con el escritor Emile Zola, quien más tarde lo apoyó financiera y espiritualmente. En 1886, Zola publicó una novela titulada La obra, *en la que el personaje principal es un pintor insensible. Interpretándolo como una alusión personal, Cézanne nunca más volvió a hablarle.*

CÉZANNE Y PISSARRO

La *Olympia moderna* de Cézanne fue exhibida en la primera Exposición Impresionista de 1874 (p. 86), y por entonces el estilo del artista había cambiado considerablemente. Bajo la influencia de Camille Pissarro (1830-1903), al que Cézanne conoció en 1861, adquirió autodisciplina, pintando paisajes compuestos cuidadosamente al aire libre con las pinceladas breves y precisas que caracterizaron al primer impresionismo. No obstante, Cézanne nunca fue un pintor impresionista puro: estaba más interesado en la estructura esencial de la naturaleza que en las fugaces impresiones de la luz. Pasó muchas horas en el Louvre, esperaba hacer "algo sólido y duradero, como el arte de los museos".

Los últimos años de Cézanne estuvieron marcados por la soledad y la mala salud. Lo visitó su marchante Ambroise Vollard, quien reconoció la grandeza de Cézanne y organizó la retrospectiva de 1895. También recibía visitas ocasionales de jóvenes artistas interesados en su obra. Enfermo de diabetes crónica, murió de pulmonía tras soportar un chaparrón mientras pintaba al aire libre.

Naturaleza muerta
Los objetos que aparecen sobre la mesa reciben una atención más detallada que casi cualquier otro aspecto: una indicación temprana de que la naturaleza muerta sería uno de los temas principales de Cézanne.

OBRAS CLAVE

- **Vista de Auvers**; c. 1874; *Instituto de Arte*, Chicago
- **Naturaleza muerta**; 1883-87; *Museo de Arte Fogg*, Massachusetts
- **Los jugadores de cartas**; 1892; *Museo d'Orsay*, París
- **Rocas en Fontainbleau**; 1898; *Museo Metropolitano de Arte*, Nueva York
- **Bañistas**; c. 1900-06; *Galería Nacional*, Londres

MONET (1840-1926)

Claude Monet

CLAUDE MONET FUE MIEMBRO FUNDADOR de los impresionistas, pero como todos ellos, desarrolló un enfoque muy personal tanto en estilo como en temática. Era hijo de un rico tendero de El Havre, Francia. Cuando tenía 19 años se fue a París, pero rechazó la instrucción convencional que ofrecía la École des Beaux Arts, prefiriendo la enseñanza más flexible de las escuelas privadas, que también eran las favoritas de otros jóvenes artistas de vanguardia. Sus primeros años fueron duros y paupérrimos: su familia lo desamparó económicamente, y su primera esposa, Camille, murió trágicamente en 1879, dejándolo con dos hijos. En 1883 se instaló en Giverny, cerca de París, con Alice Hoschede, quien dejó a su marido por Monet. Poco a poco, su obra fue obteniendo reconocimiento y compradores, y hacia 1890 era suficientemente rico como para poder comprar la ya famosa propiedad y emplear a seis jardineros. Vivió sus últimos años como un eremita, desconsolado por la muerte de Alice y de su hijo mayor, y por la pérdida progresiva de su vista.

"Mi jardín es mi obra maestra más hermosa"
MONET

Alice Hoschede era la esposa del arruinado dueño de unos grandes almacenes. Tras la muerte de Camille, vivió con Monet y ocho niños en una unión poco convencional. Se casaron en 1892, al morir Ernest Hoschede. Monet era un tirano doméstico que reclamaba constante atención y un absoluto silencio. Se volvía irascible si el trabajo no le salía bien.

Influencia japonesa
Monet adoptó con pasión el interés en boga por el arte japonés (p. 80), en respuesta a la simple sofisticación de los diseños. Las paredes de su casa estaban decoradas con grabados nipones, y uno de los detalles más destacados de su jardín era un puente japonés.

SENDERO CON ROSAS, GIVERNY
El jardín de Monet en Giverny fue un proyecto creativo que ocupó la mitad de su vida; en sus últimos años, se volvió el principal tema de sus cuadros. Esta obra, que representa un sendero debajo de un gran arco de rosas, se remonta a 1920, cuando Monet tenía 80 años. Muestra al artista pintando aún con extraordinaria libertad a pesar de su debilidad visual.

PINTURA INSTINTIVA
La pintura espesa y las extrañas combinaciones de color son, en parte, resultado de la fragilidad visual de Monet, y expresan su lucha emocional por resignarse a una posible ceguera. El tema le resultaba muy familiar —como, por supuesto, el acto de pintar— y tenía una memoria muy precisa para los colores. Pedía a su hijastra, Blanche, cada color por su nombre antes de aplicarlo sobre el lienzo.

Claude Monet; *Sendero con rosas, Giverny*; c. 1920; 81 x 100 cm; óleo sobre lienzo; Museo Marmottan, París

OBRAS CLAVE

- **Almuerzo al aire libre**; 1866; *Museo d'Orsay*, París
- **Impresión–Amanecer**; 1872; *Museo Marmottan*, París
- **Los nenúfares**; 1899; *Galería Nacional*, Londres
- **El Parlamento**; 1904; *Museo d'Orsay*, París

Contrastes de color
Monet tenía un conocimiento sólido de las teorías de la percepción del color, que aplicó en toda su obra. En su pintura, por ejemplo, usa deliberadamente la oposición de los colores primarios, como el azul y el amarillo, para producir una viveza óptica. De modo similar, explota la oposición de los colores cálidos y fríos.

Pintura al aire libre

En sus primeras obras, Monet se empeñó en pintar al aire libre: empezar y acabar un cuadro afuera, frente a su tema. Esto a veces implicaba enormes dificultades: en un día húmedo y ventoso tenía que asegurar su caballete con piedras grandes y mezclar sus pinturas debajo del impermeable. Cuando la luz cambiaba, se veía obligado a adaptar su obra o empezar otra. El jardín de Monet en Giverny le proporcionaba un entorno donde podía pintar al aire libre en circunstancias más propicias y cómodas.

Monet sufrió por primera vez los efectos de unas cataratas dobles en 1908. En 1922 tuvo que dejar de trabajar por completo. Al año siguiente hubo de hacerse una operación que le restauró parcialmente la vista, aunque su percepción era borrosa y veía los colores distorsionados. Perdió totalmente la vista poco antes de morir.

Comparando texturas
Del mismo modo que tuvo un interés perenne en la luz y en el reto de reproducir el efecto de ésta en la pintura, Monet se fue sintiendo cada vez más fascinado por las texturas. Exploró distintos modos de equiparar las texturas de la naturaleza con las producidas por la pintura al óleo. Aquí, su interés principal son las partículas de luz, y la interacción de ésta y el follaje.

El primer ministro francés Clemenceau (1841-1929), quien era amigo de Monet, tomó la determinación de preservar para la nación una serie completa de obras del artista. Propuso que Monet emprendiese una obra conmemorativa de todos los caídos en la Primera Guerra Mundial, a fin de exhibirla permanentemente en la Orangerie de las Tullerías de París. Monet siguió muy de cerca el curso de la guerra: los disparos del frente se podían oír hasta Giverny.

Enrejado de rosas
El gran enrejado de rosas, contiguo a la casa de Monet en Giverny, es uno de los rasgos más prominentes de esta parte del jardín. Aunque el artista llegó a construir tres estudios en el jardín, es probable que esta obra haya sido pintada enteramente al aire libre, frente al enrejado.

El jardín anexo a la casa parece ordinario, y el motivo de las plantas es la interacción de color y textura. El jardín del estanque de nenúfares realza las formas curvas y ofrece un contraste deliberado. Es menos común, con plantas seleccionadas por las cualidades de su follaje vistoso y tonos sutiles. La luz reflejada en el agua es más suave. Una vía férrea dividía ambos jardines.

1915-1920

1915 Albert Einstein expone su teoría de la relatividad. Las fuerzas alemanas usan gases tóxicos durante la segunda batalla de Ypres.

1916 Batallas de Verdún y del Somme. Moda del jazz en Estados Unidos.

1917 Revolución rusa. Estados Unidos declara la guerra a Alemania. Freud: *Introducción al psicoanálisis*.

1918 Tratado de Versalles y final de la Primera Guerra Mundial.

1919 Fundación de la Bauhaus. Primer vuelo trasatlántico sin escalas.

1920 Establecimiento de la Sociedad de Naciones. F. Scott Fitzgerald: *Esta parte del paraíso*.

Morisot (1841-1895)

Berthe Morisot nació en Francia, en una época en que una mujer no tenía la oportunidad de convertirse en artista profesional respetable. La École des Beaux Arts de París no admitió alumnas hasta dos años después de su muerte. Pero la suerte la favoreció y encontró un cauce para sus talentos naturales. Era la hija menor de una familia rica de clase media, y su padre, un funcionario público, había estudiado arquitectura y pintura en su juventud. Éste solía invitar a su casa a artistas conocidos y fue así como, en 1860, Berthe tuvo ocasión de conocer a Corot (1796-1875), uno de los más importantes pintores de entonces, quien la apadrinó y les dio clases prácticas a ella y a su hermana Edma, otra pintora talentosa. En 1868 conoció a Manet (p. 76), quien influyó mucho en su obra y en su vida (finalmente, ella casó con su hermano). Encontró su hogar espiritual y artístico en el círculo de los impresionistas y se convirtió en una de sus principales figuras, ayudando a organizar sus exposiciones innovadoras y a poner en contacto a pintores, escritores y músicos de ideas parecidas. Compartía el interés de éstos en la temática moderna e informal, y en la pincelada suelta y abierta, pero su estilo se hallaba firmemente marcado por su fuerte personalidad.

Berthe Morisot

EUGÈNE MANET Y SU HIJA EN EL JARDÍN DE BOUGIVAL
Las obras de Morisot son un diario autobiográfico. En esta escena familiar, la hija de la artista juega con la maqueta de un pueblo, bajo la mirada atenta de su padre. La familia se había mudado a una casa alquilada en Bougival, que era un balneario de moda cercano a París, a fines de la primavera de 1881.

Morisot y Eugène Manet se conocieron en unas vacaciones en Normandía en 1873 y en 1874 se casaron. Fue un matrimonio basado en el respeto y la conveniencia más que en una pasión profunda, pero le permitió a Morisot continuar con su pintura. Eugène falleció en 1892.

Eugène Manet
Morisot estaba casada con Eugène Manet, hermano del gran artista francés Édouard Manet (p. 76). Se sabe relativamente poco de Eugène. Fue pintor aficionado y escritor, y más adelante desempeñó una serie de cargos en el gobierno.

Morisot conoció a Édouard Manet en 1867, gracias a Henri Fantin-Latour, cuando ella estaba en el Louvre copiando una obra de Rubens (p. 40). Las familias Manet y Morisot se hicieron íntimas, visitándose de modo regular. Las dos hermanas se sintieron atraídas por Manet (que estaba casado) y éste presentó a Edma y su futuro marido. Berthe aparece en varias obras de Manet, sobresale su famoso El balcón, *de 1868.*

Manos en los bolsillos
En sociedad, Eugène no compartía el encanto y desenvoltura de su hermano. Había sufrido más que éste a manos de su autocrático padre. Era tímido y serio por naturaleza, pero adoraba a su familia. Sin embargo, no le gustaba posar y parece incómodo en este cuadro. Con las manos en los bolsillos, su postura es más bien rígida.

Berthe Morisot; *Eugène Manet y su hija en el jardín de Bougival*; 1881; 73 x 92 cm; óleo sobre lienzo; colección particular

1870-1875

1870 Sitio de París.

1871 Francia cede Alsacia-Lorena a Alemania tras su derrota en la guerra franco-prusiana. Darwin: *El origen del hombre*.

1872 Primer partido internacional de futbol.

1873 Colapso financiero en Europa. Producción comercial de las primeras máquinas de escribir. Invención del tenis sobre hierba.

1874 Disraeli es nombrado primer ministro británico. Johann Strauss II: *El murciélago*.

1875 Bizet: *Carmen*. Mark Twain: *Tom Sawyer*.

Estilo suelto
El estilo muy impreciso es característico de la obra de Morisot, y de todos los impresionistas es ella la que más se apega a la noción de un estilo libre y espontáneo para reflejar la informalidad de sus temas. La misma cualidad distingue a sus acuarelas y dibujos a lápiz.

La hermana de Berthe
Esta tierna imagen retrata a la joven hermana de Berthe, Edma, junto a la cuna de su segundo hijo, nacido en 1871. Edma abandonó una prometedora carrera como pintora para ocuparse de su familia (se había casado con un oficial de marina en 1869).

Berthe Morisot; *La cuna*; 1872-74; 56 x 46 cm; óleo sobre lienzo; Museo d'Orsay, París

"Los hombres se inclinan a creer que llenan toda nuestra vida, pero en lo que a mí respecta pienso que, por más afecto que una sienta por su marido, no es fácil romper con una vida de trabajo."
BERTHE MORISOT

SALPICADURAS DE LUZ
Como muchas obras impresionistas, esta escena fue pintada al aire libre. Las delicadas manchas de sol muestran la influencia de Renoir.

Morisot conocía bien a Renoir y compartían intereses similares; por ejemplo, los dos estaban influidos por pintores franceses del siglo XVIII como Fragonard (p. 58). Renoir también pasó el verano de 1881 en Bougival, trabajando en su famosa obra La comida de los barqueros.

HIJA
La única hija de la artista, Julie, nació el 14 de noviembre de 1878. Morisot era una madre atenta y Julie una niña despierta y feliz. Aparece en muchas obras de su madre y también posó con ésta, siempre elegante, para un retrato doble de Renoir en 1894.

OBRAS CLAVE

- **El puerto de Lorient**; 1869; *Galería Nacional*, Washington D.C.
- **Retrato de la madre y la hermana de la artista**; 1869-70; *Galería Nacional,* Washington D.C.
- **En un parque**; c. 1873; *Museo del Petit Palais*, París
- **El recolector de cerezas**; c. 1891; *colección particular*, París

LOS IMPRESIONISTAS

Morisot exhibió *La cuna* en la famosa primera exposición impresionista de 1874. La muestra independiente, que fue organizada como protesta contra la enseñanza y las convenciones académicas, incluyó obras de Pisarro, Renoir, Degas (p. 78), Cézanne (p. 82) y Monet (p. 84). Habituados a trabajar al aire libre, los impresionistas no estaban interesados en los temas históricos, sino que pretendían captar una "impresión" de un momento de la vida contemporánea. El crítico Castagnary dijo: "No es posible encontrar imágenes más gráciles, manejadas más deliberadamente, que *La cuna*... la ejecución está en completo acuerdo con la idea que se quiere expresar".

GAUGUIN (1848-1903)

Paul Gauguin

PAUL GAUGUIN LLEVÓ UNA VIDA MÁS EXTRAORDINARIA que otros artistas. Nació en París, pero cuando su padre murió en 1849 la familia se fue a vivir con un tío abuelo a Perú. Regresaron a Francia cuando Gauguin tenía siete años, y en 1865 éste se alistó en la marina mercante. A partir de 1872 trabajó con éxito como agente de bolsa, hizo una fortuna, se casó y tuvo cinco hijos. No obstante, su pasión era pintar, y conoció a los impresionistas, compró sus obras y exhibió las suyas propias en las últimas cuatro exposiciones de ese movimiento. En 1882, la bolsa se colapsó y Gauguin decidió que podía mantener a su familia mediante la pintura. Tuvo poco éxito, y en 1886 abandonó a los suyos y se dedicó a una solitaria vida bohemia. Se marchó a Bretaña, y al extranjero: a Panamá y Martinica. En 1888 visitó a Van Gogh, con desastrosas consecuencias (p. 90). Más adelante abandonó el estilo impresionista y usó zonas de color puro con propósitos expresivos. Hombre de emociones profundas, siempre anduvo buscando respuestas a sus necesidades espirituales, y empleó la pintura como un medio para resolver estos problemas interiores. En la última década de su vida esperó encontrar las respuestas en la paradisiaca isla de Tahití.

NEVERMORE (NUNCA MÁS)
Pintada en Tahití, esta obra tardía es una moderna interpretación de un tema clásico: el desnudo recostado (p. 30). La imagen simple y perfilada, los motivos decorativos, y las zonas lisas de color intenso son típicos de Gauguin. Está más interesado en pintar su visión interior que la realidad externa.

El cuervo
El pájaro y la palabra "nevermore" (nunca más) recuerdan el poema *El cuervo*, de Edgar Allan Poe. El poeta era muy admirado en los círculos artísticos parisinos, y, en 1875, Manet ilustró la traducción que había hecho Mallarmé del poema de Poe. En éste, la imaginación del autor está obsesionada por un cuervo amenazador que sólo emite un sonido: "nevermore".

El primer dueño del cuadro fue el progresista compositor inglés Frederick Delius. Gauguin estaba satisfecho de que hubiera quedado en poder de alguien que pudiera simpatizar con sus objetivos e ideales.

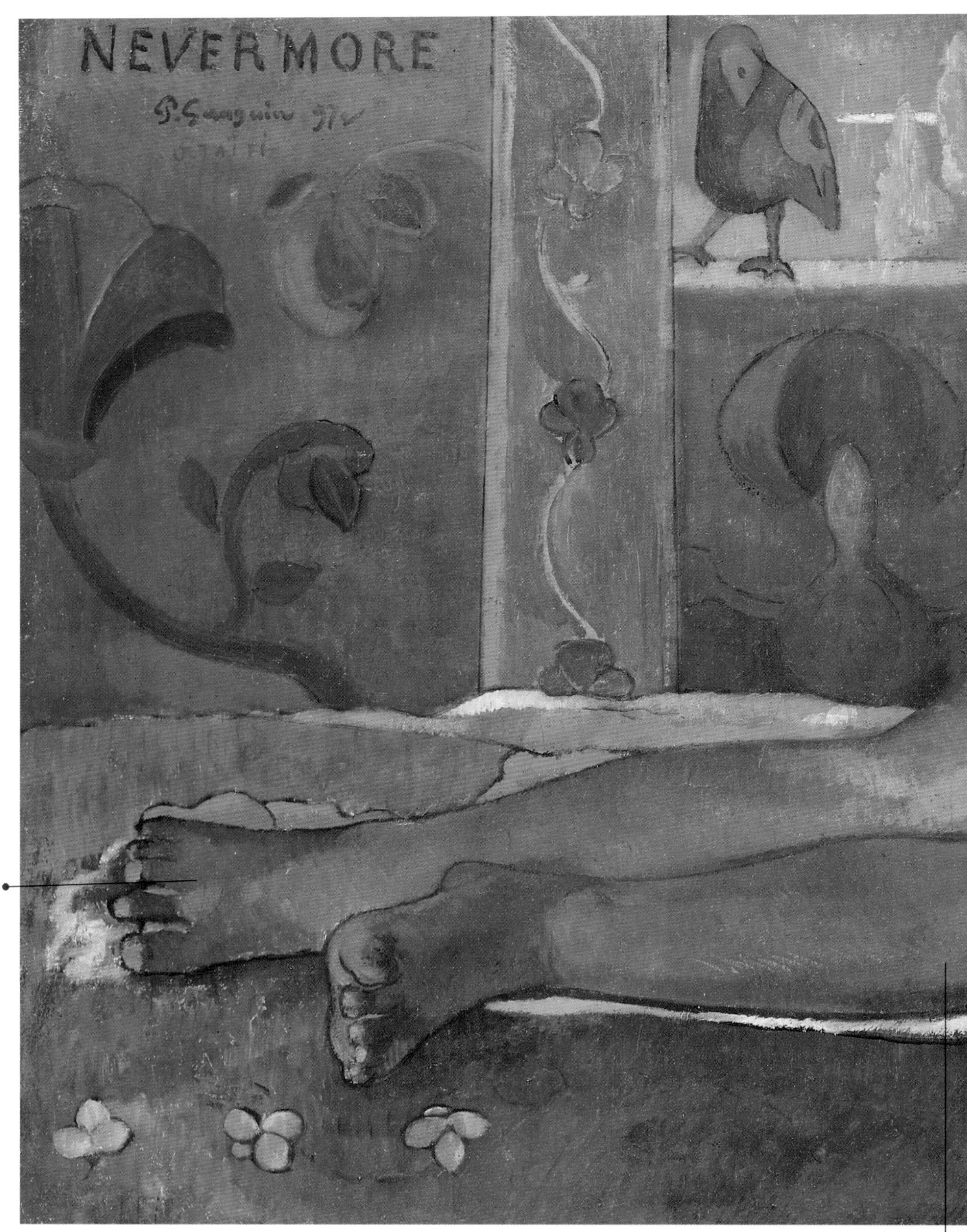

PINTURA ESPESA
Excepcionalmente, este cuadro tiene una capa espesa de pintura. Por lo general, las obras tahitianas del artista están pintadas ligeramente sobre arpillera, debido a que su pobreza le obligaba a ahorrar en los materiales. Las radiografías muestran que la obra fue pintada sobre otra imagen.

BELLEZA DE PIERNAS LARGAS
Gauguin vivió con una adolescente tahitiana, y describió a las nativas como poseedoras de "algo misterioso y penetrante... Se mueven con toda la elasticidad y gracia de los animales gallardos, emanando ese aroma que es una mezcla de olor animal y esencias de sándalo y gardenia".

1895-1900

1895 Oscar Wilde: *La importancia de llamarse Ernesto.*

1896 Chéjov: *La gaviota.* Puccini: *La Bohème.* Concesión del primer premio Nobel.

1897 Anexión de Hawaii a Estados Unidos.

1898 H. G. Wells: *La guerra de los mundos.* Zeppelin construye el primer dirigible. Inauguración del Metro de París.

1899 Guerra de los bóers. Elgar: *Enigma.*

1900 Max Planck formula la Teoría Cuántica. Introducción de la cámara Brownie.

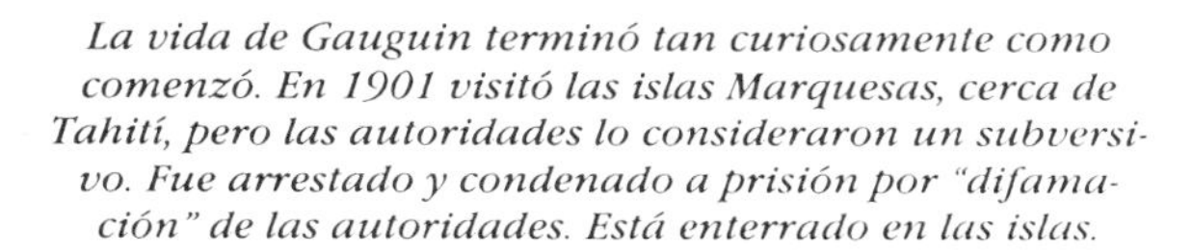

La vida de Gauguin terminó tan curiosamente como comenzó. En 1901 visitó las islas Marquesas, cerca de Tahití, pero las autoridades lo consideraron un subversivo. Fue arrestado y condenado a prisión por "difamación" de las autoridades. Está enterrado en las islas.

TAHITÍ

Gauguin fue por primera vez a Tahití en 1891, buscando un paraíso tropical muy alejado de la corrupción y artificialidad de la sociedad moderna. No obstante, aunque fascinado por la cultura y creencias espirituales de los tahitianos, advirtió que estaban cada vez más occidentalizados, y comprobó la erosión de su cultura por parte de los misioneros. También encontró que el esnobismo entre los residentes de la colonia era peor que en París. Se le concedió la repatriación a Francia en 1893, pero regresó a Tahití en julio de 1895, enfermo de sífilis.

"En la pintura, como en la música, debería buscarse más sugestión que descripción."
GAUGUIN

OBRAS CLAVE

- **La visión después del sermón**; 1888; *Galería Nacional*, Edimburgo
- **Paisaje tahitiano**; 1893; *Hermitage*, San Petersburgo
- **Cuentos bárbaros**; 1902; *Museo Folkwang*, Essen

Misterio
Gauguin trató de llenar la obra de misterio. Escribió: "Me gustaría sugerir una cierta suntuosidad salvaje perdida hace tiempo". La muchacha parece abstraída en sus propios ensueños (no está dormida) y sus ojos están vueltos hacia el pájaro del fondo, que pudiera existir en realidad o sólo en la imaginación de la joven.

Gauguin formó una colección de postales con temas de arte que le interesaban: de Egipto, Camboya, Japón, Centro y Sudamérica, y de la Europa medieval. En la pared de su cabaña figuraba, no obstante, la Olympia *de Manet (p. 76).*

CONTRASTES
Gauguin utiliza contrastes sutiles para intensificar la emoción. Las figuras vestidas que conversan al fondo contrastan con la muchacha desnuda, absorta en sus pensamientos, del primer plano. Las curvas de su cuerpo contrastan con las líneas horizontales y verticales que hay tras ella.

Paul Gauguin; *Nevermore*; 1897; 59.5 x 117 cm; óleo sobre lienzo; Instituto Courtauld, Londres

Cuando regresó a París en 1893, Gauguin recibió cierta aprobación de la crítica por sus obras tahitianas, y después de 1901 obtuvo una renta regular de su marchante Ambroise Vollard. También experimentó audazmente con la talla en madera, la cerámica y la escultura.

COLOR SIMBÓLICO
Los colores de Gauguin son intencionalmente antinaturales. Quería crear un estilo que expresara emociones y sentimientos profundos de una manera moderna. Su uso simbólico del color tuvo una influencia enorme en los expresionistas alemanes y en Matisse (p. 98).

Van Gogh (1853-1890)

Nacido en Holanda, hijo de un pastor evangélico, Vincent van Gogh fue un hombre sensible, inteligente y apasionado, pero su vida fue de continuo rechazo. Su temprano empleo en la empresa de distribución de arte de su tío incluyó una temporada en Londres, donde un desgraciado amorío fue la causa de su despido. Decidió entonces entregarse a la Iglesia, pero su nueva carrera terminó bruscamente cuando su excesiva solicitud para con los pobres desagradó a sus superiores. Desesperado, Van Gogh se dedicó a la pintura buscando una salida a su fuerte impulso emocional y espiritual. Trabajó durante 10 años con increíble intensidad y originalidad, iniciando un uso expresivo del color y la línea que más tarde inspiraría a los fauvistas y expresionistas. Sin embargo, sólo vendió un cuadro en toda su vida. Con su angustia espiritual y depresión en aumento, el artista pasó la mayor parte de sus últimos años en instituciones de salud mental, donde continuó pintando. Por último, se mudó a Auvers-sur-Oise, en el norte de Francia, para estar cerca de su leal hermano Theo. Después de un último estallido de creatividad, durante el cual terminó 70 lienzos en igual número de días, se suicidó dándose un tiro en el estómago.

Vincent van Gogh

“Estoy arriesgando la vida por mi obra, y ya perdí la mitad de mi razón.”

Vincent Van Gogh (en su última carta a Theo)

Autorretrato con la oreja vendada

El rostro delgado y grave de Van Gogh contrasta con la radiante y optimista imagen de la silla amarilla. Su relación con Gauguin alcanzó el punto de ruptura en diciembre de 1888. Después de una feroz discusión Van Gogh atacó a Gauguin, se cortó parte de la oreja izquierda y se la entregó a una prostituta

Vincent van Gogh; *Autorretrato con la oreja vendada*; 1889; 60 x 49 cm; óleo sobre lienzo; Instituto Courtauld, Londres

Van Gogh vivió una temporada en Londres y recibió la influencia de las novelas de Dickens. Éste describe a menudo objetos inanimados con un lenguaje que les confiere características de seres vivos. De igual modo, Van Gogh fue capaz de "animar" objetos mediante el uso expresivo de la línea y el color.

Colores complementarios
Van Gogh perfiló la silla amarilla con su azul complementario, que intensifica el resplandor amarillo y lo proyecta hacia afuera del lienzo.

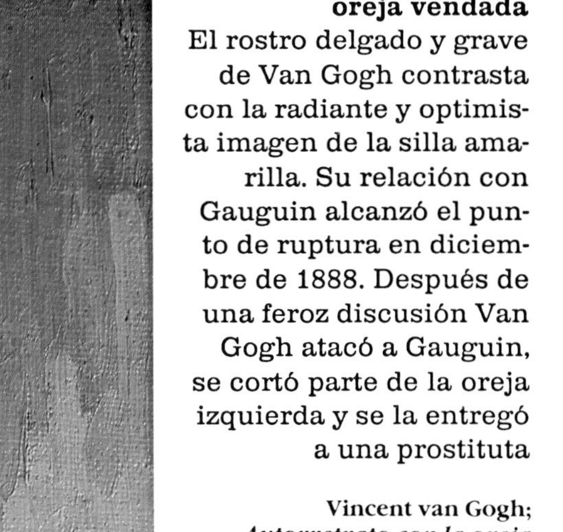

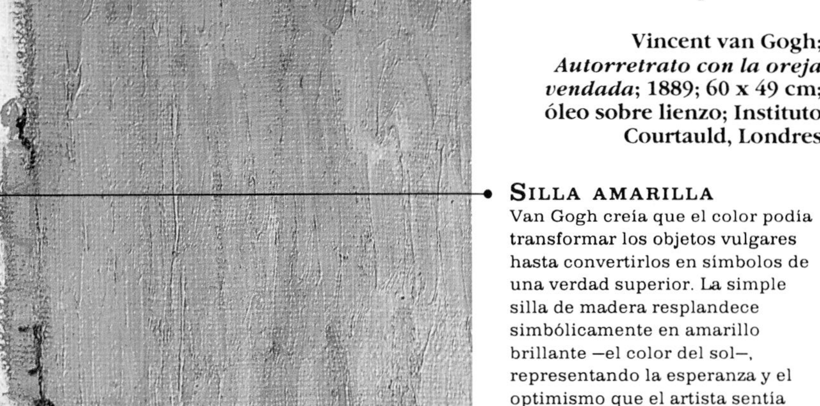

LA SILLA AMARILLA
El tema es interpretado como un retrato del artista en un momento decisivo de su vida, Van Gogh estaba convencido de que sus ambiciones estaban a punto de realizarse.

Van Gogh se mudó de París a Arles en 1888, esperaba fundar una colonia artística de espíritus afines que encontrasen armonía e inspiración en la luz, el color y mediante un estilo de vida sencillo dedicado a la creatividad. Su sueño parecía estar a su alcance cuando Gauguin (p. 88), accedió a acompañarlo. Sin embargo, los temperamentos difíciles de ambos chocaron, con desastrosas consecuencias.

Bulbos germinantes
Van Gogh incluyó bulbos en germinación como símbolos de vida nueva. Representan el comienzo que esperaba emprender con Gauguin.

Firma destacada
La firma es clara y personal, e indica la confianza infantil de Van Gogh.

Silla amarilla
Van Gogh creía que el color podía transformar los objetos vulgares hasta convertirlos en símbolos de una verdad superior. La simple silla de madera resplandece simbólicamente en amarillo brillante —el color del sol—, representando la esperanza y el optimismo que el artista sentía en este periodo de su vida.

1885-1890

1886 Terminación del ferrocarril Canadian Pacific.

1887 Cincuentenario del reinado de Victoria de Gran Bretaña. Conan Doyle crea a Sherlock Holmes.

1888 Introducción de la cámara de cajón Kodak. Rimsky-Korsakov: *Scheherazade*.

1889 Construcción de la torre Eiffel.

1890 Ibsen: *Hedda Gabbler*. Wilde: *El retrato de Dorian Gray*. Primer edificio con estructura de acero.

Vincent pintó esta obra, junto con La silla de Gauguin, *cuando ambos artistas vivían en su querida Casa Amarilla de Arles. Más tarde describió la "alta nota amarilla" que alcanzó en el verano de 1888: fue entonces cuando pintó su famosa serie de alegres cuadros de girasoles.*

Baldosas de terracota
Las pinceladas gruesas y acentuadas de Van Gogh recrean la apariencia y el color de las baldosas de terracota. Era afecto a los objetos simples y funcionales, que asociaba con lo que llamaba su estilo de vida "rústico".

Vincent van Gogh; *La silla amarilla*; 1888; 90.5 x 72 cm; óleo sobre lienzo; Galería Tate, Londres

La pipa de Van Gogh
La pipa y el tabaco del artista colocados en el asiento de junco, las gruesas y personales pinceladas, y la mera peculiaridad de la perspectiva ladeada hacen de esta imagen mucho más que la representación de una silla. Puede interpretarse como un autorretrato: una evocación simbólica del propio artista. En una pintura gemela inconclusa, Van Gogh representó una trabajada butaca para Gauguin, lo que subrayaba la polaridad de los caracteres de ambos artistas.

Van Gogh usaba los colores para representar estados de ánimo. En una de sus cartas escribió: "En vez de intentar reproducir lo que veo ante mí, uso el color de una manera arbitraria para expresarme con todas mis fuerzas".

Perfil marcado
El perfil marcado y la imagen sencilla muestran la influencia de los grabados japoneses que Van Gogh coleccionaba. También admiraba, y trataba de imitar, el estilo de vida frugal que supuestamente llevaban los artistas nipones. En el fondo de su *Autorretrato con la oreja vendada* aparece un grabado japonés (arriba).

De haber continuado con vida, es indudable que Van Gogh habría recibido el reconocimiento de la crítica y la valoración comercial que se le negó durante su corta existencia. Poco después de su suicidio, su obra mereció una reseña entusiasta por parte del crítico Albert Aurier.

Después de su depresión inicial de 1888, Van Gogh fue recluido en el manicomio de Arles, y más tarde él mismo se internó en el de St. Rémy. Tenía periodos de depresión y letargo, seguidos por ataques de intensa actividad. La causa de su enfermedad se desconoce, pero podría haber sido un tipo de epilepsia.

Perspectiva ladeada
El extraño punto de vista desde arriba de la silla la hace aparecer más cerca del espectador y más invitante. Van Gogh no intenta representar la perspectiva de las baldosas en una manera "realista".

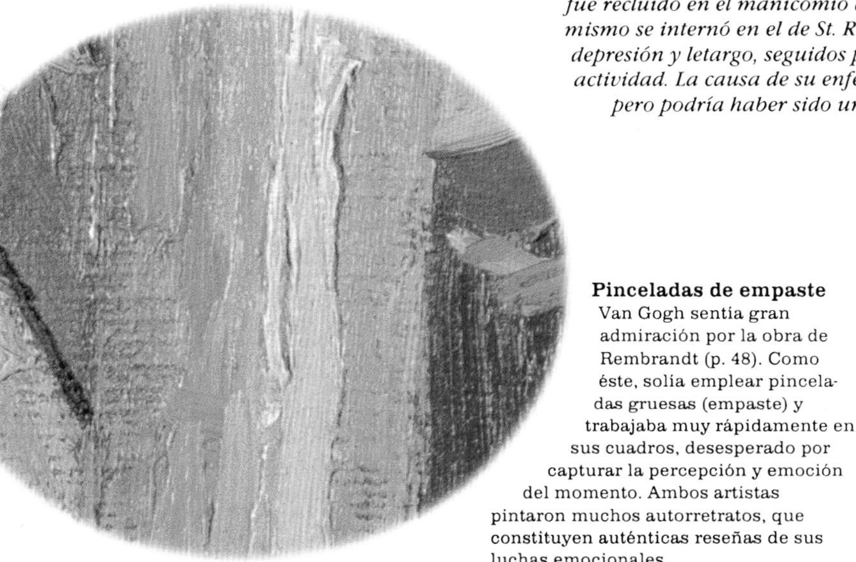

Pinceladas de empaste
Van Gogh sentía gran admiración por la obra de Rembrandt (p. 48). Como éste, solía emplear pinceladas gruesas (empaste) y trabajaba muy rápidamente en sus cuadros, desesperado por capturar la percepción y emoción del momento. Ambos artistas pintaron muchos autorretratos, que constituyen auténticas reseñas de sus luchas emocionales.

Obras clave

- **Los comedores de papas**; 1885; *Museo Van Gogh*, Amsterdam
- **Girasoles**; 1888; *Galería Nacional*, Londres
- **El dormitorio de Arles**; 1889; *Museo d'Orsay*, París
- **Noche estrellada**; 1889; *Museo de Arte Moderno*, Nueva York

Durante una estancia en París con Theo, en 1886, Vincent entró en contacto con artistas jóvenes de vanguardia, entre ellos Toulouse-Lautrec, Pissarro, Degas (p. 78), Seurat y Gauguin. Seurat y los impresionistas ejercieron una fuerte influencia sobre Van Gogh, pero su estilo siempre fue bastante individual: nunca perteneció a ningún "movimiento" artístico.

Vincent y Theo

Theo, el hermano menor de Van Gogh, lo apoyó y alentó a lo largo de su vida. Los hermanos se escribieron más de 600 cartas, y a través de ellas conocemos más detalles sobre la vida, emociones, reacciones y teorías artísticas de Van Gogh que de ningún otro artista. Fue Theo el primero en sugerir a su hermano que se hiciera pintor. Enviaba a éste dinero para pinturas y lienzos, así como fotografías y grabados acerca de los cuales intercambiaban opiniones estéticas. Vincent murió en los brazos de su hermano el 29 de julio de 1890. Theo falleció seis meses más tarde.

SARGENT (1856-1925)

John Singer Sargent

SARGENT HABRÍA PODIDO ser un personaje inventado por el escritor estadounidense Henry James (1843-1916) para una de sus novelas. Sus acaudalados padres provenían de Filadelfia (su padre era médico), pero se pasaron la vida haciendo turismo por Europa, y fue como viajero que Sargent creció y se educó. Nació en Italia, y su madre lo animó a pintar los lugares que visitaban. Estaba decidido a convertir la pintura en su carrera (aunque su padre habría preferido la marina), y en 1874 fue enviado a estudiar a París con el conocido retratista Carolus-Duran (1838-1917). Manifestó un inmenso talento, y a la edad de 23 ya había montado su propio estudio en París. En 1884 se mudó a Londres (aconsejado por Henry James), y pronto se convirtió en el retratista favorito de la aristocracia y los nuevos ricos británicos y estadounidenses. Los retrató con holgura y adulación, pues vivían en la privilegiada "edad de oro" que iba a terminar con el advenimiento de la Primera Guerra Mundial.

"Sargent enseñaba a sus modelos a comportarse como ricos, y mirando sus retratos comprendían, por fin, lo ricos que eran realmente."
OSBERT SITWELL

LAS HIJAS DE EDWARD D. BOIT

Bajo el aspecto convencional de este encantador retrato de grupo hay un enfoque fresco y moderno: un sello distintivo del mejor arte de Sargent. Las cuatro jóvenes hermanas están situadas fuera del centro y posan de una manera deliberadamente original, trasmitiendo un aire de espontaneidad a la imagen e introduciendo un sentido de misterio a su relación. Parecen haber sido interrumpidas cuando compartían alguna actividad y tienen una apariencia curiosa, casi culpable.

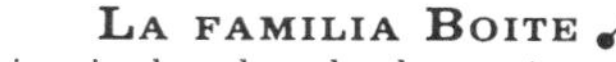

LA FAMILIA BOITE
De izquierda a derecha, las cuatro hermanas son Mary-Louisa, Florence, Jane y Julia. Edward Boit era un amigo de Sargent. Era pintor y una figura destacada en las comunidades de expatriados estadounidenses de París y Roma.

Luz efectista
La técnica fluida de Sargent le permitía explorar sutiles y espléndidas fuentes de luz. Aquí, ésta llega por la izquierda, creando profundos espacios de sombra; acentos de luz brillante en los delantales, y sutiles reflejos en los jarrones chinos vidriados y en el espejo.

EQUILIBRIO DE TONOS
Una de las principales lecciones del profesor de Sargent, Carolus-Duran, fue el cuidadoso equilibrio de los tonos observados meticulosamente. Aconsejaba a sus discípulos que aplicaran los tonos medios primero (aquí, por ejemplo, estos tonos están definidos en el piso y el primer plano). Una vez que éstos quedaban establecidos, se aconsejaba al discípulo que los utilizara como base para fijar el colorido de los claros y sombras. Esta obra muestra con qué brillantez aplicó Sargent la lección.

LA MODA DEL RETRATO

Durante la vida activa de Sargent, los retratos de artistas británicos como Reynolds (p. 56), Gainsborough y Lawrence eran los cuadros más codiciados y valiosos del mercado artístico internacional. Los nuevos ricos estadounidenses eran ávidos compradores de estas obras. La aristocracia británica estaba feliz por vender en sumas enormes estas reliquias, mediante marchantes como Joseph Duveen. Este mercado artístico tan en boga sirvió de ayuda a Sargent, quien, a pesar de ser estadounidense, era considerado como el sucesor nato de aquellos grandes retratistas.

Sargent recibió poca educación formal, pero gracias a los viajes adquirió fundamentos culturales sólidos y aprendió varios idiomas. También era un pianista entusiasta y en sus obras juega con las tonalidades y matices de manera muy semejante a la música.

INFANCIA SOLITARIA
Sargent manifiesta una afinidad natural con las niñas y la etapa de la infancia. Fue un hombre tímido e introvertido que nunca se casó (aunque su nombre se vinculara a algunas de sus modelos). Tuvo una niñez solitaria y pasó la mayor parte del tiempo con sus hermanas Emily y Violet.

John Singer Sargent; *Las hijas de Edward D. Boit*; 1882; 221 x 221 cm; óleo sobre lienzo; Museo de Bellas Artes, Boston

Obras clave

- **Madame X**; 1884; *Museo Metropolitano de Arte*, Nueva York
- **Clavel, lirio, lirio, rosa**; 1885-86; *Galería Tate*, Londres
- **Lady Agnew**; c. 1892-93; *Galería Nacional*, Edimburgo
- **Gaseados**; 1918-19; *Museo Imperial de Guerra*, Londres

Expresión característica
Aunque brillantemente dotado para captar cada parecido y expresión característica, Sargent acabó por aburrirse del retrato de sociedad y prefirió hacer pequeños bocetos de paisajes y amigos.

Influencia de Velázquez
Los colores ricos y la pincelada fluida revelan la influencia de Velázquez (p. 46), que constituía un auténtico "redescubrimiento" para los artistas de finales del siglo XIX. Carolus-Duran acostumbraba salmodiar a sus discípulos el nombre de Velázquez durante sus rondas por el taller, y Sargent hizo copias de sus cuadros durante una visita a España en 1879.

Aunque pasó casi toda su vida en Europa, Sargent estaba orgulloso de sus orígenes estadounidenses (rechazó el título de caballero de Eduardo VII porque implicaba la renuncia a su ciudadanía). Su proyecto más estimado fue el de unos murales para edificios públicos de Boston.

Claros brillantes
La observación de la luz es un tema constante en la obra de Sargent. Es un interés que compartía con los impresionistas. Monet (p. 84) y Sargent se hicieron buenos amigos.

Técnica resuelta
Mientras pintaba un retrato, Sargent desplegaba una gran actividad: caminaba alrededor del lienzo y, pensativo, musitaba para sí. De pronto, corría hacia el cuadro con el pincel cargado de pintura e imprimía una pincelada precisa.

Esta obra fue bien recibida en el Salón de París de 1883, y Henry James escribió una reseña para la revista estadounidense Harpers Bazaar. *Un año después, el retrato que hizo Sargent de madame Gautreau causó un escándalo en el Salón por su informalidad y atrevimiento. El pintor dejó París y se instaló en Londres, haciéndose cargo del taller de Whistler (p. 80).*

1880-1885

1880 Gladstone es nombrado primer ministro británico. Francia se anexiona Tahití. Descubrimiento de la vacuna contra el cólera.

1881 Henry James: *Retrato de una dama*. Se patenta la cámara con carrete de película.

1882 Robert Louis Stevenson: *La isla del tesoro*. Tchaikovski: *Obertura 1812*. Se patenta la ametralladora.

1883 Primer rascacielos (Chicago).

1884 Mark Twain: *Huckleberry Finn*. Invención de la turbina de vapor.

1885 Muerte del general Gordon en Jartum. Brahms: *Sinfonía núm. 4*.

KLIMT (1862-1918)

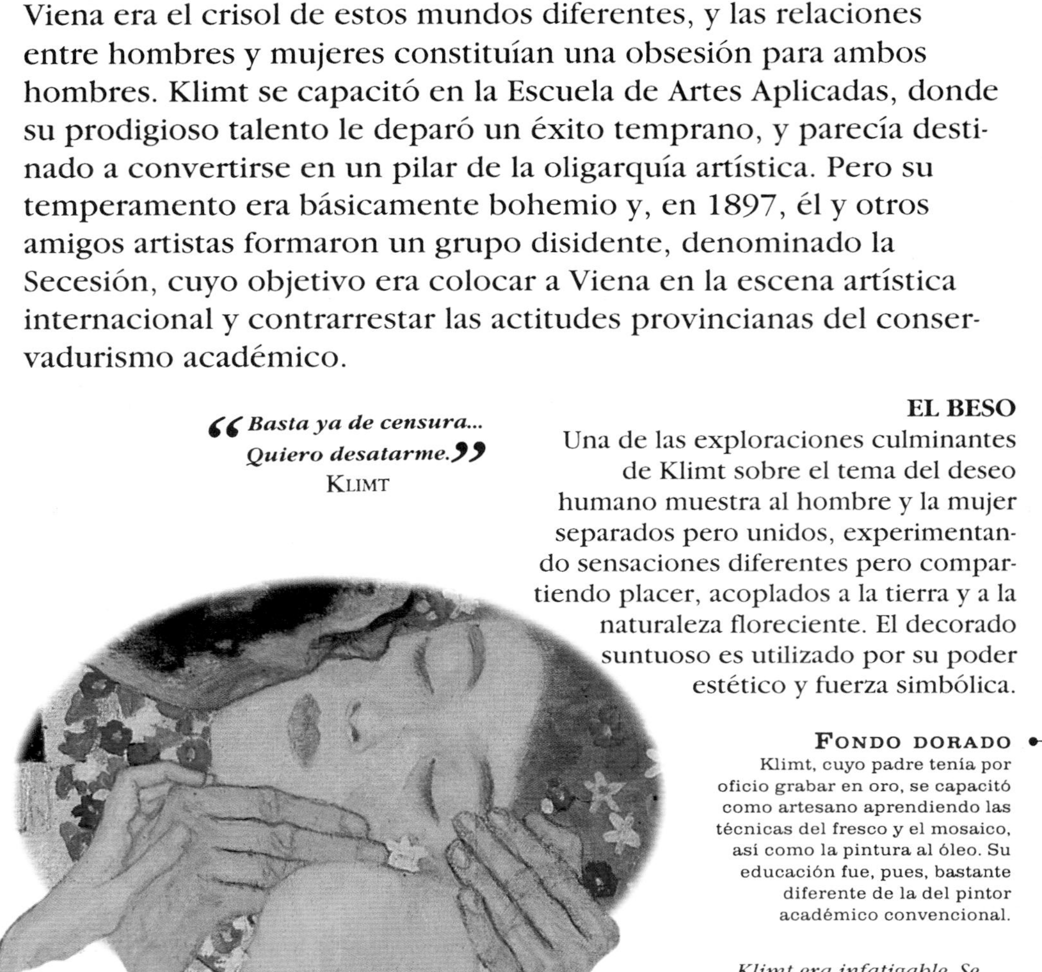

Gustav Klimt

Hombre de porte imponente, Klimt poseía un voraz apetito visual y sexual. Su vida giró en torno a su Viena natal y abarcó dos mundos: por un lado estaba el brillante mundo regido por el emperador Francisco José, que acabaría por sucumbir en la Primera Guerra Mundial con el derrumbe del Imperio Austrohúngaro; y por el otro, el mundo moderno, con sus nuevas ciencias, formas artísticas y prioridades respecto a las relaciones humanas, en el que Sigmund Freud (1856-1939) era el principal erudito. Viena era el crisol de estos mundos diferentes, y las relaciones entre hombres y mujeres constituían una obsesión para ambos hombres. Klimt se capacitó en la Escuela de Artes Aplicadas, donde su prodigioso talento le deparó un éxito temprano, y parecía destinado a convertirse en un pilar de la oligarquía artística. Pero su temperamento era básicamente bohemio y, en 1897, él y otros amigos artistas formaron un grupo disidente, denominado la Secesión, cuyo objetivo era colocar a Viena en la escena artística internacional y contrarrestar las actitudes provincianas del conservadurismo académico.

"Basta ya de censura... Quiero desatarme."
KLIMT

Manos expresivas
El contacto de las manos y los gestos de los dedos son particularmente expresivos. Klimt sentía fascinación por las manos, y a menudo son un elemento importante en su obra. Los rostros están característicamente ocultos o impasibles.

EL BESO
Una de las exploraciones culminantes de Klimt sobre el tema del deseo humano muestra al hombre y la mujer separados pero unidos, experimentando sensaciones diferentes pero compartiendo placer, acoplados a la tierra y a la naturaleza floreciente. El decorado suntuoso es utilizado por su poder estético y fuerza simbólica.

PRENDAS SIMBÓLICAS
El hombre y la mujer llevan túnicas de color oro decoradas profusamente, que definen su individualidad, pero hay una "envoltura" dorada que rodea a ambos y rebasa la descripción de sus trajes. Esta "envoltura" une simbólicamente los sexos.

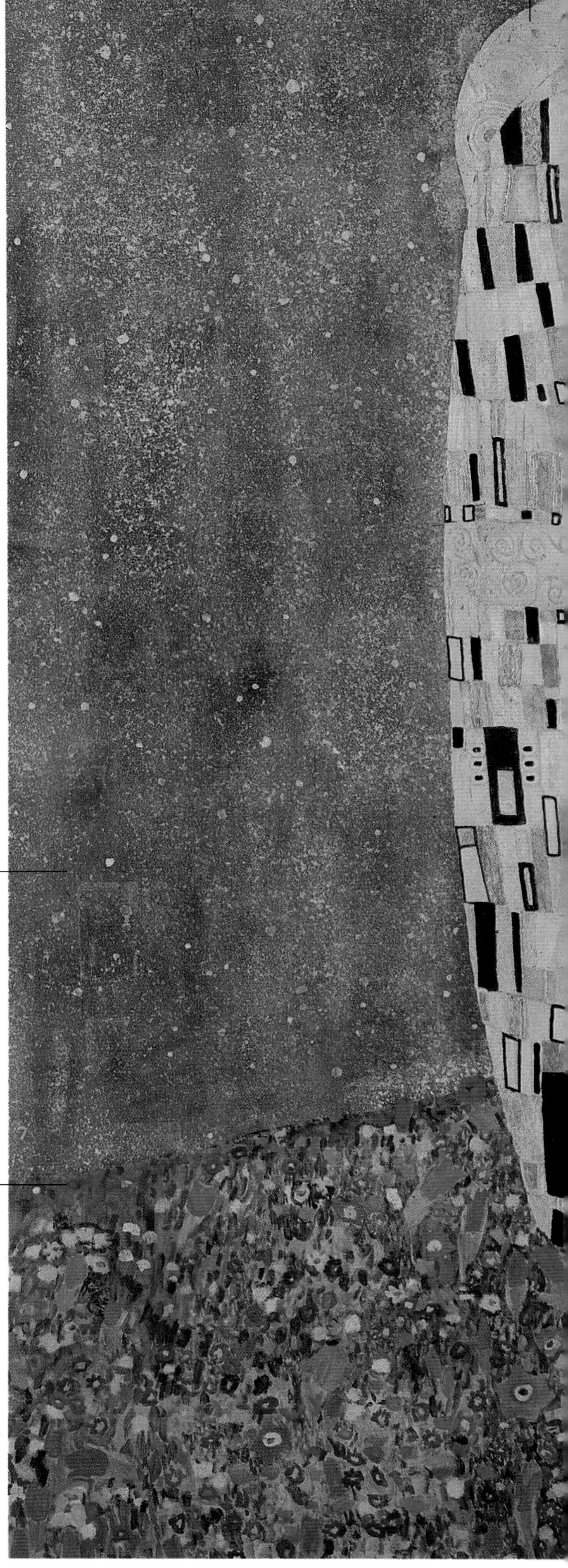

FONDO DORADO
Klimt, cuyo padre tenía por oficio grabar en oro, se capacitó como artesano aprendiendo las técnicas del fresco y el mosaico, así como la pintura al óleo. Su educación fue, pues, bastante diferente de la del pintor académico convencional.

Klimt era infatigable. Se levantaba temprano y trabajaba todo el día. Aunque era hombre de pocas palabras, frecuentaba sus cafés favoritos, parte vital de la tensa e impresionable Viena del fin-de-siècle.

MOSAICO FLORAL
La alfombra de flores y el empleo del color oro recuerdan sobremanera los mosaicos decorativos de las iglesias bizantinas. Klimt estaba influido por los mosaicos que habia visto en la ciudad italiana de Rávena, que visitó dos veces en 1903.

Klimt quiso crear una unión entre las artes estéticas de la escultura y la pintura y las aplicadas del diseño y la decoración. La Secesión se concentró cada vez más en la pintura y esto llevó a Klimt a alejarse de ese movimiento.

Gustav Klimt; *El beso*; 1907–08; 180 x 180 cm; óleo sobre lienzo; Galería Österreichische, Viena

LA SECESIÓN

A los 17 años, Klimt fue comisionado para ayudar a diseñar una exhibición conmemorativa de las bodas de plata del emperador Francisco José, y por ello fue visto como un líder en potencia del gusto estético convencional. No obstante, en 1897 recibió el encargo de decorar el gran vestíbulo de la Universidad de Viena, su trabajo para este proyecto suscitó indignación y fue tildado de pornográfico por muchos críticos. Como resultado, él y un grupo de amigos crearon una nueva organización –la Secesión– determinada a seguir ideas de vanguardia.

Klimt nunca se casó, pero tuvo muchas aventuras y engendró por lo menos cuatro hijos ilegítimos. Tuvo una relación con Emile Floge que duró 27 años. Era una mujer hermosa que poseía una tienda de ropa de moda en Viena. Figura en varias obras de Klimt.

ADELE BLOCH-BAUER
Los rasgos de la mujer son muy semejantes a los de Adele Bloch-Bauer, quien era esposa de un rico comerciante vienés, y supuestamente una de las amantes de Klimt. Aparece en varias obras del artista bajo distintos aspectos.

La obra de Klimt explora la relación entre la psique humana y la sexualidad, analiza los temas del nacimiento, la vida y la muerte. A las mujeres las representa como proveedoras de placer y como madres.

OBRAS CLAVE

- **Judit y Holofernes**; 1907; *Galería Österreichische*, Viena
- **Esperanza II**; 1907-1908; *Museo de Arte Moderno*, Nueva York
- **La doncella**; c. 1913; *Galería Narodni*, Praga
- **Avenida en el parque de Schloss Kammer**; 1912; *Galería Österreichische*, Viena

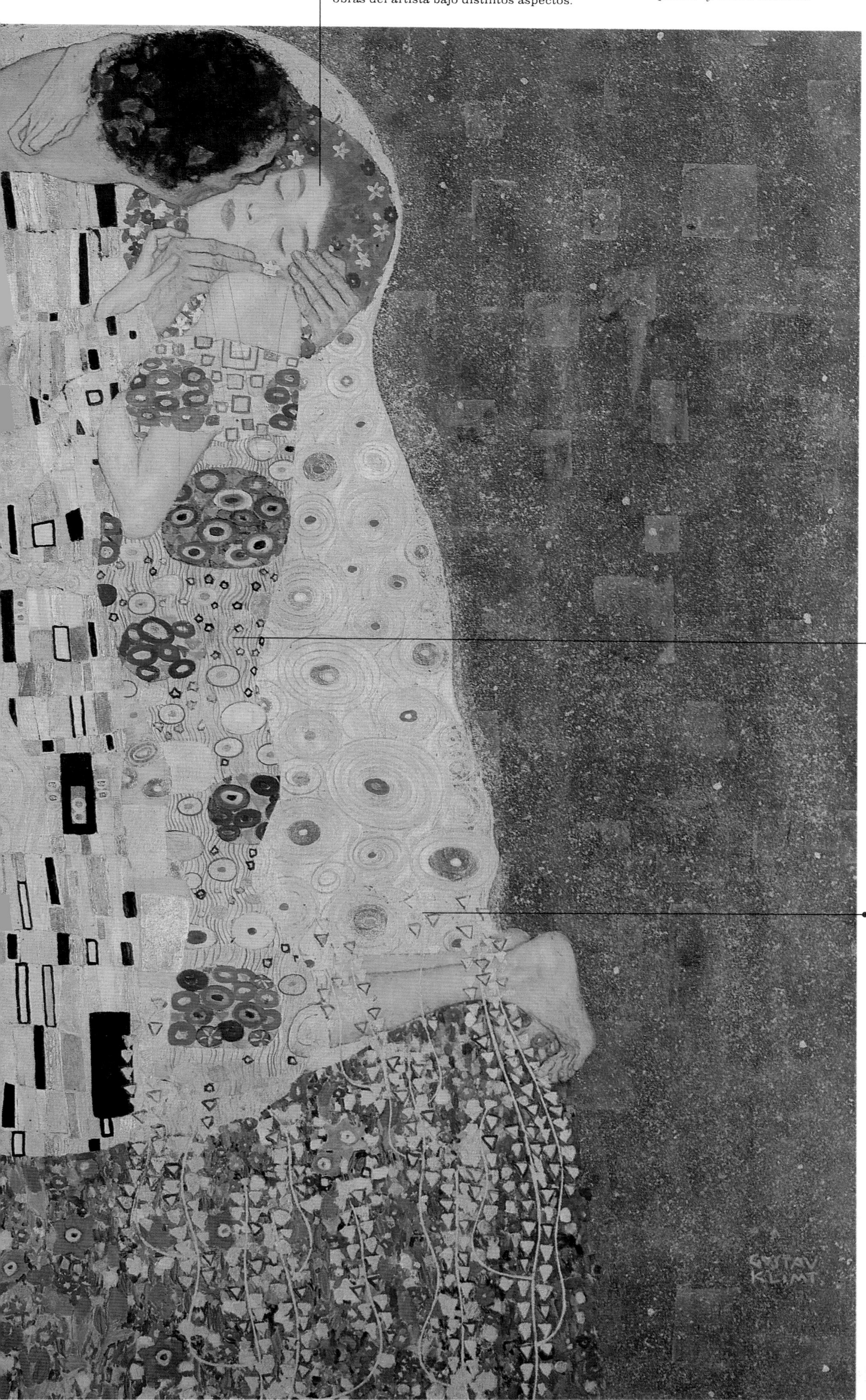

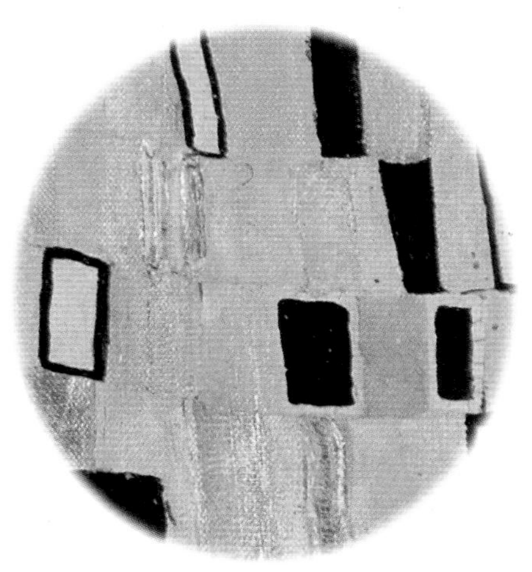

Principio masculino
La túnica del hombre está decorada con formas geométricas "masculinas" en blanco y negro, pero incluye motivos curvos y ondulados que reflejan los del traje de la mujer, y simbolizan el "ánima" femenina implícita en la esencia masculina.

INDUMENTO DE MUJER
Las flores llamativas de la túnica de la mujer la unen visual y simbólicamente a la alfombra de flores en que está arrodillada. Su vestido también contiene elementos geométricos que simbolizan su vínculo con el varón.

No existe evidencia de que Klimt hubiera leído la obra de Freud, pero las ideas del psiquiatra circulaban (con veracidad o no) por los cafés de Viena. Freud fue el creador del psicoanálisis, que está basado en la libre asociación de ideas y el análisis de los sueños.

INFLUENCIAS DECORATIVAS
Muy influido por la fascinación que sobre él ejercían los artes bizantino e italiano primigenio, Klimt también tomó ideas del arte del antiguo Egipto y Grecia. Las influencias contemporáneas incluían los grabados populares japoneses y las obras de Monet (p. 84) y Whistler (p. 81).

1900-1910

1900 Freud: *La interpretación de los sueños.*

1901 Fallecimiento de la reina Victoria. Marconi trasmite un mensaje telegráfico trasatlántico.

1903 Los hermanos Wright realizan el primer vuelo en un avión provisto de motor. Fundación de la empresa ferroviaria Western Pacific.

1905 Franz Lehar: *La viuda alegre.* Richard Strauss: *Salomé.*

1908 Mahler: *Octava sinfonía.*

1909 Blériot cruza por primera vez en avión el canal de la Mancha.

KANDINSKY (1866-1944)

VASILY KANDINSKY FUE UNO DE LOS PRIMEROS en establecer un verdadero arte abstracto en el que color y forma adquirieran vida propia. Nacido en Moscú en el seno de una familia acomodada, al principio estudió derecho. A los 30 años se fue a Munich para aprender arte. Aunque reservado y quisquilloso por naturaleza, fue un gran organizador: en 1911 fundó el grupo de pintores vanguardistas *Der Blaue Reiter* (*El jinete azul*). Al estallar la Primera Guerra Mundial regresó a Rusia para tratar de organizar la vida artística en el nuevo Estado, pero la aspiración se extinguió y retornó a Alemania para convertirse en un brillante maestro de la Bauhaus. Cuando los nazis la cerraron, se trasladó a Francia, donde siguió desarrollando su estilo muy personal de pintura abstracta. Poseedor de un pensamiento conceptual sofisticado, desarrolló sus ideas tanto en escritos teóricos como en cuadros. Las conexiones entre arte y música fueron su principal interés, pues tenía una insólita sensibilidad auditiva y era, literalmente, capaz de "oír" los colores (facultad conocida como sinestesia).

Vasily Kandinsky

Kandinsky fue amigo del compositor austriaco Arnold Schönberg (1874-1951), quien desarrolló la técnica revolucionaria del dodecafonismo.

COMPOSICIÓN # 8

Pintada en el punto culminante de sus facultades, Kandinsky consideraba que esta era una de sus obras más importantes: una acertada expresión de sus teorías sobre las propiedades emocionales de la forma, la línea y el color. En el momento de terminarla estaba enseñando en la Bauhaus y trabajando en su libro *Punto y línea en el plano*, publicado en 1926.

Para ver una abra como esta se requiere de un enfoque diferente del usado en el arte tradicional. Un primer punto es estar cerca, que los colores y formas llenen el campo visual. La relajación de la vista y la mente permite que lo percibido afecte la parte cerebral que responde a la música. El análisis y los intentos de interpretarla como un diseño destruyen su impacto.

CÍRCULOS

La obra explora muchos aspectos de las teorías de Kandinsky. En 1926 escribió: "Las líneas angulares son juveniles... las curvas son maduras... el punto (pequeño círculo)... es un diminuto mundo aislado, más o menos igual, por todos lados".

ARTE ABSTRACTO

Uno de los problemas que hubieron de plantearse los primeros pintores abstractos fue si la eliminación de todo tema reconocible iba a dejar sólo un arreglo de color y forma meramente decorativo, sin profundidad espiritual. Kandinsky sostenía que esto no era así, y que el arte abstracto podía realizar el mismo objetivo que cualquier arte avanzado había cumplido desde el Renacimiento: elevar y emocionar el alma humana.

"El color es el teclado, los ojos son los macillos, el alma es el piano de muchas cuerdas. El artista es la mano que ejecuta, tocando una u otra tecla, para producir vibraciones en el alma."

KANDINSKY

AMARILLO

Según las teorías de Kandinsky, el amarillo "posee una cierta capacidad de 'ascender' más y más alto y de alcanzar alturas insoportables para el ojo y el espíritu". El azul "desciende a profundidades infinitas". El celeste "desarrolla el sonido de la flauta".

Vasily Kandinsky; *Composición # 8*; 1923; 140 x 201 cm; óleo sobre lienzo; Museo Guggenheim, Nueva York

1920-1925

1920 Separación del Ulster e Irlanda. Empieza la prohibición en Estados Unidos. Holst: *Los planetas*.

1921 Inflación en Alemania. Pirandello: *Seis personajes en busca de autor*. Desintegración del átomo.

1922 Mussolini forma un gobierno fascista en Italia. Descubrimiento de la tumba de Tutankamen.

1923 Le Corbusier: *Hacia una nueva arquitectura*.

1925 Hitler: *Mein Kampf*. Estreno de la película *El acorazado Potemkin*, de Eisenstein. Invento de la televisión. Boga del charlestón.

ARTE ABSTRACTO

Suele atribuirse a Kandinsky la creación de la primera pintura abstracta; pero el interés en un nuevo arte, libre de la representación natural (más capaz de conmover el alma tanto como la música), fue compartido por otros distinguidos artistas como Delaunay (1885-1941) en Francia, Malevich (1878-1935) en Rusia y Mondrian (1872-1944) en Holanda. Desde el punto de vista de su ambición y propósito, el arte abstracto asumió el papel antes desempeñado por la pintura histórica.

Kandinsky se interesó en la teosofía, la cual sostiene que hay verdades fundamentales comunes a todas las religiones. Sus primeras obras eran figurativas e inspiradas en el arte popular; sus cuadros abstractos iniciales fueron pintados de modo muy suelto y su contenido se limitaba al color. Un momento crucial de su vida fue cuando vio una pintura de Monet de un montón de heno. Al principio, no reconociendo el tema, lo miró en términos de forma y color, como una verdadera pintura abstracta.

El Guggenheim
Salomón Guggenheim era de origen suizo, y su familia había amasado una fortuna en Estados Unidos gracias a la minería. Se convirtió en coleccionista de arte: primero, de los viejos maestros; luego, de arte europeo experimental. *Composición # 8* fue la primera de más de 150 obras de Kandinsky compradas por él. Fundó un museo en Nueva York, ahora llamado el Guggenheim, para albergar estas obras; lo diseñó Frank Lloyd Wright.

Después de un desafortunado matrimonio con su prima, Kandinsky tuvo una estrecha relación con la pintora Gabriele Munter, que resultó muy creativa para ambos. En 1917, tras su regreso a Rusia, casó con Nina Anreeswky.

COLOR Y ESPIRITUALIDAD
Según Kandinsky, "El verde está bien equilibrado y corresponde a los sonidos sutiles del violín"; el rojo "puede dar la impresión de un fuerte redoble de tambor"; mientras que el azul puede percibirse "en la profundidad del órgano".

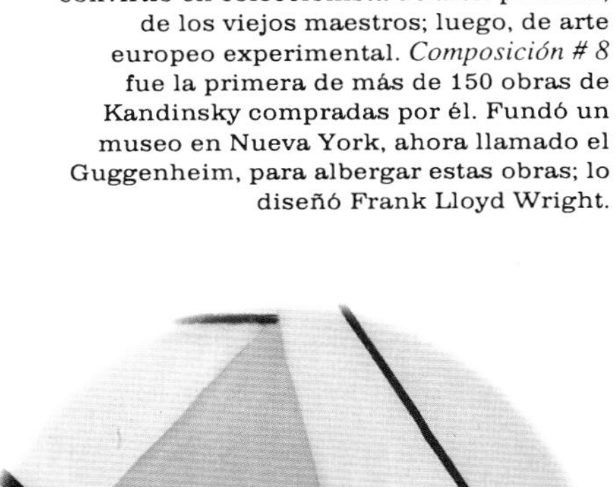

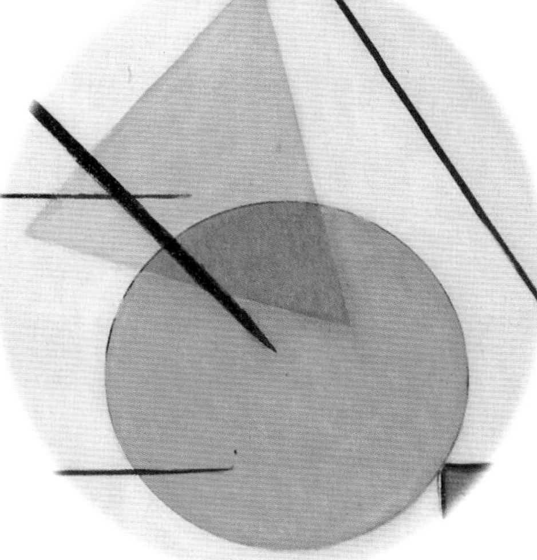

Triángulo y círculo
Kandinsky creía que el arte abstracto podía ser tan profundo como el mejor arte figurativo. Escribió: "El impacto del ángulo agudo de un triángulo sobre un círculo produce un efecto no menos intenso que el dedo de Dios tocando el dedo de Adán".

Una de las primeras obras teóricas clave de Kandinsky, Sobre lo espiritual en el arte, *publicada en 1912, explora el impacto emocional y espiritual del color, y fue uno de los trabajos más influyentes sobre el arte abstracto.*

LÍNEAS Y ÁNGULOS
Para Kandinsky, las líneas horizontales son (sonido) "frías y monótonas", mientras que las verticales son "cálidas y agudas". Los ángulos agudos son "alegres, elevados, activos y amarillos", y los ángulos rectos, "fríos, controlados y rojos".

OBRAS CLAVE

- **Paisaje con iglesia II;** 1910; *Museo Stedelijk,* Eindhoven
- **Improvisación 31**; 1913; *Galería Nacional*, Londres
- **Acento en rosa**; 1926; *Museo Nacional de Arte Moderno*, París
- **Trece rectángulos**; 1930; *Museo Nacional de Arte Moderno*, París

Matisse (1869-1954)

Henri Matisse

Uno de los más innovadores e influyentes pintores del siglo XX, Matisse se ganó el apodo de Rey del Color por la audacia de sus experimentos visuales y por el modo en que liberó el uso expresivo del color para reflejar la sensibilidad moderna. Nació en el norte de Francia, fue hijo de un comerciante de granos y heredó una gran perspicacia para los negocios. Al principio estudió derecho, pero se dice que descubrió la emoción de pintar a los 20 años cuando, convaleciente de una enfermedad, su madre le regaló una caja de pinturas. Se fue a estudiar a París, y allí conoció a los jóvenes miembros de la vanguardia. Trabajador lento, su temperamento era refinado y metódico, y mediante el análisis adecuado de la teoría y el experimento constante llegó a entender las propiedades visuales y físicas del color. Solía comparar el hecho de crear usando el color con el de componer música orquestando las 13 notas de la escala. En sus primeros años luchó para ganarse la vida, pero a comienzos de la década de 1900 se le reconocía como uno de los precursores del arte moderno. A la larga sería honrado como uno de los grandes maestros de todos los tiempos.

“Mi cuadro está acabado cuando vuelvo a sentir la primera emoción que lo animó.”
Matisse

El caracol
El interés principal del artista estriba en la orquestación de colores que expresa sus sentimientos internos. Creada al final de la vida de Matisse, esta obra comunica su irreprimible *joie de vivre*. Irradia el colorido brillante y la luz del Mediterráneo, su fuente constante de inspiración y deleite.

Papel recortado
La obra está hecha con pedazos de papel que Matisse pintó con los colores precisos. Los dispuso entonces sobre un fondo de papel blanco. Frente a la obra real, es posible advertir agujeros de alfiler y lugares de donde fueron arrancados trozos de papel o donde resbalaron las tijeras.

Matisse descubrió el influjo de la luz del Mediterráneo en 1898, después de su matrimonio con Amélie Parayre, cuando trabajó en Córcega. La experiencia trascendió a su vida y determinó el desarrollo de su obra.

Relaciones cromáticas
Matisse usa armonías cromáticas (como malva y verde) y contrastes de color (como azul y naranja). Con los movimientos ascendentes de las formas, crean una atmósfera jovial y edificante. Los colores también evocan el mar, el cielo, las frutas, los pinos, el follaje, la arena y la luz diurna del sur de Francia.

Configuración espiral
No hay descripción literal de un caracol, pero las formas centrales sobre el azul están dispuestas en forma de espiral representando la concha del caracol.

Como muchos de los pioneros del arte moderno, Matisse estaba influido por el uso que hacía Cézanne de la forma y el color. Con la dote de su esposa, compró un cuadro de Cézanne (Bañistas) *al que hacía referencia constantemente.*

Color vibrante
La intensidad del colorido expresa la excitación intelectual y emotiva que Matisse experimentó siempre ante la audacia y fortuna de sus experimentos. *El caracol* es el último episodio de un viaje artístico iniciado medio siglo atrás.

Henri Matisse; *El caracol*; 1953; 287 x 288 cm; aguada sobre papel; Galería Tate, Londres

Notas de un pintor

Matisse creía que el mejor portavoz de un pintor era su propia obra, pero en 1908, cuando vivía en el Hôtel Biron de París, escribió *Notas de un pintor*, una de las más influyentes declaraciones artísticas del siglo. El artículo, publicado en *La Grande Revue*, condensa los principios que configuraron la obra de Matisse hasta el día de su muerte. Un pasaje clave dice: “La principal función del color debería ser servir a la expresión del mejor modo posible. Pongo mis tonos sin un plan preconcebido... Para pintar un paisaje de otoño... sólo me inspiraré en las sensaciones que la estación despierte en mí: la gélida pureza del áspero cielo azul expresa la estación tan bien como los matices del follaje”.

A partir de 1920, Matisse pasó la mayor parte de su tiempo en o cerca de Niza, hospedado en hoteles. Al principio su matrimonio fue feliz pero luego se distanció de su esposa, separándose en 1939. En su vejez, le cuidó e inspiró una joven rusa, Lydia Delectorskaya.

CONTRASTE NEGRO
La forma negra es una pieza esencial del diseño y la atmósfera en su conjunto. Si uno la suprime (cubriéndola con la mano), se esfuman la intensidad del color y la fuerza del diseño.

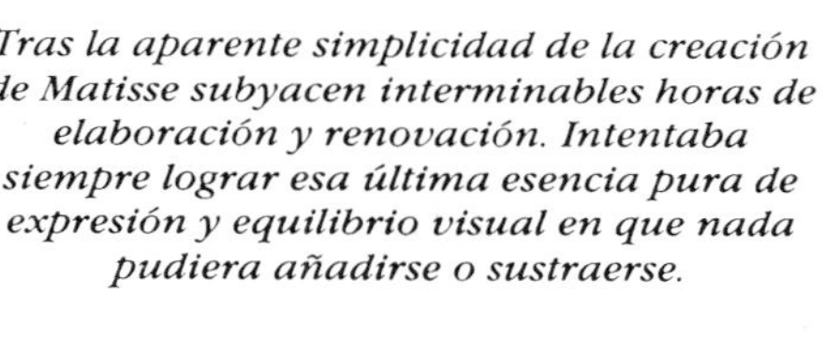

Tras la aparente simplicidad de la creación de Matisse subyacen interminables horas de elaboración y renovación. Intentaba siempre lograr esa última esencia pura de expresión y equilibrio visual en que nada pudiera añadirse o sustraerse.

OBRAS CLAVE

- **La ventana abierta en Collioure**; 1905; *colección privada,* Nueva York
- **La danza**; 1909 - 10; *Museo del Hermitage,* San Petersburgo
- **Bañistas junto a un río**; 1916 - 17; *Instituto de Arte,* Chicago
- **Jazz**; 1943; *Museo Victoria y Alberto*, Londres

Los primeros y más audaces experimentos cromáticos de Matisse tuvieron lugar en Collioure, cerca de la frontera española, en el verano de 1905. Cuando se exhibieron en París, sus vívidos colores e informalidad causaron indignación. Un crítico describió las pinturas como fauves *("fieras") comparadas con las obras convencionales.*

COLORES NUEVOS
Los avances científicos del siglo XIX produjeron muchos pigmentos y tintes nuevos y brillantes. La generación de Matisse fue de las primeras en disponer de estos colores como material artístico, ya mezclados y relativamente baratos. Estas innovaciones hicieron posible su primera y audaz experimentación cromática.

Matisse también tenía talento para la escultura. Dijo una vez que al recortar sus pedazos de papel coloreado era como un escultor que labrara un bloque de color.

ESPACIOS BLANCOS
En muchas de sus obras, Matisse deja partes del lienzo desnudas, a menudo en los bordes de zonas planas de color, con objeto de permitir "que los colores respiren" y alcancen su potencial visual pleno.

MARCO FULGURANTE
El diseño central está rodeado de una franja continua de naranja brillante que enmarca la obra y nos remite a uno de los primeros temas de Matisse: un paisaje iluminado por el sol visible desde una ventana.

Una enfermedad grave y las operaciones a que Matisse se sometió en 1941 lo debilitaron y a menudo estaba en cama durante sus últimos años. El recorte de papel le permitió trabajar a gran escala desde el lecho con ayuda de sus asistentes.

1950-1960

1952 Isabel II es coronada reina de Gran Bretaña. Eisenhower es elegido presidente de Estados Unidos. Beckett: *Esperando a Godot.*

1956 Invasión soviética de Hungría. El rock causa furor.

1957 Fundación del Mercado Común Europeo. La URSS lanza el primer satélite artificial. Kerouac: *En el camino.*

1959 De Gaulle es elegido presidente de la V República francesa. Castro asume la presidencia de Cuba.

1960 Kennedy es elegido presidente de Estados Unidos.

Paul Klee

“La creación de una obra de arte (tal vez) debe ir acompañada de una distorsión de la forma natural... pues así es como renace la naturaleza.”
Klee

Klee (1879-1940)

Paul Klee fue uno de los artistas más originales del movimiento moderno, y su obra suele captar esa inocencia y frescura en pequeña escala que sólo es frecuente encontrar en los trabajos de los niños. Nació cerca de Berna, Suiza. La música desempeñó un papel importante en su vida: sus padres eran músicos profesionales, él era un violinista consumado y casó con una profesora de piano. Pero siempre había querido ser pintor, y por ello se fue a Munich a estudiar arte. En seguida empezó a interesarse por la obra y las ideas de los artistas de vanguardia, y sentía especial inclinación por las investigaciones sobre la relación entre música, color, misticismo y arte primitivo. Un momento decisivo de su vida fue una visita a Túnez en 1914, donde quedó impactado por la intensidad de la luz y el color, y por la mezcla de sistemas, culturas, fantasías y cuentos populares del mundo árabe. En 1920 fue invitado a unirse a la Bauhaus (véase más abajo), como uno de los fundadores del programa que revolucionaría la enseñanza del arte y el diseño. Klee fue un profesor talentoso y la época que pasó allí fue sumamente feliz; no obstante, hacia principios de la década de 1930, el régimen fascista suprimió el tipo de arte y libre pensamiento que propugnaba Klee. En 1933 regresó a Suiza, y sus últimos años estuvieron ensombrecidos por una extraña enfermedad larga y dolorosa, y por el conocimiento de su muerte inminente.

1930-1940

1932 Franklin D. Roosevelt es elegido presidente de Estados Unidos. Aldous Huxley: *Un mundo feliz*.

1933 Adolfo Hitler se convierte en canciller de Alemania. Jung: *El hombre moderno en busca de un alma*.

1935 Greta Garbo, estrella de *Ana Karenina*. Invención del radar.

1936 Guerra civil española. Crisis dinástica en el Reino Unido: Jorge VI sucede a Eduardo VII. Juegos olímpicos de Berlín.

1937 John Steinbeck: *Hombres y ratones*. Se inventa el motor a reacción.

1938 *Anschluss* germano-austriaca. Jean-Paul Sartre: *La náusea*.

1939 Comienzo de la Segunda Guerra Mundial.

En la Bauhaus, Klee intimó de modo particular con Kandinsky (p. 96). Le interesaron especialmente las teorías de éste sobre el arte abstracto, y las relaciones entre color y música.

Color musical
Como los ángulos agudos que representan a las pirámides, el color amarillo más intenso representa en la obra las "notas altas". Según las teorías cromáticas de Kandinsky, el amarillo tiene la capacidad de elevar el espíritu del espectador.

Klee era sumamente preciso y ordenado en sus asuntos personales. Llevaba un registro completo de todas sus obras –más de 9,000– en un catálogo. Seguía un complejo sistema de clasificación, que dividía las obras de acuerdo con su valor y ambiente. También llevaba una meticulosa contabilidad de sus gastos domésticos. Era tan ahorrativo como un artesano, elaborando a veces sus propios utensilios y materiales (incluso el pegamento).

MONUMENTOS EN G
Klee estuvo en Egipto desde el 24 de diciembre de 1928 hasta el 10 de enero de 1929, visitando El Cairo, Luxor, Asuán y las pirámides de Gizeh. Pintó este cuadro después de regresar a Alemania. La obra refleja las imágenes sencillas y recuerdos que lo habían impresionado y que perduraron en él, igual que una melodía en particular puede avivar la imaginación de un músico.

Colores rítmicos
A lo largo del lado izquierdo de la obra, Klee ha repetido meticulosamente tres franjas de color: pardo, verde y rojo. De esta manera crea un ritmo visual constante, similar al monótono toque del tambor en música. Este orden fundamental acentúa el efecto discordante de los colores más claros y de los ángulos impetuosos.

Klee y su esposa Lily sostuvieron un noviazgo de cinco años, en su mayor parte epistolar. Al padre de ella no le gustaban los artistas.

A Klee le gustaba Mozart, y esta pintura presenta algunas cualidades de su música de cámara. Hay una fuerte estructura fundamental, que es a la vez innovadora y flexible. Ambos disfrutan yuxtaponiendo diferentes matices y sonidos/colores, y los dos conocen la contundencia de un simple y delicado estribillo y de su repetición sutil.

Franjas
Las tiras angostas evocan la monotonía del desierto que se extiende de un horizonte a otro, y las franjas de cultivo que bordean el Nilo.

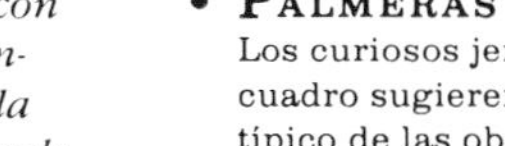

El arte no representativo permite al espectador interpretar una pintura de diferentes maneras. Esta obra, por ejemplo, podría considerarse como una vista desde el aire de un Egipto imaginario; o como un paisaje en perspectiva contemplado desde los "árboles" del primer plano, que va más allá de las pirámides que aparecen en segundo plano, hasta allende el desierto. También sería posible apreciarla como un ensamblaje de diferentes motivos, típico del arte egipcio.

MONUMENTOS OSCUROS
Aparte de las propias pirámides, se sugieren otros "monumentos" más oscuros. Aunque sólo podemos adivinar qué monumentos impulsaron al artista a colocar cada motivo, el diario que hizo durante la expedición nos proporciona algunas claves. En su guía de viaje se describe un famoso panorama desde la cima de la pirámide de Keops (la cual podría haber visto Klee), donde contrastan las desoladas arenas y "riscos yermos" con la "lujuriante vegetación azul verdosa" de las márgenes del Nilo.

NOTACIÓN
Las oscuras líneas horizontales que separan las franjas pueden considerarse como un gran pentagrama sobre el que los símbolos se leen como notas y florituras musicales: los tonos y cadencias visuales actúan ante la vista como una notación musical suena en el oído del músico.

Egipto perturbó el temperamento metódico de Klee. Le desagradaron la suciedad, la enfermedad y la pobreza, así como la falta de objetivos y responsabilidades. Por otro lado, le fascinó el choque de las culturas de África, Europa y Oriente. Llevó un diario y escribió a Lily, registrando sus impresiones sobre el viaje.

PIRÁMIDES DE GIZEH
Las formas triangulares son una clara referencia a las pirámides de Gizeh, que están cerca de El Cairo y a las que Klee fue en tranvía. Las otras formas podrían reflejar otros rasgos paisajísticos, como dunas de arena o quizá canales de riego.

Klee abandonó la Bauhaus en 1931 para ocupar un nuevo puesto en la menos polémica Academia de Düsseldorf. La Bauhaus fue cerrada por los nazis en 1933, año en que Klee regresó a su natal Suiza. Diecisiete de sus obras fueron expuestas en la célebre Entartet Kunst Exhibition de 1937, en la que el dictador alemán Adolfo Hitler intentó evidenciar la supuesta degeneración del arte moderno. La maniobra de Hitler fracasó, y la exposición suscitó amplio y apasionado interés.

Paul Klee; *Monumentos en G*; 1929; 69.5 x 50 cm; yeso y acuarela sobre lienzo; Museo Metropolitano de Arte, Nueva York

Klee hizo buenas amistades con jóvenes miembros de la vanguardia alemana antes de la Primera Guerra Mundial. Dos de ellos, Auguste Macke y Franz Marc, murieron en el conflicto. Klee sintió una gran depresión por estas muertes que lo afectó durante el resto de su vida. Sirvió brevemente en el ejército alemán (aunque era suizo tenía la ciudadanía alemana), pero nunca combatió.

PALMERAS
Los curiosos jeroglíficos dispuestos a lo largo de la parte inferior del cuadro sugieren la presencia de palmeras u otro tipo de vegetación. Es típico de las obras de Klee que se incite la imaginación con una discretísima sugerencia de un objeto "real", induciendo la expansión de los recuerdos del espectador en lugar de dictar una imagen definitiva.

Una de las principales contribuciones de Klee a la Bauhaus fue un plan de estudios que examinaba las materias primas y los procesos fundamentales de la pintura. Revolucionarias en su día, sus ideas han sido adoptadas hoy como el método oficial de las escuelas de arte.

Técnicas creativas
Klee disfrutaba experimentando con diferentes técnicas, texturas de papel y materiales insólitos, que muy a menudo combinaba con gran inventiva y delicadeza. Aquí, cubrió el lienzo con yeso, luego pintó con acuarela y raspó marcas en la superficie.

OBRAS CLAVE

- **Fuga en rojo**; 1921; *Colección Félix Klee*, Berna
- **El pez dorado**; 1925-26; *Kunsthalle*, Hamburgo
- **Diana en el viento de otoño**; 1934; *Kunstmuseum*, Berna
- **Muerte y fuego**; 1940; *Kunstmuseum*, Berna

LA BAUHAUS

Fundada en 1919 por el arquitecto Walter Gropius (1883-1969), la Bauhaus se convirtió en la escuela de arte más prestigiosa del siglo XX. Su método de enseñanza estaba fundamentado en el estudio de forma y diseño, los materiales modernos, la función de la máquina y la relación entre las bellas artes y la producción industrial. La escuela atrajo a muchos pioneros talentosos, como Kandinsky y Klee; pintores, arquitectos, diseñadores y artesanos trabajaron en equipo. Establecieron muchas piedras angulares del moderno diseño industrial, como los muebles de acero tubular. La Bauhaus creía que el arte y diseño buenos podían fomentar el mejoramiento moral y social, pero estas actitudes le crearon enemigos, y los nazis acabaron por cerrarla en 1933.

PICASSO (1881-1973)

PERSONALIDAD ARTÍSTICA PROMINENTE del siglo XX, Picasso es uno de los genios creativos de todos los tiempos. Nació en Málaga, España, dentro de una familia de artistas y su extraordinario talento fue patente desde temprana edad. Las técnicas tradicionales del dibujo y la pintura le resultaban tan fáciles que tuvo que buscar nuevas formas de expresión apropiadas a la sensibilidad moderna, y mediante sus experimentos –sobre todo con el cubismo– transformó el lenguaje artístico. Picasso se instaló en París en 1904 e hizo de Francia el centro de sus actividades. Dueño de una personalidad inquieta, obsesionada por emprender cosas (para él, la pintura no era más que un recurso para lograrlo), sus numerosas aventuras amorosas fueron legendarias. Le gustaban las experiencias intensas y su vida conoció grandes extremos: amor y odio, pobreza y riqueza, rechazo y adulación. Estos contrastes se expresan en su arte, que es una detallada autobiografía.

Pablo Picasso

ARLEQUÍN SENTADO

Picasso pintó este cuadro cuando estaba felizmente casado, y su primer hijo, Paolo, tenía dos años de edad. Su obra de este periodo muestra un retorno al orden y la tradición, reflejando su propia seguridad emocional y la influencia del arte clásico italiano.

En 1917, Picasso fue a Roma (su primera visita a Italia) para diseñar figurines y decorados. Gracias a su trabajo con los Ballets Rusos de Diaghilev conoció a su futura esposa Olga Koklova.

AMIGO ARTISTA
El retrato muestra al amigo catalán del artista, el pintor Jacinto Salvoldo, llevando el traje que Jean Cocteau había dejado olvidado en el estudio de Picasso. Éste, tenía muchos amigos artistas y quería ser reconocido como líder de la vanguardia.

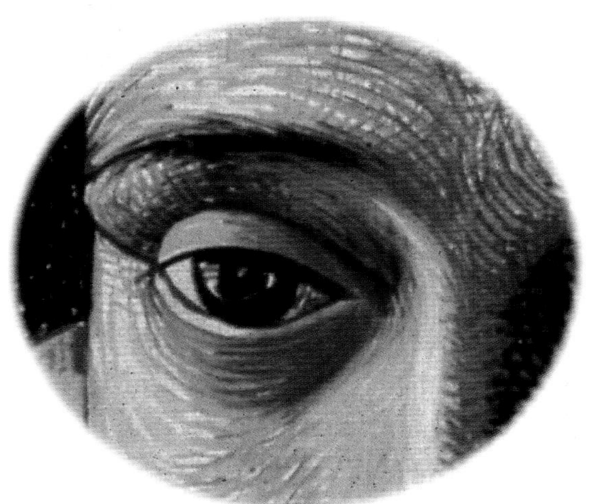

Modelado tridimensional
El rostro está bien modelado, utilizando luz y sombra. Picasso era un genial escultor y un rasgo de muchos de sus cuadros es la sensación de que el pintor está pensando en tres dimensiones.

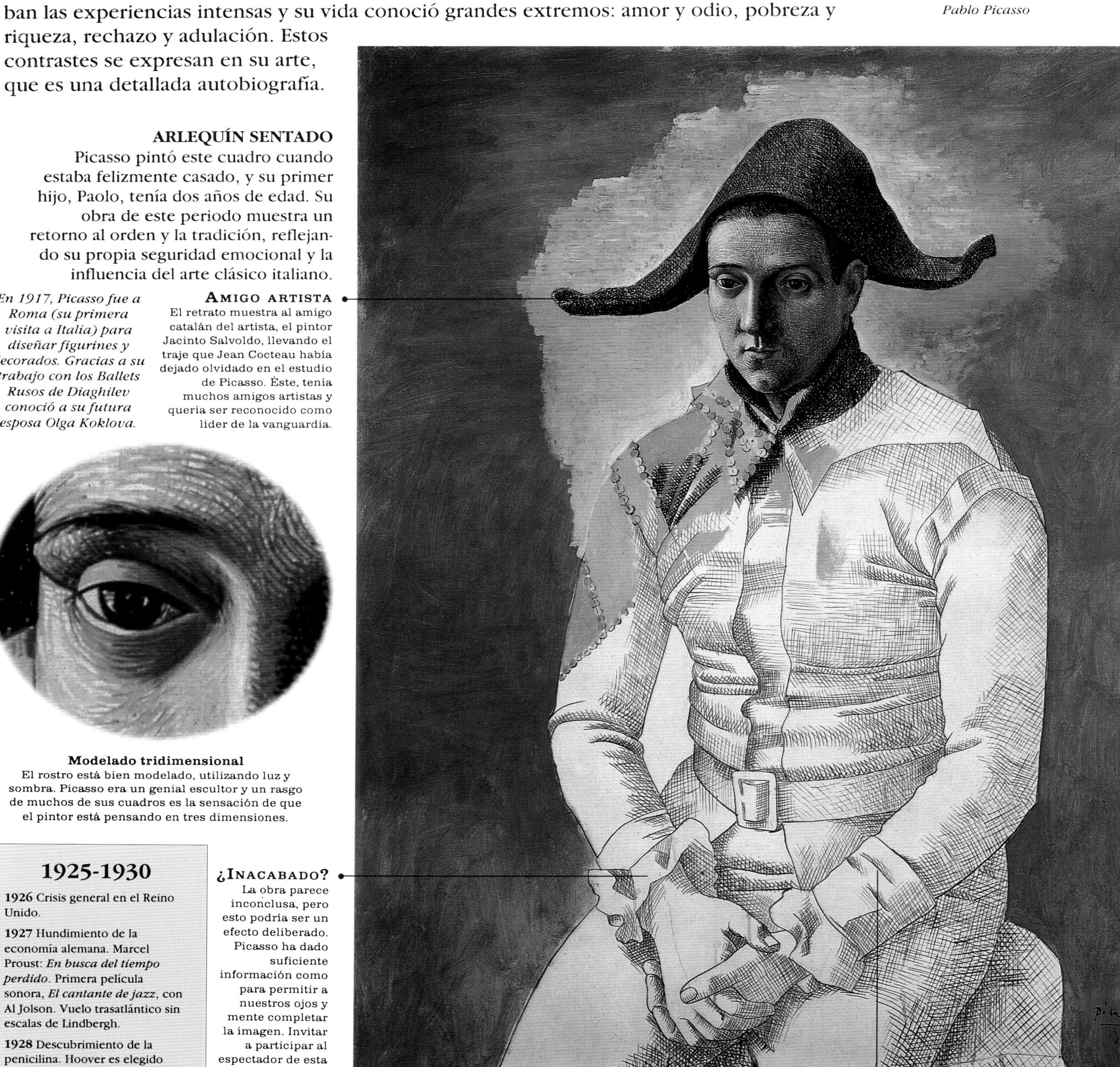

¿INACABADO?
La obra parece inconclusa, pero esto podría ser un efecto deliberado. Picasso ha dado suficiente información como para permitir a nuestros ojos y mente completar la imagen. Invitar a participar al espectador de esta manera es típico de Picasso.

ARLEQUÍN
Picasso utilizaba a menudo la imagen del arlequín para referirse a sí mismo o a sus actividades como artista. Consideraba al pintor y al arlequín como animadores públicos solitarios y melancólicos.

Pablo Picasso; *Arlequín sentado*; 1923; 130 x 97 cm; óleo sobre lienzo; Museo Nacional de Arte Moderno, París

La meticulosa observación y técnica del Arlequín sentado *son dignas de un maestro del Renacimiento o de Ingres (p. 70). Gran parte de la obra de Picasso es una reinterpretación de la tradición.*

1925-1930

1926 Crisis general en el Reino Unido.

1927 Hundimiento de la economía alemana. Marcel Proust: *En busca del tiempo perdido*. Primera película sonora, *El cantante de jazz*, con Al Jolson. Vuelo trasatlántico sin escalas de Lindbergh.

1928 Descubrimiento de la penicilina. Hoover es elegido presidente de Estados Unidos. Ravel: *Bolero*.

1929 Quiebra de la bolsa de Wall Street. Cocteau: *Los niños terribles*. Apertura del Museo de Arte Moderno de Nueva York.

1929: UN AÑO CRUCIAL

Un año clave política y artísticamente, 1929 fue también el de la quiebra de la bolsa de Wall Street, que llevó directamente a la crisis. Los años alegres de la época del jazz habían quedado atrás, y comenzaban las cuentas regresivas de la guerra civil española y la Segunda Guerra Mundial. En noviembre, el Museo de Arte Moderno abrió en Nueva York –el primer museo en su género del mundo–, con una exposición que incluía obras de Cézanne (p. 82) y Van Gogh (p. 90). Se había dado el primer paso para institucionalizar el arte de vanguardia y darle aprobación oficial.

Pintura resquebrajada
En algunos lugares, sobre todo en las zonas que representan carne, la superficie de la pintura se está resquebrajando. Esto es prueba de la prisa con que Picasso creó la imagen. Estas resquebrajaduras se han incorporado ahora a la obra e intensifican su fuerza expresiva.

La vida amorosa de Picasso se hizo legendaria, y todas las mujeres que compartieron su vida privada influyeron en el estilo y aspecto de su arte. Sus últimos años los pasó con Jacqueline Roque, con quien se había casado en 1961. Después de 1937 no volvió a España, por su oposición al régimen dictatorial de Franco.

SURREALISMO
Picasso pintó por primera vez imágenes femeninas violentas en 1925, cuando su matrimonio empezó a atravesar dificultades, y al hacerlo abrió un nuevo ámbito expresivo que la pintura nunca antes había abordado.

GRAN DESNUDO EN UN SILLÓN ROJO

Hacia 1929, la vida doméstica y emocional de Picasso había cambiado mucho. Su matrimonio se había roto en definitiva y había iniciado un romance secreto con Marie-Thérèse Walter, una bella escandinava mucho más joven que él.

TÉCNICAS CUBISTAS
Las imágenes fragmentadas y aplanadas provienen de experimentos anteriores de Picasso con el cubismo. Aquí desarrolla técnicas cubistas para expresar la intensidad de su emoción y conflicto internos.

Los surrealistas, que fundaron su movimiento en 1925, estaban impresionados con las obras de Picasso. Trataron de usar la pintura para desencadenar y revelar estados de ánimo. Estaban muy influidos por las teorías de Freud y por su énfasis en la sexualidad y la muerte. Esta obra explora ambas fuerzas impulsoras de un modo muy personal y emocionante.

COLOR
Picasso utilizaba el color en forma muy directa y con propósitos expresivos. Para él, pintar no era un fin en sí mismo; más bien era un medio para investigar la forma o explorar una emoción muy viva. En esta obra emplea una distorsión extrema y un colorido imperfecto para expresar un tormento íntimo.

“¿Por qué tratas de entender el arte? ¿Tratas de entender el canto de un pájaro?”
PICASSO

La figura humana siempre tuvo un papel importante en el arte de Picasso, y el arte abstracto nunca lo tentó. Su dominio de la técnica y creatividad eran tales que tenía la habilidad inimitable de conjugar las imágenes y estilos tradicionales con las nuevas formas de expresión. Elegía lo que fuera más apropiado para la obra que estaba creando. Como sus predecesores españoles, Velázquez (p. 46) y Goya (p. 60), podía expresar emociones y preocupaciones que a la vez eran sumamente personales y universales en su significado.

Pablo Picasso; *Gran desnudo en un sillón rojo*; 1929; 195 x 129 cm; óleo sobre lienzo; Museo Picasso, París

EVIDENCIA DE PRISA
En el paño blanco que cubre el asiento y el brazo del sillón, la pintura turbia muestra a Picasso cambiando de idea y revolviendo en sus prisas los colores blanco y negro.

Aunque fue pionero del movimiento moderno, Picasso respetaba el pasado, de joven había pasado muchas horas estudiando en el Louvre. Los estilos que desarrolló no eran una repulsa de los valores del pasado, sino más bien una expresión de su deseo de resucitar la fresca visión y vitalidad características de las obras del Renacimiento.

OBRAS CLAVE

- **Les demoiselles d'Avignon**; 1907; *Museo de Arte Moderno*, Nueva York
- **Ma Jolie**; 1911-12; *Museo de Arte Moderno*, Nueva York
- **Las tres bailarinas**; 1925; *Galería Tate*, Londres
- **Guernica**; 1937; *Museo del Prado*, Madrid

HOPPER (1882-1967)

LAS TÍPICAS IMÁGENES SOLITARIAS DE LOS CUADROS de Hopper reflejan la personalidad pesimista del pintor y la época en que maduró. Nació en el estado de Nueva York, su padre fue un tendero que le impuso una estricta educación bautista. Extraordinariamente alto, Hopper tuvo una niñez solitaria, dedicada a la lectura, y a lo largo de su vida sintió aversión por las charlas triviales, prefiriendo a menudo estar solo y en silencio; discutió su arte en muy contadas ocasiones. A los 18 años fue a la Escuela de Arte de Nueva York para hacerse ilustrador de revistas. Viajó a París en dos ocasiones y se interesó por los relativamente anticuados impresionistas. Sin embargo, no se convirtió en artista de tiempo completo hasta 1924 (es decir, a los 42), año en que casó con Jo Nivison, una actriz convertida en pintora. Vivían en Nueva York y tenían una casa de verano en Nueva Inglaterra. Hopper despreciaba el arte abstracto y se mantuvo fuera de las corrientes modernas. Los pintores abstractos, sin embargo, admiraban la fuerte geometría de la obra de Hopper, que tenía un inconfundible ambiente moderno. A fines de los treinta había logrado el éxito por mérito propio.

Edward Hopper

NOCTÁMBULOS
En muchas de las pinturas más admirables de Hopper aparecen personas aisladas en lugares anónimos, como restaurantes, oficinas o habitaciones de hotel. Nunca queda claro por qué están allí, ni qué tipo de relación los une. La impresión que producen es de transitoriedad: de gente que está de paso, que no pertenece al ambiente en que está encuadrada.

"El gran arte es la exteriorización de la vida interior del artista."
HOPPER

DISTORSIONES SUTILES
Un cuidadoso análisis de muchas obras de Hopper revela que los espacios creados por él son sutiles alteraciones de la realidad. No obstante, el cambio es a menudo tan leve que, más que percibirse en forma visual, se siente instintivamente. Tal sensación de que algo está mal contribuye a intensificar la impresión de desasosiego que producen los cuadros de Hopper.

Ninguna de las pinturas de Hopper cuenta una historia. Cada una es como un fotograma de una película que sugiere que en cualquier momento la escena va a cambiar y el significado va a quedar claro. Como ardiente aficionado al cine en la época del blanco y negro, Hopper estaba influido por sus técnicas. Éstas dependían de ángulos, contrastes de luz y sombra, y composiciones notables que compensaban la falta de color.

DISEÑO MARCADO
Hopper tenía instinto para el diseño fuerte y simple, talento que acentuaba su valor como artista comercial (los agentes de publicidad y redactores de revistas prefieren las imágenes directas, marcadas). Hopper contrasta sus sólidos diseños con una inquieta atmósfera de tensión inexplicada.

Aún en pleno éxito, Hopper prefería las ropas raídas, los coches de segunda mano y los restaurantes baratos. En 1942, hizo con su esposa un viaje de Nueva York a la costa oeste. Este cuadro podría haberlo inspirado algo que vio o sintió durante el viaje.

CALLE VACÍA
Hablando de esta obra, Hopper dijo: "Simplifiqué mucho la escena e hice el restaurante mucho mayor. Probablemente, de modo inconsciente, estaba pintando la soledad de una gran ciudad".

1940-1945

1940 Batalla de Gran Bretaña. Roosevelt es elegido presidente de Estados Unidos por tercera ocasión. Walt Disney: *Fantasía*.

1941 Los japoneses bombardean Pearl Harbor. Alemania invade la Unión Soviética. Orson Welles: *El ciudadano Kane*.

1943 El ejército alemán es derrotado en Stalingrado. Rendición de Italia. Utilización exitosa de la penicilina.

1944 Desembarcos en Normandía del día D. Bartok: *Concierto para violín*.

1945 Explosión de la bomba atómica. Rendición de Alemania y Japón.

Hopper manifestaba desinterés en los estilos pictóricos modernos y rehuía deliberadamente las tendencias de los artistas contemporáneos. En 1960 protestó con energía ante el Museo de Arte Moderno de Nueva York por incluir arte abstracto en su colección.

Edward Hopper; *Noctámbulos*; 1942; 76 x 144 cm; óleo sobre lienzo; Instituto de Arte, Chicago

RINCÓN AISLADO
Hopper a menudo escoge extraños enfoques que separan una esquina de una habitación o un ángulo de una calle, aislando a las figuras y, al mismo tiempo, dando al espectador la impresión de ser un extraño, excluido del ambiente descrito en la escena.

Obras clave

- **Autómata**; 1927; *Centro de Arte Des Moines,* Iowa
- **Ventanas nocturnas**; 1928; *Museo de Arte Moderno,* Nueva York
- **Verano**; 1943; *Museo de Arte Delaware,* Wilmington
- **Sol matutino**; 1952; *Museo de Arte Columbus*, Ohio

La pareja en la barra
La relación del hombre y la mujer que están en la barra es provocativamente ambigua. Sus manos casi se tocan, o están a punto de tocarse, pero no queda claro si el contacto es casual o deliberado.

El Armory show

Hasta 1913, el año de la famosa exposición del Armory Show de Nueva York, el público americano tuvo poca experiencia directa de los radicales logros del arte europeo, desde el simbolismo y el impresionismo (p. 86) hasta el cubismo (p. 102). (Dos terceras partes de la muestra se consagraron a artistas estadounidenses contemporáneos, todavía vinculados al realismo.) Aunque el impacto del nuevo arte europeo tardó en cobrar fuerza, la exhibición marcó un hito. Hopper fue uno de los expositores y realizó una de sus primera ventas.

El estudio que hace Hopper de la luz fue inspirado, en parte, por su conocimiento de la pintura impresionista (p. 86). Visitó París en 1906-07, y de nuevo en 1909-10. Uno de los atractivos de Cape Cod (donde el matrimonio tenía una casa de verano) era la claridad y brillo de la luz costeña.

Luz artificial
Los efectos de la luz fascinaron siempre a Hopper. Aquí, lo atrae la áspera luz artificial, que inunda el interior del café y proyecta un verdor espectral sobre la calle vacia.

Extraño solitario
Con su rostro escondido, un solitario anónimo aparece sentado ante la barra. Es seguro que Hopper bosquejara su imagen real, y la observación del modo en que la luz cae sobre su rostro y hombros es magistral.

Aunque permanecieron juntos, la relación de Hopper con su esposa fue a veces turbulenta. Sus personalidades eran muy diferentes, y en su diario, Jo menciona discusiones y dificultades para comunicarse con su marido.

Observaciones de la realidad
Robert Henri, el influyente maestro de Hopper en la Escuela de Arte de Nueva York, lo alentó a tomar la vida cotidiana como tema, y a estudiar a los pintores con intereses parecidos, como Velázquez (p. 46), Manet (p. 76) y Degas (p. 78).

MODIGLIANI (1884-1920)

Amedeo Modigliani

LA VIDA DE AMEDEO MODIGLIANI suena al popular malentendido del artista bohemio, poco serio, adicto a las drogas, pero brillantemente dotado, que suele aparecer sólo en las novelas. Nació en Italia, en el seno de una familia de origen sefardí. Su madre, de criterio amplio e informal, lo adoraba y lo introdujo al arte y la poesía. Su padre, un hombre de negocios, se arruinó al poco tiempo de nacer él y con frecuecia estaba ausente de casa. Modigliani fue un muchacho enfermizo, pero muy apuesto, y creció mimado y díscolo. Su ambición era ser retratista y, a la edad de 22, marchó a París con un presupuesto exiguo. Conscientemente llevó una vida decadente, frecuentando bares y burdeles, volviéndose alcohólico y toxicómano. Sin embargo, a la vez cultivó un estilo artístico que era una síntesis sumamente original del arte tradicional y de las ideas de vanguardia, tan pujantes en París entre 1900 y 1914. Como muchos de su generación, desempeñó el papel de intruso, y a menudo se mostró cruelmente displicente para con sus amigos y amantes. Ese estilo de vida acarreó su propio final inevitable. En el severo invierno de 1920, el artista contrajo pulmonía y meningitis tuberculosa, y murió en la pobreza. Sólo tenía 35 años.

Escultura
En 1909, Modigliani empezó a hacer esculturas. Estaba especialmente influenciado por las formas puras y simplificadas de Brancusi, y por las esculturas tribales de África. En este cuadro, parece como si las alargadas cabeza y nariz hubieran sido talladas en piedra y reflejaran la obra que Modigliani produjo como escultor.

JEANNE HÉBUTERNE
Característico del estilo expresionista tardío de Modigliani, este personal y emotivo retrato lo terminó poco antes de morir. Muestra a su amante, Jeanne Hébuterne, a quien conoció en julio de 1917. Ella aparece en avanzado estado de gestación de su segundo hijo.

Como muchos de su generación, Modigliani pintó y esculpió impelido por una necesidad interior, más que para tener fama o éxito comercial. Trabajaba con la dedicación de un científico y no con la astucia de los empresarios. Había muy pocos marchantes en París dispuestos a ayudar a estos jóvenes y arriesgados artistas de vanguardia. Modigliani logró que lo hiciera un poeta/marchante polaco, Leopold Zborowski. Su primera exposición individual fue clausurada el primer día, por considerar obscenos los desnudos.

ESTILO INDIVIDUAL
La pose estilizada con los hombros caídos, cuello largo y cabeza ladeada son rasgos clave del estilo de Modigliani, y nos recuerdan tanto a Botticelli (p. 22) como a Matisse. Logró una afortunada síntesis única entre el arte del Renacimiento y la vanguardia del siglo XX.

Modigliani vivió en condiciones de pobreza extrema, carente de dinero para comprar materiales de pintura. No fue el único: la escala reducida y tenue pintura de muchas obras tempranas de artistas modernos reflejan esta realidad económica.

OJOS ALMENDRADOS
Los ojos almendrados, dispuestos arriba de una larga nariz y boca curvilínea, son característicos del arte de Modigliani. En este retrato, los ojos celestes, que son como ventanas abiertas en el rostro para reflejar el cielo lejano, intensifican la turbadora expresión facial de vacío.

AMANTE FIEL
Una tímida estudiante de arte, Jeanne Hébuterne, fue amante de Modigliani y soportó con fortaleza sus numerosas humillaciones públicas, infidelidades y ataques físicos. Al día siguiente de que el artista muriera, Jeanne se suicidó tirándose por una ventana. Están enterrados juntos en el cementerio del Père Lachaise de París, lugar de descanso de muchos artistas.

El estilo de vida y el arte de Modigliani expresan un deseo de escapar de la realidad, más que de afrontarla, como lo hiciera Picasso (p. 102). También fantaseaba alentando especulaciones de que sus antepasados habían sido banqueros de los papas, y de que su madre descendía del filósofo Spinoza.

POSE EXPRESIVA
Antes de pintar un retrato, Modigliani hacia muchos dibujos para poder conocer a su modelo y encontrar una pose adecuada. Luego pintaba rápido el retrato, terminándolo generalmente en una sola sesión. Para él, pintar era una actividad de emoción intensa, que le hacía gritar y suspirar debido al esfuerzo de concentración y la frustración. También bebía mucho durante el proceso: se dice que realizó su mejor obra cuando estaba borracho.

Como la mayoría de los primeros artistas de vanguardia, Modigliani sentía un profundo respeto por los viejos maestros. Primero estudió en Florencia y Venecia, donde se interesó por las obras de Bellini (p. 20), Botticelli (p. 22) y Tiziano (p. 34). También admiraba los retratos de Sargent (p. 92).

ESPACIO CUBISTA
El fondo simple, pero fragmentario, revela su deuda con Cézanne (p. 82), al que admiraba, y su conocimiento de la obra cubista de Picasso (p. 102) y Braque. Modigliani contempló por primera vez la pintura de Cézanne en la ya famosa exposición retrospectiva de París de 1907.

Al terminar el siglo, París era un crisol fecundo del que brotaban tendencias innovadoras de arte, arquitectura, literatura y música. Munch, Whistler, Van Gogh, Cézanne y Picasso fueron sólo algunos de los artistas atraídos por la vida bohemia.

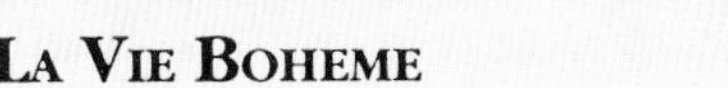

OBRAS CLAVE

- **Desnudo sentado**; 1916; *Instituto Courtauld*, Londres
- **Desnudo recostado**; 1917; *Staatsgalerie*, Stuttgart
- **Muchacha con camisa blanca**; 1918; *colección particular*
- **Jeanne Hébuterne de perfil**; 1918; *colección particular*

FORMA DE LÍNEAS SIMPLIFICADAS
Modigliani compartió ideas y aspiraciones con muchos de los principales artistas de vanguardia y pintó retratos de muchos de ellos, incluyendo a Picasso, Cocteau, Gris y Soutine. La simplificación de forma y línea evidente en esta obra revela la influencia de Matisse (p. 98).

La madre de Modigliani lo introdujo a la obra de los poetas simbolistas y gracias a su tía descubrió las ideas de Nietschze del artista como un exiliado de la sociedad convencional. Externamente, expresó sus devaneos con la decadencia llevando un traje castaño de pana y un gran sombrero de fieltro.

Amedeo Modigliani; *Jeanne Hébuterne*; 1919–20; 130 x 81 cm; óleo sobre lienzo; colección particular

1910-1915

1910 Jorge V es coronado rey de Gran Bretaña. Creación de la Unión Sudafricana.

1911 Guerra turco-italiana. Instauración de la República de China.

1912 Lenin se convierte en director de *Pravda*. Scott llega al Polo Sur. Hundimiento del *Titanic*.

1913 Guerra de los Balcanes. D.H. Lawrence: *Hijos y amantes*. Thomas Mann: *Muerte en Venecia*. Primera película de Charlie Chaplin. Stravinsky: *La consagración de la primavera*.

1914 Comienza en Europa la Primera Guerra Mundial.

LA VIE BOHEME

Desde mediados del siglo XIX, muchos jóvenes artistas y escritores de la provincia francesa y del extranjero habían llegado a París atraídos por las perspectivas de fama y fortuna, y por el sueño de un supuesto estilo de vida bohemio, despreocupado, consagrado al arte, la conversación, el disfrute estético, las mujeres y la jovialidad de las tertulias de café. La idea había sido popularizada en una novela escrita por Henri Murger (1822-61) titulada *Scenes de la Vie Bohème* (1847-49), que sirvió de base para la ópera de Puccini *La Bohème* (1896). Aunque la realidad de esta vida difería del sueño, siguió atrayendo a París a muchos espíritus talentosos y enérgicos.

SEGUNDO EMBARAZO
Modigliani y Jeanne procrearon dos hijos. El primero nació en octubre de 1918 en el sur de Francia. Este retrato fue pintado en París cuando Jeanne estaba esperando el segundo hijo. Ella murió antes de que el niño naciera, a los siete meses de embarazo. El primer hijo fue adoptado por la familia de Modigliani, que vivía en Italia.

Antes de su encuentro con Jeanne Hébuterne, Modigliani tuvo una tormentosa y a veces violenta relación con una periodista y poetisa sudafricana llamada Beatrice Hastings. Como muchas de sus amantes, se sintió atraída por su romántico aspecto bohemio y su vulnerabilidad.

“¡Debes practicar el culto sagrado, el culto a todo lo que puede exaltar y excitar la inteligencia! Trata de provocar y perpetuar estos alicientes fértiles, porque sólo ellos pueden elevar la inteligencia a sus más altos niveles creativos.”
MODIGLIANI

Jackson Pollock

Pollock (1912-1956)

Con Jackson Pollock, el arte moderno estadounidense consolidó el establecimiento de una identidad independiente, y no tuvo que pasar mucho tiempo para que los artistas norteamericanos encabezaran la vanguardia internacional. Nació en Cody, Wyoming, dentro de una familia de cinco hermanos. Su padre no tuvo suerte e intentó varias carreras, por lo que la familia viajó frecuentemente por el oeste de Estados Unidos. Pollock adoptó la imagen del vaquero norteamericano: bebedor, parco en el hablar y machista, pero en realidad era sensible, artista erudito y ambicioso de grandeza. Siguió a su hermano a Nueva York en 1930 y se matriculó en la Asociación de Estudiantes de Arte. Los años de la depresión económica fueron muy duros, y tuvo serios problemas de alcoholismo, que nunca superaría a pesar de someterse a tratamiento psicoanalítico. Desarrolló su famosa técnica del goteo de pintura en 1947, poco después de su matrimonio, y enseguida se convirtió en una figura célebre que tipificaba la conducta extravagante del artista moderno. En 1956, hondamente deprimido, se separó de su esposa y, alcoholizado, murió en un accidente automovilístico.

Obras clave

- **Guardianes del secreto;** 1943; *Museo de Arte Moderno*, San Francisco
- **Ritmo otoñal núm. 3;** 1950; *Museo Metropolitano*, Nueva York
- **Bruma azul núm. 1**; 1950; *Galería Nacional*, Washington D.C.

VARAS AZULES
Esta enorme pintura es uno de los últimos cuadros de Pollock, y posiblemente su obra maestra. Es insólitamente rica en colorido y de pintura densa. Hubo un momento en que el artista casi la abandonó, pensando que no lograría darle "sustancia".

Pollock y su esposa Lee Krasner (1908-1984), que también era pintora, tenían una casa en East Hampton, cerca de Nueva York. Varas azules *fue comenzada allí. A Pollock le estaba resultando difícil trabajar en la obra y los muy variados colores la habían dejado sin armonía natural ni ritmo. Al final, frustrado, impuso las ocho "varas" azules que dieron unidad y énfasis a la pintura.*

Varas de madera
Se impusieron las varas utilizando piezas de madera de 5 x 10 centímetros de grosor, que se empapaban en pintura azul y luego se presionaban contra la superficie del lienzo para dejar una impresión. La maraña de pintura sobre las varas muestra que Pollock siguió trabajando en el cuadro posteriormente.

Jackson Pollock; *Varas azules*; 1952; 210 x 487 cm; variedad de pinturas sobre lienzo; Galería National, Canberra

El maestro que más influyó en Pollock en la Asociación de Estudiantes de Arte fue Thomas Hart Benton (1889-1975). Introdujo a Pollock a los gigantes del arte europeo, y el artista se mostró particularmente impresionado por Miguel Ángel (p. 28) Rubens (p. 40), y Rembrandt (p. 48).

Mente y cuerpo
Las líneas ondulantes demuestran que Pollock utilizaba todo su ser, sirviéndose de amplios gestos con los brazos, moviendo su cuerpo entero y abstrayéndose por completo con lo que estaba haciendo.

Varas azules *es uno de los cuadros más grandes de Pollock. Se sentía más cómodo trabajando en obras a gran escala porque le permitían un máximo de expresión y movimiento.*

1945-1950

1945 Fin de la Segunda Guerra Mundial.

1946 Fundación de la Organización de las Naciones Unidas. Juicios de Nuremberg.

1947 La India obtiene su independencia. Descubrimiento de los manuscritos del Mar Muerto. Albert Camus: *La peste*. Publicación del *Diario de Anna Frank*.

1948 Creación del Estado judío. Truman es elegido presidente de Estados Unidos.

1949 Proclamación de la República Popular China. Creación del Consejo de Europa. George Orwell: *Mil novecientos ochenta y cuatro*.

1950 Guerra de Corea. Campaña anticomunista de McCarthy. Sartre: *La muerte en el alma*.

Diseño estratificado
Pollock usaba pinturas industriales y esmaltes que secaban con bastante rapidez. Esto le permitía construir su imagen, capa tras capa, en un diseño de trama densa.

Exposición y aplauso

Pollock recibió por primera vez la atención de la crítica en 1942, cuando sus obras se incluyeron junto a las de Picasso y Braque en una exposición neoyorquina. La famosa mecenas y marchante Peggy Guggenheim (1898-1979) exhibió la obra de Pollock en su galería experimental Art of this Century, relacionándolo con los artistas europeos que estaban trabajando exiliados en Nueva York. Pollock mostró *Varas azules* en la galería Sidney Janis de Nueva York en 1952, logrando la aclamación de la crítica, pero pocas ventas. En 1954 lo vendió por 4 000 dólares. El gobierno australiano lo compró en 1972 por dos millones de dólares, con gran indignación del electorado.

“Cuando estoy pintando no soy consciente de lo que hago... porque la obra tiene vida propia.”
JACKSON POLLOCK

Pollock sentía interés por Kandinsky (p. 97) y Picasso (p. 102), en cuya obra advirtió el juego de ritmos que era tan importante para su propia pintura. También se inspiró en los murales de los artistas mexicanos Orozco (1883-1949) y Siqueiros (1896-1974) por su monumentalidad y por la innovadora utilización de pinturas industriales pulverizadas y salpicadas.

Lienzo plano
Pollock pintaba obras como esta extendiendo el lienzo en el piso e irguiéndose sobre el mismo o acercándose a él desde cualquiera de sus cuatro lados.

Durante la depresión económica de los treinta, Pollock consiguió empleo de conserje, y recibió ayuda del programa oficial contra el desempleo, que encargaba obras artísticas para lugares públicos.

En su lucha contra el alcoholismo, Pollock eligió el análisis jungiano. El acceso al subconsciente y la liberación del ser interior impredecible eran esenciales en su arte: “Action-painting”, como se denominó el estilo de Pollock, se apoyaba en los impulsos creativos del artista y carecía de cualquier idea preconcebida de forma.

Goteo de pintura
Pollock no aplicaba la pintura del modo convencional: la hacía gotear sobre el lienzo valiéndose de palos o pinceles rígidos. También usaba jeringas de pastelería, que llenaba de pintura y luego vaciaba en chorros controlados.

Tomar las decisiones finales sobre su obra era difícil para Pollock: dónde cortar los bordes y cuál sería el lado superior. Detestaba firmar sus cuadros porque implicaba un acto de carácter concluyente.

Indice